Fang Lin

Frauenfiguren im Film bei Rainer Werner Fassbinder und Zhang Yimou

Dissertation zur Erlangung des akademischen Grades eines Doctor philosophiae (Dr. phil.)

Dr. phil. FANG LIN, geb. 1984, ist Dozentin der Fakultät für Fremdsprache an der Universität für Wissenschaft und Technik in Hangzhou, China.

Fang Lin

Frauenfiguren im Film bei Rainer Werner Fassbinder und Zhang Yimou

Dissertation zur Erlangung des akademischen Grades

eines Doctor philosophiae (Dr. phil.)

Rediroma-Verlag

Bibliografische Information der Deutschen Nationalbibliothek:
Die Deutsche Nationalbibliothek verzeichnet diese Publikation in der Deutschen Nationalbibliografie; detaillierte bibliografische Daten sind im Internet über http://dnb.ddb.de abrufbar.

ISBN 978-3-96103-004-0

www.rediroma-verlag.de
14,95 Euro (D)

Danksagung

Es gibt viele, die mich beim Schreiben der vorliegenden Arbeit sehr engagiert begleitet haben. Ihnen allen sei an dieser Stelle aufrichtig gedankt.

Mein besonderer Dank gilt meinem Doktorvater Herrn Prof. Karl Sierek, der mich am Anfang herzlich in seinen Arbeitskreis aufnahm und während der Erstellung dieser Arbeit stets fachlich sowie organisatorisch betreute. Seine wissenschaftlichen Anmerkungen und konstruktiven Vorschläge sind von unschätzbarem Wert für meine Untersuchung. Dank zu sagen habe ich auch den gesamten Team des Lehrstuhls für Geschichte und Ästhetik der Medien der Friedrich-Schiller-Universität Jena. Bei den regelmäßig veranstalteten Kolloquien wurde ich durch Referate anderer Doktoranden und den Austausch mit ihnen angeregt, interdisziplinär zu denken.

Herzlich möchte ich Herrn PD Dr. Ulrich Müller des Institutes für Kunst- und Kulturwissenschaften der Uni Jena für die Übernahme des Zweitgutachtens meiner Dissertation danken.

Dank zu sagen habe ich allerdings auch der Thüringer Universitäts- und Landesbibliothek Jena für die Einsicht in die Literatur und die Versorgung mit Film- sowie Interview-Dokumenten. Dieser Dank gilt auch der Stadtbibliothek Werimar und der Universitätsbibliothek Erfurt.

Für die Entstehung der Arbeit habe ich Herrn Christian Hascher, der als ein Lehrbeauftragter\Honorarkräfter im Sprachenzentrum der Uni Jena arbeitet, zu danken, der die Erstfassung der Texte Korrektur las.

Dankbar bin ich auch denen, die mich mit Rat, Tat und Kritik bei dieser Arbeit unterstützt haben, das gilt vor allem für meine Freundin Dr. Liu Ying des Fachgebietes Rechtswissenschaft, die mich zum Schreiben ermunterte und mich überzeugte, dass man innerliche Ruhe haben muss, um Aufregendes zu formulieren.

Zuletzt und zuerst danke ich meinen Eltern Lijun Fang und Jinling Lin

für ihre bedingungslose Unterstützung, große Geduld und ihren absoluten Glauben an mich während der herausfordernden Zeit der Promotion und dem ausländischen Leben in Deutschland, deswegen habe ich mir stets die Freude und Motivationen an die Arbeit behalten.
Für die finanzielle Unterstützung dieser Arbeit im Rahmen des PhD Stipendienprogramm des China Scholarship Council (CSC) danke ich herzlich der staatlichen Förderorganisation CSC.
Schließen möchte ich mit einem Zitat, um dem Leser eine angenehme Lektüre dieser Arbeit zu wünschen.

»Noch nie ist eine Kunst groß geworden ohne Theorie.«
(Robert Musil, 1978)

Fang LIN
Jena,
im Januar 2016

Frauenfiguren im Film bei Rainer Werner Fassbinder und Zhang Yimou

Einführung

Rainer Werner Fassbinder (31. Mai 1945 - 10. Juni 1982) gilt als einer der wichtigsten Vertreter des Neuen Deutschen Films der 70er- und 80er-Jahre. Zhang Yimou (geb. 14. November 1951) ist einer der erfolgreichsten Vertreter der »Fünften Generation« des chinesischen Kinos und trug auf zahlreichen internationalen Filmfestivals stark dazu bei, dass dem modernen chinesischen Film erhöhte Aufmerksamkeit zuteil wurde. Bei den Olympischen Sommerspielen 2008 in Beijing führte er die Regie bei der Eröffnungs- und der Schlussfeier. Die ähnlich hohe Reputation der beiden Regisseure und Zeitgenossen sowie ihr besonderes Interesse für Frauengestalten inspirierten mich zu der vorliegenden Untersuchung ihrer Filme.

Zunächst erzählen die beiden Regisseure sehr private Schicksale, wodurch sie Persönliches, Politisches und Historisches in Beziehung setzen. Fassbinder selber sagte: »Ich meine, dass die Filme, je persönlicher sie sind, um so mehr über das Land aussagen, in dem sie entstanden sind.«[1] Intensiv bearbeitet Fassbinder die direkte Nachkriegsgeschichte in seinen Filmen über Frauenschicksale, in denen er Hoffnungen und Utopien für den neuen Staat sieht. Infolge seiner eigenen unglücklichen Familiengeschichte und der negativen Entwicklung der Gesellschaft behält Fassbinder in seinen Filmen eine pessimistische Einstellung bei. Unordnung, Verbrechen, Unehrlichkeit, Tod, Verfall, Entfremdung, hoffnungslose Liebe usw. sind immer Themen seiner Filme. Er zeigt in seiner »BRD-Trilogie«[2] über die Lebensläufe seiner drei Protagonistinnen eine »große« Geschichte des Nachkriegsdeutschland und versucht darin zu

1 Töteberg (1986): S. 71.

2 »BRD-Trilogie«: Die Ehe der Maira Braun (1978), Lola (1981) und Die Sehnsucht der Veronika Voss (1982).

definieren, »was das ist und wie es geworden ist: die Republik des Geldes und der verkauften Gefühle.«[3]

Dies lässt sich mit der Reihe von Zhang Yimous Werken vergleichen, die durch die Betrachtung aus verschiedenen Blickwinkeln ein kritisches Porträt der chinesischen Vergangenheit entwerfen und dabei eine enge Wechselwirkung zwischen der politischen Dimension und der privaten Existenz des Individuums aufzeigen. Nach eigener Aussage gelängen dem Filmemacher Zhang die historischen Themen generell besser als seine Gegenwartsfilme.[4] Er fügt in seinen Filmen Persönliches und Geschichtliches zusammen, so wird z.B. in »Rotes Kornfeld« (1987) der japanische Aggressionskrieg dargestellt, in »Rote Laterne« (1991) das vorrevolutionäre China sowie in »Shanghai Serenade« (1995) die Geschichte Shanghais als eine Metropole Chinas und des fernen Ostens am Anfang des 20. Jahrhunderts. Statt die Geschichte einer konkreten zeitgeschichtlichen Periode zu behandeln wie bei Fassbinder, fehlen bei Zhang offensichtliche private geschichtliche Betrachtungen und unmittelbare Bezüge zur Gegenwart in den meisten seiner Werke. So fasst Schröder das gewöhnliche westliche Vorurteil gegen Zhangs Filme aus dem Westen zusammen:

> *»Zhang Yimous Filme werden im Westen stets als Metaphern auf den chinesischen Kommunismus verstanden, egal ob sie eine Gangstergeschichte aus dem Shanghai der 1930er erzählen (Shanghai Serenade / Yao a yao, yao dao wai po qiao, 1995) oder ob es sich um einen Schwertkämpferfilm aus vorchristlicher Epoche (Hero / Ying Xiong, 2003) handelt. Das Fehlen von Bezügen zur Gegenwart wird genauso leidenschaftlich interpretiert*

3 P. Jansen: Vor der Machtübernahme. In: Die Zeit vom 23.03.1979. vgl. Pott (2001): S. 13.

4 Vgl. Zimmermann, Oliver (2002): In einem Interview mit Zhang Yimou.

wie ihr vermeintliches Vorhandensein.«[5]
Die Geschichten der beiden Regisseure handeln von verschiedenen Perioden in jeweils unterschiedlichen Staaten, trotzdem vollzieht sich darin der ewige Kreislauf von Macht, Verführung, Unterdrückung und der Austauschbarkeit des Einzelnen, besonders der Frauen, in der Gesellschaft.
Des Weiteren behandeln beide Regisseure vornehmlich Frauengeschichten in ihren Filmen, weil Frauen für Fassbinder wesentlich besser als Medium der Repräsentation des Zeitgeistes geeignet sind als Männer[6] und für Zhang immer mehr unter Lebens- und Leidendruck stehen als Männer.[7] Bei der bereits erwähnten Stilisierung der Verbindung zwischen privater und öffentlicher Geschichte sind die Frauenfiguren die Brennpunkte ihrer Dramaturgie. Die Leiden, Schönheit, Stärke und Selbstbehauptungskraft von Frauen stehen bei den Filmen beider Regisseure immer im Zentrum. Auf die Feststellung des Journalisten Zimmermann, »Ihre Protagonistinnen sind alle die Frauen, die unter großem Lebensdruck stehen«, erwiderte Zhang: »Ja. Über Frauen, die unter Druck stehen, kann ich das Problem besser erklären, weil Frauen immer mehr als Männer leiden im Leben. Vom traditionellen Gesichtspunkt ist es viel leichter, wenn ein Mann etwas tut.«[8] Als Beispiele wären zu nennen: die Hauptfigur Jiuer in »**Rotes Kornfeld**«, die einen über 50-jährigen, leprakranken Besitzer einer Schnapsbrennerei heiraten soll; Songlian in »**Rote Laterne**«, die als junge Frau wegen der finanziellen Not ihrer Familie gezwungen ist, ihr Studium aufzugeben und als vierte Nebenfrau in den Haushalt eines reichen Mannes einzuheiraten, und

5 Schröder (2003): S.270.

6 Vgl. Fassbinder (1986): In: Pott (2001): S.14.

7 Vgl. Zhang (2004): S.128. Eigene Übersetzung der Autorin.

8 Ebd.

letztendlich aufgrund der Intrigen und Rituale dieser traditionellen Umgebung selbst im Wahnsinn endet; die berühmte Nachtclubtänzerin Xiaojinbao in »**Shanghai Serenade**«, die zugleich auch Geliebte des Paten eines Mafiaclans ist und sowohl körperlich als auch psychisch von ihm kontrolliert wird. Eine ähnliche Behauptung über die mediale Funktion der Frauengestalten stellt auch Fassbinder auf.

> »*Es läuft über Frauen besser, etwas über Geschichte zu erzählen. Männer haben – wie ich finde – eine vorgeschriebene Rolle in der Geschichtsschreibung. ... Deswegen finde ich auch Männer nicht so besonders interessant als Figuren, wie sie eigentlich immer nur das tun, was sie ohnehin tun müssen; während die Frauen, von denen man immer behauptet, ihnen würden die Rollen vorgeschrieben, dann im Einzelnen oftmals fähig sind, sich wirklich von dieser Rolle zu lösen und Dinge zu tun, die man nicht für möglich gehalten hätte.*«[9]

Mit anderen Worten: Frauen sind für Fassbinder das wesentlich ausdrucksstärkere Medium als Männer, weil sie besser einen Zeitgeist repräsentieren können. Die gesellschaftlichen Konflikte, denen Frauen ausgesetzt sind, sind Fassbinders Ansicht nach viel spannender, der Konflikt wird über ihre Vermittlung viel deutlicher, »*weil Frauen auf der einen Seite zwar unterdrückt werden, aber diese Unterdrückung aus ihrer gesellschaftlichen Lage heraus provozieren und wiederum als ein Terrormittel einsetzen*«.[10] Dafür steht z.B. die Figur Maria in »**Die Ehe der Maria Braun**«, die das Objekt des Austauschhandels zwischen ihrem Mann und ihrem Liebhaber wird und deren tragische Geschichte letztendlich in einer Explosion endet; die Lola im gleichnamigen Film,

---

9 Fassbinder: in Limmer S.82. In: Bae (2005): S.317.

10 Fassbinder (1986): Die Anarchie der Phantasie; Gespräche und Interviews. S.53. In: Pott (2001): S.14.

die als »Schweigegeld« von ihrem ehemaligen Liebhaber bzw. Besitzer überlassen wird, um den Schwarzhandel zwischen Beamten und Geschäftsmännern weiterzuführen; die Veronika in »**Die Sehnsucht der Veronika Voss**«, die in ihrer Traumwelt als erfolgreiche UFA-Schauspielerin gefangen scheint, aber in Wahrheit, vom Publikum vergessen, deswegen morphiumabhängig ist und sich schließlich das Leben nimmt. Auf den ersten Blick unterscheiden sich die Schicksale der Frauengestalten in den Filmen der beiden Regisseure stark voneinander, dennoch sind sie durch ein gemeinsames Thema verbunden: Anhand der Geschichte über die unvermeidliche Zerstörung der Frauen werden Unterdrückung und Austauschbarkeit des Einzelnen in der Gesellschaft dargestellt. Die Frauengestalten fungieren hierbei als Teil einer signifikanten Symbolsprache, die die Funktionsweise der Herrschaftsausübung in einem totalitären bzw. repressiven System zeigt.

Angesichts dieser Übereinstimmung und Koinzidenzen wird das Filmschaffen von Rainer Werner Fassbinder und Zhang Yimou den wissenschaftlichen Schwerpunkt der vorliegenden Untersuchung bilden, die nach thematischen und filmästhetischen Gemeinsamkeiten erfolgte und deren inhaltlicher Fokus auf das Thema »Frauengestalten vor dem geschichtlichen Hintergrund« gerichtet ist. Die ausgewählten Frauen sind jeweils für einen bestimmten Zeitgeist repräsentativ: Bei Fassbinder steht Hanna Schygullas Maria Braun für eine deutsche Frau der 1950-er Jahre. Am Schicksal der von Barbara Sukowa verkörperten Figur der Lola wird exemplarisch der Zeitgeist der westdeutschen Wirtschaftswunderjahre für heute wahrnehmbar beschrieben, und auch Rosel Zechs Veronika Voss zeigt das historiographische Interesse des Regisseurs an der deutschen Gesellschaft in den Jahren des Wiederaufbaus. Bei Zhang Yimou steht die von Gong Li dargestellte Songlian unter dem Druck der arrangierten Heiratspolitik in der vorrevolutionären chinesischen Gesellschaft. Xiaojinbaos Geschichte ist im dekadenten Shanghai der 30er Jahre angesiedelt, und Jiu'ers private Emanzipation symbolisiert die nationale

Selbstrettung während des japanischen Aggressionskrieges in China. Obwohl die Regiearbeiten der beiden Regisseure im In- und Ausland umfangreich und intensiv untersucht wurden, sind sie bisher noch nie konzentriert im theoretischen Rahmen des Feminismus und des filmischen Realismus gegenübergestellt und verglichen worden.

In der primären Zielsetzung der Arbeit wird der Versuch unternommen, auf den theoretischen Grundlagen des Feminismus und des Kino-Realismus die ästhetischen Gestaltungsmittel der Filme der beiden Regisseure konsequent zu erörtern. Dabei wird das Hauptaugenmerk auf die sechs repräsentativen Frauenfiguren und deren ästhetische Gestaltung im Film gelegt. Das Ziel der Untersuchung ist eine ausführliche vergleichende Filmanalyse der Werke der beiden Regisseure, wobei deren Auseinandersetzung mit der historischen Wirklichkeit eine wesentliche Rolle spielt. Daher wird der Frage nachgegangen, wie sich die Geschichtsbetrachtung der Regisseure bzw. ihre Beurteilung des Zeitgeistes und die filmische Gestaltung der Frauenfiguren gegenseitig beeinflussen.

Eine Hypothese der vorliegenden Arbeit ist, dass die verschiedenen Figurenspezifitäten der Frauengestalten aus feministischer Sicht bei den beiden Regisseuren sowohl von verschiedenen Realismuskonzepten als auch von unterschiedlichen persönlichen Geschichtsbetrachtungen sowie subjektiven Absichten der Geschichtsschreibungen bestimmt sind. Die Frauengestalten spielen im Film als künstlerische Symbole eine große Rolle, um den Zeitgeist bestimmter geschichtlicher Perioden darzustellen und die subjektiven Ansichten der Regisseure über historische Ereignisse zu äußern.

Im Filmanalyse-Teil stehen die folgenden Fragestellungen im Zentrum meines Interesses:

- Wie werden die Eigenschaften der Austauschbarkeit, des Freiheitsverlustes sowie des Opfercharakters bei den ausgewählten Frauengestalten durch den Inhalt und die ästhetischen Gestaltungmitteln des Films dargestellt?

- Wie drücken die Filmemacher durch die Darstellung der Frauengestalten ihre Anmerkungen, Kommentare und kritischen Reflexionen über die Geschichte sowie den Zeitgeist eines Landes in bestimmten Perioden auf inhaltlicher wie auch künstlerischer Ebene aus?
- Wie sind die Filme der beiden Regisseure auf der theoretischen Grundlage des Feminismus und des Kino-Realismus einer gemeinsamen inhaltlichen Kategorie zuzuordnen und einer vergleichenden Filmanalyse zu unterziehen?

Den Leitfragen werden einige spezifischere Fragen untergeordnet, die in der folgenden Untersuchung in einer logischen Reihenfolge bearbeitet und beantwortet werden. Dazu gehören z.B. :

- Sind die Männerfiguren lediglich Kontrast-Figuren zur Gestaltung der Filmheldinnen? Welche anderen Beiträge leisten sie und wie treten sie in Funktion?
- Wie wird eine Frauenfigur mithilfe der filmtechnischen Gestaltungsmittel wie Farbe, Musik und Ton, Kameraaspekte und -bewegung, Montage und anderer spezifischer Effekte gestaltet und gezeigt?

Die vorliegende Arbeit besteht in ihrem strukturellen Aufbau aus drei wesentlichen Einheiten. Die erste wird sich mit der Verdeutlichung des Untersuchungsgegenstandes und des derzeitigen Forschungsstandes befassen, was eine konkrete Konfrontation mit den beiden Regisseuren inklusive ihrer Lebensläufe und ihrer Haltung zu Frauenfiguren beinhaltet. Im zweiten Teil werden zwei theoretische Grundlagen vollständig eingeführt: zum einen die Zugängen der feministischen Theorien von Simone de Beauvoir, Betty Friedan, Laura Mulvey, Dai Jinhua und Rey Chow; zum anderen die Zugänge der kino-realistischen Theorie von André Bazin, Siegfried Kracauer, Roland Barthes, Christian Metz, Louis

Althusser, Béla Balázs und Guido Kirsten. Der dritte Teil greift auf eine repräsentative Auswahl der Filme der beiden Regisseure zurück, die wiederum in drei Kategorien untergliedert wird. In jeder Kategorie werden zwei Haupt-Filme des jeweiligen Regisseurs nach thematischen und filmästhetischen Gemeinsamkeiten in Beziehung gesetzt und einer vergleichenden Filmanalyse unterzogen. Anhand der filmtheoretischen Analyse der ausgewählten Werke werden die ästhetischen Besonderheiten des Filmschaffens von Zhang und Fassbinder ausführlich dargestellt, wobei sowohl ihre Unterschiede als auch ihre Gemeinsamkeiten zutage treten.

2. Konfrontation mit Fassbinder und Zhang Yimou

2.1 Fassbinders Frauenfigur im Film – Untersuchungsgegenstand

Fassbinders künstlerisches Werk kann unter vielfältigen Aspekten untersucht und betrachtet werden. Dabei wird Fassbinders Schaffen oft mit Aspekten seiner Persönlichkeit und seines Privatlebens gleichgesetzt, weil er schonungslos die eigene Homosexualität herausstellt und in mehreren Filmen seine Beziehungsprobleme verarbeitet hat, besonders in »**Deutschland im Herbst**« (1978 Gemeinschaftsregie mit Alf Brustellin, Alexander Kluge usw.). Dieser Blick verbaut aber die Beschäftigung mit den Aussagen in Fassbinders Werken.

Fassbinders Beziehungsprobleme sind, nach dem britischen Biografen Ronald Hayman, zweifellos auf Erlebnisse in seiner Kindheit zurückzuführen. Als eine Kapitelüberschrift in der Biografie über Fassbinder benutzt Hayman die Ausdrucksart »No childhood at all«. Wir können mehr oder weniger durch Fassbinders eigene Aussage über seine bittere Erinnerung erfahren:

> *»I grew up more or less without parents. I also lived entirely on*

my own very early – for example between the ages of seven and nine«.[11]

»It was a childhood that can't be seen as a childhood in the normal sense ... It wasn't so much a messed-up childhood as no childhood at all«.[12]

Fassbinder wurde drei Monate nach Deutschlands bedingungsloser Kapitulation in München geboren. Damals bot sich überall ein Bild der Zerstörung. Seine zahllosen verbitterten Erinnerungen an die Kindheit sind hauptsächilch auf seinen Vater zurückzuführen, der mit einer früheren Frau schon zwei Kinder hatte, weswegen er sich um den jüngsten Sohn nicht sonderlich gekümmert hat. Fassbinders Mutter war stark in die Klinik ihres Mannes eingebunden und achtete deswegen ebenso selten auf ihren Sohn. Nach Fassbinders Erinnerung hatten seine Eltern ihn immer unter Druck gesetzt, ihn die inhaltsleeren Formen und Disziplinen der bourgeoisen Kultur befolgen zu lassen. Er tauschte allerdings ihre Liebe mit den von all seinem Taschgeld gekauften Geschenken ein. Nachdem er erwachsen geworden war, verachtete er immer noch die traditionelle Etikette und den Standard der Bourgeoisie. Er zog sich häufig eine Lederjacke an, was er als ein Symbol der Rebellion betrachtete. Zugleich war seine Meinung über die Schulbildung nahezu ausschließlich negativ, weil er deren Bildungs- und Lernmethoden mit der scharfen Disziplin seiner kalten Familie gleichsetzte. Wegen der frustrierenden Erfahrungen seiner Kindheit gelang es Fassbinder nicht, Selbstachtung zu erlernen, und er glaubte nicht, sich der Zuneigung anderer verdient machen zu können. Die Unsicherheit gegenüber seiner Selbstidentität lies ihn ebenso an seiner Geschlechtsidentität zweifeln: *»While he's an obsessive worshipper of woman, he also persecutes them obsessively. He*

---

11 Rainer Werner Fassbinder, Reihe Film 2 (1973): S.63. In: Hayman (1984): S.1

12 Ebd.

does both things at once. His psyche is fifty per cent woman and fifty per cent man.« So beurteilt Ingmar Bergman den schwedischen Schriftsteller und Künstler August Strindberg,[13] dies gilt auch bei der Beschreibung der Eigenschaften Fassbinders.

Die Klagen über seine Familie und die Schuldgefühle wegen Deutschlands Geschichte fügen sich bei Fassbinder zusammen, sodass er sich sowohl seiner Selbstidentität, oder seiner Geschlechtsidentität, als auch seiner nationalen Identität gegenüber verwirrt und unsicher fühlt. In dieser Hinsicht würde Hayman so erklären: *»Film war ihm eine Form der Therapie, bei der er seine Identität auf glamouröse Männer und Frauen projizieren konnte, die seine Sätze sprachen und seinen Anordnungen gehorchten.«*[14]

Wie bereits erwähnt, Fassbinders Person wird automatisch mit seinem Werk assoziiert. Für seine Biografen werden Fassbinders Leben und Werke bei den psychoanalytischen Ansätzen aufeinander bezogen, sodass die Filme als bloßes Quellenmaterial betrachtet werden, um bei dessen Auswertung das Rätsel um Fassbinders Leben zu lösen. In dieser Richtung drückt Thomas Elsaesser dennoch eine andere Meinung aus:

> *»Unter den psychoanalytischen Ansätzen sind die noch am harmlosesten, die sich mit Fassbinders gestörtem Verhältnis zu seinem Vater beschäftigten. Auch seiner Neigung nachzugehen, warum er ‚Doppelgänger' seiner Mutter wie Irm Hermann in den Filmen erniedrigt, ist weder uninteressant noch unplausibel, zumal Fassbinder selbst solche Erklärungen freiwillig angeboten hat.«*[15]

Elsaesser befürwortet trotzdem nicht, das Leben vom Werk zu trennen,

---

13 Bergman on Bergman (1973): S.18. In: Hayman (1984): S.10

14 Hayman (1984): S.11. In: Elsaesser (2012): S.9

15 Limmer (1981): S.43-55. In: Elsaesser (2012): S.9

sondern, wenn möglich, noch genauer zu vermischen: *»kein (auto)biografisches Verschmelzen, sondern die Möglichkeit, Dinge aufeinander zu beziehen, aber auch auseinanderzuhalten, sofern erforderlich.«*[16]

In Douglas Sirks[17] Nachruf auf Fassbinder heißt es:

> *»Nicht, dass diese in der Filmgeschichte einzigartige Kreativität sofort den verdienten Anklang gefunden hätte. Fassbinders Filme blieben eine lange Zeit hindurch kontrovers und werden es hoffentlich bleiben. Denn nur das, was den Widerspruch übersteht, hat die Kraft zur Dauer. Aus diesem dramatischen Kontrapunkt entwickelt und erklärt sich auch die große Passion seines Werks.«*[18]

Man sollte die Kontroverse, die Sirk hier benennt, nicht lediglich mit autobiografischer Selbstbezüglichkeit assoziieren, sondern eminent politisch und realitätsbezogen bei Fassbinders Film verstehen, während er intensiv die Politik und Geschichte Deutschlands bearbeitet. Er erzählt aus seinem Blickwinkel über private Schicksale, die kollektive Geschichte, fügt Persönliches und Politisches zusammen. Dazu erklärte er selbst:

> *»Ich meine, daß die Filme, je persönlicher sie sind, um so mehr über das Land aussagen, in dem sie entstanden sind.«*[19]

---

16 Elsaesser (2012): S.11

17 Douglas Sirk, ehemaliger Theaterregisseur, drehte für die UFA des berühmten Zarah-Leander-Melodram und emigrierte 1937 nach Amerika. Dort machte er sich einem Namen mit Filmen wie etwa ALL THAT HEAVEN ALLOWS (1955) und IMITATION OF LIFE (1958). Mehr dazu vgl. Läufer: Rentschler, Eric: Sierck in the light of Sirk. In: http://icg.harvard.edu/~lit117/handouts/Sirk_in_the_Light_of_Sierck.doc

18 Douglas Sirk (1997): Imitation of Life. In: Pott (2001): S.1

19 Fassbinder 1986: Die Anarchie der Phantasie. Gespräche und Interviews. 174. In: Pott (2000): S.4

Ein wichtiger Schritt in Fassbinders persönlicher wie künstlerischer Entwicklung war die Begegnung mit dem Werk seines großen Vorbildes Douglas Sirk, der großen Einfluss auf Fassbinders Entwicklung ausgeübt hat. Ende 1970 zeigte das Filmmuseum in München eine kleine Retrospektive von Douglas Sirks Filmen aus den 50er Jahren. Fassbinder sah alle sechs Filme und war bewegt:

> *»Ich habe sechs Filme von Douglas Sirk gesehen. Es waren die schönsten der Welt dabei.«*
>
> *»Da bricht man zusammen im Kino. Da begreift man was von der Welt und was sie macht an einen.«*[20]

Dieser Kinobesuch muss für ihn eine Offenbarung gewesen sein.

> *»Ich habe jemanden gefunden«, meinte Fassbinder, »der in einer Art und Weise Kunst macht, daß ich gemerkt habe, was ich an mir verändern muss.«*[21]

Als Fassbinder den Einfluss von Sirks Film »Imitation of Life« (1959) in seinen eigenen Filme darstellte, sagte er, dass er vorher glaubte, wenn er etwas Ernsthaftes filmen möchte, muss er sich von Geschichtserzählung vom Hollywood-Stil distanzieren. Dennoch hat Sirk ihn frei von seiner Angst vor dem Vulgären gelassen: *»Sirk made me realise that it's perfectly possible to tell stories in such a way that people would normally say they're not being told truthfully."*[22] Angesichts der Tatsache, dass das Wort »Melodramatisch« meist auf Fassbinders Geschichten angewandt wird, hält Hayman dennoch an seiner These fest, dass Fassbinder, ebenso wie Sirk, mit seinen delikaten Mitteln dem Zuschauer heftige Anstöße gebe. Der Unterschied zwischen ihm und Sirk liege darauf, dass

---

20 Eckhardt, Bernd (1982): Rainer Werner Fassbinder. In 17 Jahren 42 Filme – Stationen eines Lebens für den deutschen Film. 24. In: Töteberg (2002): S.73

21 Bernd (1982): 143. In: Töteberg (2002): S.76

22 Limmer (1981); S.91. In: Hayman (1984): S.99

der Stil und die Stimmung bei Fassbinder sich außergewönlich unter einer moralischen Unterströmung befinden. Er beschäftigt sich besonders mit der gesellschaftskritischen Betrachtung der Beziehung zwischen Individuum und Gruppe, sowie der Auswirkung und dem großen Einfluss des Nationalsozialismus.[23]

Fassbinder äußert sich in einem Tageszeitungsinterview zur Wechselwirkung zwischen der filmischen und historischen Situation eines Landes:

> *»Es gab den Film immer dann, wenn er eine Identität mit dem Land hatte, aus dem er stammte. [...] Das war bei den deutschen Filmen genau zu der Zeit der Fall, nach dem Ersten Weltkrieg, als Deutschland seine Identität verloren hatte und eine neue suchte.«*[24]

In diesem, sowohl für Deutschland als auch für die deutsche Geschichte, besonderen Zeitalter versuchten Fassbinder und seine Gruppe über ihre künstlerische Arbeit am Film zu erreichen, dass die Geschichte nicht vergessen wird. Vor diesem Hintergrund arbeitet Fassbinder inhaltlich und filmstilistisch die Geschichten seiner weiblichen Protagonisten innerhalb der deutschen Geschichte heraus. Sein Werk zeichnet sich dadurch aus, dass er seinen Heldinnen bedeutendeste Rolle zuweist. Mit Hilfe seiner Frauenfiguren will er gesellschaftliche Mechanismen verdeutlichen, oft auch im Zusammenhang mit dem Thema der gesellschaftlichen Unterdrückung.

Die Darstellung seiner Ansichten über *»Männer als [Träger] eine[r] vorgeschriebene[n] Rolle in der Geschichtsschreibung«*, die die Frauen jedoch nicht einnehmen, erklärt schon die Bevorzugung der Frauenfigu-

---

23 Nach : Hayman (1984)

24 Fassbinder (1990): »Es wiederfinden« - Pressekonferenz mit Jean-Luc Godard zum Filmstart von »Nouvelle Vague«. In: Tageszeitung vom 22.11.1990. In: Pott (2001): S.6

ren in seinen Filmen.

> *»Es läuft über Frauen besser, etwas über Geschichte zu erzählen. Männer haben – wie ich finde – eine vorgeschriebene Rolle in der Geschichtsschreibung. ... Deswegen finde ich auch Männer nicht so besonders interessant als Figuren, wie sie eigentlich immer nur das tun, was sie ohnehin tun müssen; während die Frauen, von denen man immer behauptet, ihnen würden die Rollen vorgeschrieben, dann im einzelnen oftmals fähig sind, sich wirklich von dieser Rolle zu lösen und Dinge zu tun, die man nicht für möglich gehalten hätte.«*[25]

Mit anderen Worten, Frauen sind für Fassbinder wesentlich medialer als Männer, weil sie besser einen Zeitgeist repräsentieren können. Die gesellschaftlichen Konflikte, denen Frauen ausgesetzt sind, sind Fassbinders Ansicht nach viel spannender. Der Konflikt bei ihnen wird viel deutlicher, *»[...] weil Frauen auf der einen Seite zwar unterdrückt werden, aber diese Unterdrückung aus ihrer gesellschaftlichen Lage heraus provozieren und wiederum als ein Terrormittel einsetzen«.*[26]

In dieser Richtung betrachtet Elsaesser die Liebesgeschichten, besonders der Frauen, bei Fassbinder als eine der Produktionsmaschinen seiner Filme: *»Besonders die Frauen, die als Prostituierte, Chanteusen, Femmes fatales oder ganz allgemein im Showbusiness der Selbstinszenierung zwischen verschiedenen Instanzen des Gesetzes und der Gesellschaft lavieren, übertreten dabei die Grenzen von Emanzipation und Unterdrückung in beide Richtungen.«*[27]

Über seine weiblichen Figuren vermittelt er die politischen und gesell-

---

25 Fassbinder: in Limmer. S.82. In: Bae (2005): S.317

26 Fassbinder (1986): Die Anarchie der Phantasie; Gespräche und Interviews. 53. In: Pott (2001): S.14

27 Elsaesser (2012): S.12

schaftlichen Ereignisse oder eine »ganze« Geschichte Deutschlands; dem Niedergang des Preußentums in »**Fontane Effi Briest**« folgt der Zweite Weltkrieg mit »**Lili Marleen**«, dann die Trümmerjahre in »**Die Ehe der Maria Braun**«, dem Wirtschaftswunder in »**Lola**« bis zur Zeit der Gastarbeiter in »**Angst essen Seele auf**«. Intensiv bearbeitet er die direkte Nachkriegsgeschichte in seinen sogenannten »Frauenfilmen«, in denen er Hoffnungen und Utopien für den neuen Staat sieht. Den biografischen und psychoanalytischen Ansätzen zufolge behält Fassbinder in seinen Filmen wegen des Unglücks seiner eigenen Familie und der Veränderung der Gesellschaft eine pessimistische Einstellung. Unordnung, Kaputtgehen, Verbrechen, Unehrlichkeit, Tod, Verfallen, Entfremdung, hoffnungslose Liebe usw. sind stets die Themen seiner Frauenfilme. Frauen werden zuerst als Opfer des schlechten Gewissen der patriarchalischen Gesellschaft dargestellt. Die Liebe seiner Heldinnen ist stets von Unterdrückung begleitet. Wie er in seinem Sirk-Aufsatz schreibt:

> *»Nach Douglas Sirks Filmen scheint mir die Liebe noch mehr das beste, hinterhältigste und wirksamste Instrument gesellschaftlicher Unterdrückung zu sein.«*[28]

In der unterdrückten Gesellschaft kann der Anspruch auf Liebe der Heldinnen nicht befriedigt werden, folglich lehnen sie sich auf, aber sie sind von den Normen stark geprägt. Im Gang ihrer Auflehnung werden die gesellschaftlichen Mechanismen immer deutlicher. Die unterschiedlichen Gründe der Auflehnung der Frauen verarbeitet Fassbinder in fast all seinen Werken, z.B. »**Die bitteren Tränen der Petra von Kant**« (1972), »**Martha**« (1973), »**Angst essen Seele auf**« (1974) etc. Trotzdem scheitern alle Heldinnen letztendlich. Darunter sei seine »BRD-Trilogie«[29] als

---

28 Fassbinder (1984): S.18

29 Fassbinders sogennante BRD-Trilogie besteht aus drei Filmen: «Die Ehe der Maria Braun« (1979), »Die Sehnsucht der Veronika Voss« (1982) und »Lola« (1981), die sich mehr mit einem

ein herausragendes Beispiel genannt.

Bedenkt man die Prominenz der Frauenfiguren im Werk Fassbinders, dann wird die »BRD-Trilogie« zu so etwas wie einem Angelpunkt seines Nachdenkens über die deutsche Geschichte, in der er die Gründungsjahre der Bundesrepublik auf die herrschenden Wertvorstellungen, Sehnsüchte und Träume untersucht. Wolfgang Schütte, wahrscheinlich der von Fassbinder am meisten geschätzte Kritiker in Deutschland, bewertet Maria Braun, Lola und Veronika Voss als *»seismographs of the particular social situation.«*[30] Achim Haag benennt diese Trilogie als *»key icons of the patriarchal social structure«*, wenn die Frauenfiguren als *»bearers of individual demands for love and happiness, which must remain unrealizable in a society dominated by men«*[31] dargestellt werden.

Die drei Geschichten sind miteinander durch eine besondere zeitliche Reihenfolge verbunden, die eine invertierte Chronologie darstellt, was für Fassbinders Werk sehr typisch ist. »**Die Ehe der Maria Braun**« wurde 1979 mit dem Untertitel »BRD 1« aufgeführt. »**Lola**« trägt den Untertitel »BRD 3« und wurde im April / Mai 1981 gedreht. »**Die Sehnsucht der Veronika Voss**«, mit dem Untertitel »BRD 2« wurde acht Monate später, im Dezember 1981, fertiggestellt. So überschneiden sich diese drei Filme, oder man kann sagen: *»Sie sind ineinander gefügt wie die Teile eines Teleskops«*[32]. Fassbinder arbeitet die Lebensläufe seiner drei Protagonistinnen in der BRD-Trilogie heraus, um das Land, die

---

Thema als mit einer narrative Einheit verbinden. Die drei Filme haben verschiedene Charaktere und Handlungen, trotzdem fokussiert sich jeder Film auf die Geschichte einer besonderen Frau in Westdeutschland nach dem Zweiten Weltkrieg . Die Abkürzung »BRD« bezieht sich auf Bundesrepublik Deutschland, der offizielle Name von Westdeutschland.

30 Achim Hagg (1992): S.64. In: Thomsen (2004): S.274

31 Ebd.

32 Elsaesserr (2012): S.173

Bundesrepublik Deutschland, zu beschreiben.

»Die Ehe der Maria Braun« ist der erste Teil der BRD-Trilogie, in dem Fassbinder sich mit den Karrieren von Frauen in der Bundersrepublik nach 1945 beschäftigt. Julian Lorenz berichtet folgendermaßen über die Entstehungsgeschichte des Films, was für das spätere Filmschaffen Fassbinders sehr bedeutend ist:

> *»Die Geschichte ging ursprünglich von einer Idee aus, die Rainer sich für eine Fernsehserie vorstellen konnte, mit dem Arbeitstitel »Die Ehen unserer Eltern«. [...] Dazu kam dann die zweite Ebene im Film, die die politische Entwicklung der Bundesrepublik Deutschland anspricht und die durch persönliche Entwicklung von Maria Braun verdeutlicht wird. Die Geschichte der BRD an Hand von persönlichen Entwicklungen nachzuvollziehen, das war für Rainer von diesem Zeitpunkt ab ein wichtiger Motor geworden, also die politischen, soziologischen und psychologischen Zusammenhänge sichtbar zu machen.«*[33]

In diesem Film sind bereits verschiedene Ideen und Konzepte Fassbinders eingegangen, die er zu seiner Zeit, Mitte der 70er Jahre, verwirklichen wollte. Nach Fassbinder habe

> *»[u]nsere Generation, also auch ihr und ich, [...] in der Schule und vom Elternhaus viel zu wenig von deutscher Geschichte gehört oder gar gelernt. Da ist es doch ganz selbstverständlich, dass man sich damit beschäftigt. Und ein Filmemacher wie ich macht eben aus solchen für ihn neuen und spannenden Informationen Filme. Ich mache mir dadurch die Gegenwart klarer*

---

33 Juliane Lorenz (Hg.) (1995): Das ganz normale Chaos – Gespräche über RWF. In: Pott (2000): S.12

und sie gleichzeitig dem Zuschauer greifbarer.«[34] *[...] »Ich werde viele Filme machen, bis ich mit meiner Geschichte der BRD hier und heute angekommen bin: LOLA und MARIA BRAUN sind Filme über das Land, wie es heute ist.«*[35]

Die Gründungsjahre der Bundesdeutschland betrachtet Fassbinder parallel zu seiner eigenen Lebenszeit. Durch die folgende Äußerung übt er Kritik am Terrorismus der 60er Jahre:

»Ich staune, wie schnell es in diesem Land eine Wiederbewaffnung gegeben hat. Die Revolteversuche der Jungen waren eher rührend. Ich will auch zeigen, wie die 50er Jahre den Menschen der 60er Jahre geprägt haben. Diesen Zusammenprall der Etablierten mit den Engagierten, die in die Abnormalität des Terrorismus gedrängt wurden.«[36]

Die Äußerungen der Mitarbeiter Fassbinders bringen den Stil in seinen Filmen zum Ausdruck. Barbara Baum, Fassbinders Kostümbilderin, deren vertraute Zusammenarbeit mit **»Fontane Effi Briest«** im Jahr 1972 begann und erst 1982 mit seinem letzten Film »**Querelle**« endete, stellt dar:

»Puren Naturalismus oder Realismus wollte er nicht. Das wäre auch für seine Filme falsch gewesen. Er sagte oft: ‚Wir machen einen bestimmten Film über eine bestimmte Zeit – aber aus unserer Sicht.' Also musste man alles übersetzen und etwas überhöhen, um es deutlich zu machen. Das war für mich eigentlich das Wichtigste.«[37]

---

34 Michael Töteberg (Hg.) 1986: RWF – Die Anarchie der Phantasie – Gespäche und Interviews. In: Pott (2001): S.5-6

35 Spaich (1992): S.320

36 Baum, Barbara in: Bae (2005): S.314

37 Ebd.

Hinsichtlich der historischen Bezüge der Filme Fassbinders urteilt Elsaesser:

> *»Fassbinder, [...], hat stets betont, dass seine Filme nur insofern historisch seien, als er die Vergangenheit aus der Perspektive der Gegenwart, die fünfziger Jahre aus der Perspektive der siebziger Jahre betrachte.«*[38]

Elsaesser versucht in seiner Analyse drei von Fassbinders bekanntesten Filmen innerhalb eines gemeinsamen Rahmens mit einander verzahnten Bezügen zu betrachten. Nach Elsaessers Ansicht lenkt die BRD-Trilogie die Aufmerksamkeit darauf, dass die drei Geschichten miteinander durch eine besondere Zeitlichkeit auf einer Art und Weise von Wiederholungen und Spiralen verbunden sind. Eine solche besondere Zeitlichkeit stellt sich in zwei Kategorien dar: zum einen sei die Zeitlichkeit der Trilogie die subjektive oder freudianische Zeit, weil sie eine Dialektik von Vergessen, Erinnern, Verdrängen und Gedenken darstelle, was eine zentrale Semantik zur Darstellung Deutschland als eine Nation bei Fassbinder angesehen werde; zum anderen versuchen die Filme die 50er Jahre als eine Art komprimierte Version des gesamten 20. Jahrhunderts zu sehen, mit anderem Worten, über die Geschichte Deutschland in der Moderne nachzudenken. Für Fassbinder hat sich die Geschichte ihrerseits ausgedehnt und in eine Zukunft gelenkt, *»[...] eine Zukunft, die geprägt ist von der Verantwortung, die auf den nachfolgenden Generationen liegt, die erkennen müssen, dass der Faschismus ihr Leben mit einer un(ab)tragbaren Hypothek belastet hat.«*[39] Seine Filme werden deshalb als ein offenbar persönliches und dennoch kollektives Medien-Gedächtnis anerkannt. In dieser besonderen wiederholten und spiralen Zeitlichkeit bewegen sich Fassbinders Figuren, nach Elsaessers

---

38 Elsaesser (2012): S.173

39 Ebd. : S.168

Analyse über dessen Umgang mit Zeit und Chronologie, als *»Ungleichzeitigkeit«*[40], wobei sie als Gespenster, die am hellichten Tag wandern, oder als Leichen unter den Lebenden bzw. Untote, wie das alte Ehpaar in **»Veronika Voss«** oder der depressive Arzt in **»Die Ehe der Maria Braun«**, der Marias Abtreibung vornimmt und sich zuvor Drogen spritzt, um weiter arbeiten zu können, dargestellt werden. Als eine der drei Protagonistinnen der Trilogie kann Veronika in dieser Hinsicht ein herausragender Testfall sein. Sie ist eine Figur mit einer Vergangenheit sowie eine Figur aus der Vergangenheit, insofern ist sie für den Protagonist Krohn, anders als die mythischen femmes fatales, eher eine Figur aus einer sowohl politisch als auch erotisch besetzten Vergangenheit, besonders in dem Moment, wenn sie in der Eröffnungsszene im Film in dem Nazi-Kino von einem sehr kalten, aber intensiven Licht fokussiert wird oder sie die Straßenbahn am Englischen Garten wie ein Gespenst besteigt.

Außerhalb der Gemeinsamkeit der BRD-Trilogie von den besonderen zeitlichen Wiederholungen und Spiralen legt Elsaesser seine Aufmerksamkeit mithilfe der feministischen Untersuchungsmethode auf das »Showbusiness« in Fassbinders Werk, in dem sowohl Maria Braun, Lola, Veronika Voss als auch Lili Marleen als Opfer der Männerwelt und des Patriarchats dargestellt werden, deren Opferstatus dadurch noch verstärkt wird, dass sie unter männlichen Blicken in die zur Ware machenden Macht des Showbusiness verstrickt sind. In den genannten Filmen handeln wichtige Szenen davon, wie sich eine Frau den Männern als Spektakel anbietet. Nach Elsaessers Betrachtung erscheinen die Frauenfiguren Fassbinders etwa nicht nur als Opfer, sondern bspw. in »**Lola**« als ein Zentrum bzw. ein Energiezentrum, von dem Energien ins Spiel gebracht werden. Bei der Vorstellung der Frau als Spektakel im Film behält diese

40 Zitiertes Konzept von Ernst Bloch.

das Bewusstsein des sich-zur-Schau-stellens, was einerseits die Bedeutung des Begriffs *»Showbusiness«* erklären kann, andererseits zum Nachdenken auffordert, dass Fassbinders Protagonistinnen sich als *»starke Frauen«* verhalten. So fasst Elsaesser diese Eigenschaft der Frauenfiguren Fassbinders folgendermaßen zusammen:

> *»[...] Verdienen die Figuren aufgrund einer besonders paradoxen Mischung aus Opportunismus und Kompromisslosigkeit, aus fremdbestimmtem Selbstbild und selbstbestimmtem Egoismus unsere genaue Aufmerksamkeit.«*[41]

In dieser Hinsicht über das eigene Bewusstsein über das Selbstbild spielt Veronika gegensetzlich die Leihgabe des Dr. Katz, nur dadurch kann sie sich ihr eigenes Bild wie vorher verschaffen. In Marias Fall sehen wir auch außer ihrer selbstgewissen und selbstbewussten Eigenschaften die Veronika-Seite, nämlich eine Frau, die sich für den zurückgekehrten Ehemann »schön« macht, verliert gleichzeitig aber die Macht über ihr eigenes Bild (und damit über sich selbst).

Sowohl bei der sogenannten »Trümmerfrau« Maria oder der Prostituierten Lola als auch dem ehemaligen Filmstar Veronika ordnet Fassbinder seine Frauen offensichtlich in eine Randgruppe ein, die dennoch somit nicht im Dienst einer Apotheose der Benachteiligten stehen, sondern als eine Linse fungieren, die bestimmte gesellschaftliche Mechanismen fokussiert und sie in ihrer Komplexität besser erkennen lässt.

Schon häufig handelten Fassbinders Werke von Randgruppen der Gesellschaft. In seiner ersten Arbeit für das Anti-Theater, »**Katzelmacher**« (1969), geht es um faschistische Gruppenaktivität, die wiederholt in seinen nachfolgenden Werken vorkommt. In einem von Frustrationen und Spießer-Klischees geprägten Alltagsmuff taucht plötzlich ein Katzelmacher (abfälliger bayrischer Begriff für südeuropäische Gastarbeiter)

---

41 Ebd. : S.192

auf und gewinnt die Zuneigung der Protagonistin. Die gemischte Stimmung aus Agression, Frustration, Groll und Unzufriedenheit wandelt sich zu unvernünftigem Fremdenhass, Potenzneid und Brutalität gegen den Jungen mit dem anderen Aussehen und der fremden Sprache. Das Thema wird in »**Angst essen Seele auf**« (1973) fortgesetzt. Eine ähnliche Art von Neid und Feindseligkeit bricht aus, wenn eine sechzigjährige Putzfrau einen wesentlich jüngeren marokkanischen Gastarbeiter heiratet. In vielen Filmen und Theaterstücken Fassbinders geht es um den hoffnungslosen Prozess eines persönlichen Kampfes gegen eine Gruppe, der schlussendlich stets mit persönlichem Verfall oder Selbst-Verfall endet, wie in »**Lola**«. Im Film gibt Von Bohm aufgrund der Erscheinung von Lola und der Liebe zu ihr seinen Entschluss der Anti-Korruption auf, damit er an dem von Schukert geleiteten, von Beamten und Unternehmensführern kollaborierten Betriebssystem teilnimmt. Die »Außenseiter« integrieren sich schlussendlich glücklich in die Gruppe. Die Frau steht als ein Zeichen in diesem korruptivem Betriebsystem im Energiezentrum, dadurch kann der Regisseur sein kritisches Manifest gegen Mechanismen der Gesellschaft aufnehmen.

In die politisch-historische Sphäre ist bei Fassbinder stets eine private Geschichte eingebettet, die maßgeblich davon determiniert ist. Das Melodram als Genre bei Fassbinder exploriert die Sehnsucht der Frauen, in deren Schicksal sie sowohl aus den an sie gestellten Erwartungen ausbrechen, für sich eine Befriedigung gegen die herrschenden Moralvorstellungen reklamieren und die sich somit endlich aus ihrer Gesellschaft ausschließen (wie bei Emmi und Maria), oder, von bestimmten gesellschaftlichen Mechanismen determiniert, unter dem partriachalischen System untergeordnet werden oder ihm sogar dienen und damit ihrer Sehnsucht nach Liebe und Freiheit als Instrument der Männer angewandet werden (wie bei **Lola**), als auch von der Vergangenheit des Nazi-Kinos gefesselt, ihre Sehnsucht nach dem eigenen Bild wegen Morphium scheitert, weswegen ihr Abstieg nicht aufgehalten werden kann (wie bei **Veronika**). Mit diesem Leitmotiv zeigt Fassbinder über seine Protagonistinnen den Freiheitsverlust des Einzelnen in einer genau determinierten Gesellschaft. Als Gerüst zur Darstellung des menschlichen Scheiterns dient ihm dazu das Melodram, was der typische deutsche Hollywood-Film Fassbinders verschafft, der nicht nur den Publikumserfolg meint, sondern auch die Professionalität, wie er es selbst ausdrückt:

> *»Was ich möchte, ist ein Hollywood-Kino, also ein Kino, das so wunderbar und allgemeinverständlich ist wie Hollywood, aber gleichzeitig nicht so verlogen.«*[42]

2.2 Zhang Yimous Frauenfigur im Film – Untersuchungsgegenstand

- Zhang Yimou und die Fünfte Generation (Theorien aus Ni Zhen, Dai Jinhua, Zhang Yiwu, Chen Jide und Lang Xiaoling)

Zhang Yimou wurde 1951 in Xi'an in der Provinz Shananxi als Sohn eines ehemaligen Offiziers der KMT-Armee[43] geboren. Sein Vater und zwei seiner Onkel haben die Huangpu Militärakademie absoviert. Zhang hat seit seiner Kindheit, im Schatten der väterlichen Generation, Ausgrenzung und politische Diskriminierung erfahren. Als die Kulturrevolution begann, wurde er im Rahmen der »Nationalen Verschickung« im Jahr 1968 in die Provinz Shaanxi verbannt, wo er mit dem rauen und primitiven Landleben in Berühung kam. Ni Zhen, sein Professor an der

---

42 Fassbinder: Rainer Werner Fassbinder Foundation: Werkschau: 204. In: Bae (2005): S.139

43 KMT: (Abkürzung der Kuomintang Chinas. Chinesisch: 中国国民党) ist eine Partei der Republik China. [...] musste sich aber nach dem verlorenen Bürgerkrig 1949 gegen die kommnistische Partei nach Taiwan zurückziehen. Vgl. : http://de.wikipedia.org/wiki/Kuomintang

Beijing-Film-Akademie, hat ihn wegen seiner standhaften und optimistischen Eigenschaft gelobt:

> *»Zhang Yimou was not the sort to take a bleak outlook on the world, blaming everyone but himself. He just accepted fate and took a positive attitude. He was physically strong, with legs like a soccer player's. He ate well, slept well, had energy, and was stoical. He could perform any kind of heavy labor.«*[44]

Als Bauer und Maler hat Zhang für drei Jahre auf dem Land gearbeitet. Er malte Porträts von Präsident Mao auf alle Hauswände. Wegen seiner Malertätigkeit wurde er im Jahr 1971 von einer Textilfabrik angestellt. Im Alter von 24 entschied er sich, für eine in China hergestellte Kamera Geld zu sparen. Unter extrem simplen und groben Arbeitsbedingungen erlernte er im Selbststudium das Filmemachen.

Als er sich 1978 an der Beijing-Film-Akademie für den Studiengang der Kinematographie bewirbt, lehnt ihn die Kommission zunächst ab, weil er mit 28 Jahren die Altersgrenze für die Aufnahme um zwei Jahre überschritten hat. Letztendlich entschied sich die Akademie wegen Zhangs Talent in Fotografie, dass er als einzige Ausnahme trotz seines Alters und einer nicht absolvierten Aufnahmeprüfung in den Studiengang aufgenommen werden konnte. Mit ausgezeichneten Noten schloss er sein vierjähriges Studium ab und fing ein Jahr später seine Karriere beim Guangxi Filmstudio an.

Zuerst arbeitete er als Kameramann bei Chen Kaiges Film »**Gelbe Erde**« (1984), der als Meilenstein in der Geschichte des chinesischen Films und der Fünften Generation betrachtet wird. In diesem Film zeigt Zhang mit seiner Kameraarbeit das primitive Dasein der Figuren und ein Spannungsfeld zwischen traditionellen Strukturen und ländlicher Rückstän-

44 Ni (2002): S.45

digkeit. Die kraftvollen Landschaftsaufnahmen der unbändigen Natur wurden durch Zhangs Bildkompositionen zu einem wesentlichen Protagonisten des Films. Im Jahr 1996 stand Zhang zum ersten Mal vor der Kamera in dem Film »**Der Brunnen**« (1996), wodurch er zum besten Hauptdarsteller beim Tokyo Filmfestival ausgezeichnet wurde. Nach dem großen Erfolg seines Regiedebüts »**Rotes Kornfeld**« (1988) auf der Berlinale 1988 sowie auf dem chinesischen Markt drehte er im folgenden Jahr den Film »**Deckname Puma**« (1989), der allerdings nicht mehr als ein einfacher Action-Triller angesehen werden kann. Deswegen wandte er sich bei seinen nächsten beiden Filmen zum zentralen Thema des Films **»Rotes Kornfeld«** zurück: das Verkaufen von Frauen zur Heirat – »**Ju Dou**« (1990) und »**Rote Laterne**« (1991). Beide Werke hatten gute Resonanzen bei internationalen Filmfestivals bekommen. 1992 gewann er in Venedig den Goldenen Löwen mit dem Film »**Die Geschichte der Qiuju**«, bei dem er auf das Stilmittel der versteckten Kamera und fast ausschließlich auf Amateurdarsteller zurückgegriffen hat. Ein weiterer Film, »**Leben!**«, erhielt 1994 den Spezialpreis der Jury in Cannes. Aufgrund der Kritik an der chinesischen Gesellschaft unter Mao ging dieser Film unmöglich durch die staatliche Zensur. Als Strafe wurde Zhang verboten, für fünf Jahre einen Film in China zu drehen. Diese Entscheidung wurde später wegen der positiven Resonanz aus dem westlichen Ausland widerrufen. Danach begann er in den Filmen »**Shanghai Serenade**« (1995) und »**Keep Cool**« (1997) eine Behandlung völlig anderer Themen, der erste Film handelte war eine Mafiageschichte in der ehemaligen Metropole Shanghai, und der letztere wird meistens als eine urbane Komödie angesehen.

»Whenever anyone mentions China's Fifth Generation cinema today, the focus of attention is sure to be on Chen Kaige and Zhang Yimou. This tendency evolved gradually over the last fifteen years."

So drückte es Ni Zhen in seinem 2002 veröffentlichten Buch über die Genesis der Fünften Generation chinesischer Regisseure aus, der diese als Professor der Beijing-Film-Akademie seit 1980 als Schüler und Freunde kennengelernt hatte. Lange bevor sie ihre ersten Filme gedrehte hatten, erhielt er dadurch einen Zugang zur personellen Geschichte und deren objektiver Beurteilung. Zweifellos haben die Filme der beiden oben genannten Regisseure durch intensive Visualität, machtvolle Emotionen, nationale Belange und tiefe private Reflektion die frühen Filme der Fünften Generation charakterisiert. Zudem hat Ni Zhen darauf hingewiesen, dass schlussendlich Zhang Yimou wegen seines expressiven Filmstils, seines herausragenden Kunststils und seiner Kraft, seinen absoluten Widerstand gegen das festgelegte Schicksal und seiner exquisit organisierten Arbeitsweise als die tatsächliche Führungsgestalt der Fünften Generation gelten sollte. Das unerwartete Aufkommen von Zhang Yimous Filmen veränderte das Gesicht der chinesichen Filmbewegung von der potenziellen Kontinuität des Lyrismus und naturalistischen Realismus der Vierten Generation hin zu einem einzigartigen Image von China mit seinen intensiven und expressiven Farben.

Im Bezug auf den Terminus der »Fünften Generation«, die als eine homogene Gruppe betrachtet wird, stelle ich diesen Begriff kurz in diesem Kapitel vor, um den allgemeinen Zeitgeist von Zhang Yimous Produktionsprozessen näherzubringen. Obwohl der Begriff in heutiger Zeit allgemein bekannt ist, ist es schwer zu beweisen, wer zuerst den Terminus »Fünfte Generation« geprägt hat. Die Filme dieser Generation werden fast als Synonym des chinesischen Films der 80er Jahre angesehen, die unter diesem Begriff in die Filmgeschichte eingegangen sind. Die Auseinandersetzung mit der kollektiven jüngeren Vergangenheit der chinesischen Geschichte wird zum filmischen Leitgedanken der Fünften Generation. Die Werke dieser Gruppe ebnen dem chinesischen Film den Weg zu internationaler Anerkennung und leiten darüber hinaus eine umfassende Revolution ein.

Die beiden frühesten Filme der Fünften Generation, »**Einer und Acht**« (Zhang Junzhao, 1983) und »**Gelbe Erde**« (Chen Kaige, 1984), zeigen durch tragische Geschichten in der desolaten, aber heldenhaften Epoche um die Gründung der Volksrepublik China den machtvollen, nationalen Geist. Die Innovation dieser Filme bekam ausschließlich positive Reaktionen vom Publikum, die damit eine neue Epoche des chinesischen Films eröffnet haben.

Nach mehr als einem Jahrzehnt der stetigen Weiterentwicklung in Form und Stil haben die Regisseure der Fünften Generation eine Balance zwischen ausgereiftem Einsatz von Filmtechnik, interessanten Charakteren und psychologischer Tiefe ihre Reifephase erreicht und sind somit weltweit anerkannt geworden. Wegen ihres Erfolgs haben sie die Aufmerksamkeit in Europa und Amerika auf die spezifisch chinesische Moderne auf sich gezogen, welche in den Arbeiten der Vierten Generation begonnen hatte.

Der Film »**Lebewohl, meine Konkubine**« (Chen Kaige, 1993) gewann die Palme d'Or beim Cannes Film Festival. Chens Filme sind für ihre Lyrik bekannt, in denen die Protagonisten in Natur und Kultur kämpfen, die unfrei in die historische Strömung geworfen werden. In diesem Film zeigt er das komplizierte Leben und die Liebe der Hauptfigur in der Zeitspanne von einem halben Jahrhundert.

Zhang Yimou wird häufig und ständig mit Chen Kaige verglichen. Während Chens Filme sich mit tiefer, gedanklicher Poesie für die Bourgeoisie einsetzen, ist Zhang vielmehr ein gewandter Geschichtenerzähler für das Massenpublikum.

Die Filmtheoretikerin Chow Rey legt hohen Wert auf Zhangs typische massenkompatible Kunst. Im Kontrast dazu sind Chens Filme vom klassischen Daoismus in einem idealistischen, allegorischen Ausdruck von Wahrheit inspiriert. Dagegen sind Zhangs Werke mithilfe seiner limitierten, aber überragenden Modalität von filmischer Zeit für ein großes Publikum viel eingänglicher, ähnlich einem populären Romanschriftsteller, und damit ein Schöpfer von Massenkultur. Seine Können für die Inszenierung von fesselnder Spannung lässt seine Zuschauer das Hier und

Jetzt vergessen. Wenn es heißt, dass Chen sich durch Philosophie und Poesie als traditioneller chinesischer Literat mit der Kultur beschäftigt, dann verhält sich Zhang vielmehr wie ein populärer Dramatiker, Romanschriftssteller und Straßenkünstler, dessen Manifest untrennbar von der Masse ist. Es geht Zhangs Werken nicht nur um eine Identifikation mit der chinesischen Bevölkerung, sondern insbesondere mit den chinesischen Bauern, wobei diese sich von der Unterdrückung befreien. »*In other words, Zhang's social critique follows Chinese communism's way of discrediting tradition from below rather than from within culture's core of coherence.*''[45]

In einem Interview mit Bert Cardullo äußerte Zhang seine Vorliebe zum Thema der chinesichen Bauern und seine Zuneigung zur menschlichen Emotion:

> »*My early movies laid stress on beauty of form and concept, but I then moved on to deliberately focusing on human emotions, particularly human warmth. And the reason I deal so much with Chinese peasants is that China is an agricultural country. Personally, I love the simple emotions of farmers. If you investigate everyday life in China, you'll see that the heart of China is in its agricultural villages.*''[46]

Ein anderer untersuchungwürdiger Unterschied zwischen Zhang und Chen liegt in ihrer thematischen Behandlung mit Frauenfiguren. Mit fehlendem Close-up erscheinen Chens weibliche Figuren relativ idealisiert im Raum. Die »unklaren« Frauenfiguren unterstützen Chens Idealimus, in welchem die Wahrheit versteckt ist wie die andere als Hier und Jetzt. Zhang verwendet seine Frauenfiguren, im Gegensatz dazu, mit einem offenen, konventionellen, pornografischen Ziel von Repräsenta-

---

45 Vgl. : Chow (1995): S.160-63

46 Cardullo (2008): S.140

tion, wenn der fetischisierte Frauenkörper im Melodrama mit geistigem Leid beschrieben wird. Von »**Rotes Kornfeld**« bis »**Shanghai Serenade**« kann sich kaum ein Zuschauer dem faszinierendem Ausdruck von Gong Lis[47] Gesicht entziehen.

Im Zusammenhang mit Zhang Yimous Vorliebe für die Massenkultur und seiner Fokussierung auf Frauenfiguren untersuchen die europäischen Anthropologen und Völkerkundler seine Filme als eine Art »Volkstext« über den Widerstand der chinesischen Frauen gegen die feudale Gewalt. Frauen als Brennpunkt kommen auch bei den Werken anderer Regisseure der Fünften Generation vor. Der Film »**Blush**« (1995) von der Regisseurin Li Shaohong, welcher den Silben Bären bei der Berlinale 1995 gewonnen hat, erzählt die Lebensgeschichte einer Prostituierten,. Andere Beispiele wie Hemeis »**Army Nurse**« (1985) und Peng Xiaolians »**Three Women**« (1987) zeigen mit mikroskopischen Details die spezifischen Emotionen und die Psyche der Frauen, insbesondere ihre Konflikte mit den traditionellen sozialen Ideen.

Dadurch können wir herauslesen, dass Frauen in den Filmen der Fünften Generation eine große Rolle spielen, die ganz anders als jene der Vierten Generation fungieren. Hier ist die Zusammenfassung von Sheila Cornelius zu zitieren:

> *»After the graduation of the Fifth Generation film-makers, screen characters became more realistic both in their situations and range of choices. In particular, contradiction and ambiguity of response gave a sense of complexity and depth to female characters. Women in 1980s films were thus reassessed as subject to repressive force beyond their control rather than*

47 Gong Li: (chinesisch 巩俐) (*31.Dez. 1965-)ist eine chinesische Schauspielerin. Sie wurde 1987 von Zhang Yimou für seinen Film »Rotes Kornfeld« engagierte und fing dadurch ihre erfolgreiche Karriere mit ihm an. Ihre größten Erfolge feierte sie in den Filmen Zhangs.

victims of their own tendency to self-denial and sacrifices, as in pre-1949 representations. These films depicted a wide range of women's experience and sufferings during the Cultural Revolution.«[48]

In dieser Hinsicht hat die Filmtheoretikerin Dai Jinhua in einer Untersuchung die historische Wendung der beiden Generationen analysiert. Dai hat in ihrem Artikel »Die unsichtbaren Frauen: Die Frauen in den neuen chinesischen Filmen und die Frauenfilme« (1994) darauf hingewiesen, dass Frauen in den tragischen Geschichten über die unerwiderte Liebe in den Filmen der Vierten Generation nun mehr als Opfer politischer Gewalt sowie Objekt von männlichem Verlangen dargestellt werden. Frauen in diesen Filmen befinden sich zwischen der Darstellung als schöne gottgleiche Wesen auf der einen und einer attraktiven Opfergabe auf der anderen Seite.

Nach den Erlebnissen während der großen Kulturrevolution von 1966 bis 1976 zeigte die Vierte Generation in ihren Werken Frauenvorstellungen nach Dai als *»leerer Signifikant«*: Sie verlassen das gegenwärtige Leben der durchschnittlichen Frau und emanzipieren sich von der männlichen Imagination.

> *»It can be asserted that these stories are still »sexless« or at least degendered. Within the landscape of the sorrowful, emotional utopia or Platonic love, any expression of desire and any expression of the body is washed away by women, who assume a rarefied meaning.«*[49]

Die Vorstellung der Frau wurde, innerhalb von »Zivilisation und Rückständigkeit«, dem häufig aufgegriffenen Thema der Regisseure der Vierten Generation im Zeitraum zwischen 1982 und 1985, als Opferlamm der

48 Cornelius (2001): S.76

49 Dai (2002): S.127

politischen und historischen Gewalt konstruiert.
Die Behandlung der Frauengestalten ist dagegen völlig differenziert in dem anderen historischen Kontext der Fünften Generation. So fasst Dai zusammen:

> *»Consequently, those Forth films that excelled at the narration of female desire were excavated once again. These kind of stories - shall I call them stories of »women in the iron house« – began to serve as a medium through which the exotic »orient« was exhibited to the Euro-American gaze.*"[50]

Im Übergang von den 80er zu den 90er Jahren begegnete der Fünften Generation ein Dilemma: Um ihre eigenständige künstlerische Freiheit gegen den Druck der Mainstreamfilme zu bewahren und zugleich die ökonomische Schwierigkeit zu überwinden, wenden sich daher die Regisseure an einen anderen Markt – dem vornehmlich europäischen Markt für den Arthausfilm. Mit der Finanzierung aus dem Ausland lassen sich ihre künstlerischen Arbeiten weiterentwickeln und ihre kulturelle Eigenständigkeit erhalten. Für die Fünfte Generation ist es deshalb unvermeidlich, ihre Werke nach dem westlichen Geschmack auszurichten, nämlich auf den der europäischen Filmfestivals. Aus diesem Grund müssen sie ihre narrativen Figuren nach westlicher Erwartung regulieren und ein chinesisches Stereotyp im Film erzeugen, das aus westlichen Augen als ein imaginiertes China betrachtet wird. In dieser Erwartungshaltung vom »Fernen Osten« tritt die chinesische Frauenfigur wieder in die Narration als Objekt des männlichen Verlangens ein. Dieses Phänomen wurde zuerst in Zhangs Regiedebüt »**Das rotes Kornfeld**« (1987) präsentiert.
Folglich waren Zhangs Filme »**Judou**« und »**Rote Laterne**« nicht nur in Europa erfolgreich, sondern auch in den USA. Beide Werke wurden je-

---

50 Ebd.: S.132

weils als bester ausländischer Film für den Oscar nominiert, sodass der chinesische Film als Wettbewerber für den wichtigsten Filmpreis der Welt große Beachtung fand. Beide Filme hatten somit ihre Popularität auf dem westlichen Markt bewiesen. Deshalb wurden Zhangs Filme als repräsentative chinesische Filme als Haupttendenz in der westlichen Kultur betrachtet, während sie in China selbst marginalisiert waren.
Offensichtlich sind Zhangs Filme weniger ein Spiegelbild des wahren Festlandchinas als vielmehr ein Fenster für den Westen, durch welchen das europäische und amerikanische Publikum ihre Imagination verwirklicht sieht. Der Erfolg von Zhang im Westen ist also anscheinend darauf begründet, dass er durch seine östlichen kulturelle Vorstellung der westlichen Kultur schmeichelt.
Eine theoretische Variante von Dais Auffassung können wir bei dem Kulturkritiker und -untersucher Zhang Yiwu der Beijing Universität finden, nach dem Zhang Yimous Gelingen im Westen auf das globale postkoloniale Kontext zurückgreifen sollte. Die Kultur der ersten Welt mit ihrer beherrschenden Kraft auf den wirtschaftlichen und kulturellen Gebiete die dritte Welt kontrolliere. Diese besitzgierende und unterdrückerische Funktion konstruiere einen Postkolonialen Kontext, der in der globalen Kultur der 90er Jahre extrem auffällig erscheine. Im Internationalisierungsprozess der chinesischen Kultur werde Zhang Yimous Film in die internationalisierten Kulturmaschine und das Betrachtungssystem positioniert.

> *»Zhang Yimou besteht nicht nur als ein Regisseur seiner Filme, sondern wird vielmehr schon ein einzigartiger Code in der zeitgenossenen Weltkultur. Er ist ein prismatischer Spiegel, der verschiedene Diskurse und Ideologien sowie die Besonderheit der Weltkultur in der 90er Jahren widerspiegelt [...]*

Der Mythos von ihm kommt aus diesem Kontext.«[51]

Zhang Yiwu sieht die Storys bei Zhang Yimou als die besondere allegorisierenden Geschichte vom Orient an, in der es nach seinen Darstellungen weder um konkrete Zeit noch um konkreten Raum geht, was in der Tat gemeinsam den nationalen Charakter hervorheben und vorführen lassenlässt. Eine Ssolche Geschichte werde als ein durchaus eingeschlossener Raum außerhalb dem des mordernen Diskurs ausgeschlossen. Seine Filme bietetn eine offensichtliche geschlossene Räumlichkeit dar, entweder auf der visuellen Ebene oder für die Schicksale der Figuren des Films. Chen Jide und Lang Xiao Ling zufolge:

> *»Es [Der visuelle Raum] liegt entweder in weiter Ferne, wie in der nahzu primitiven Wildnis in ‚**Rotes Kornfeld**', oder im gefängnisähnlichen tiefen Hof in ‚**Rote Laterne**', oder im Gestaltungsspielraum der riesigen traditionellen Familie in ‚**Judou**', die die Menschen fest fesselt.«*[52]

In diesem eingeschlossenen Raum spiele das »Ethos« als der notwendige Teil für die Konnotationsfunktion des Films, erklärt Zhang Yiwu, wie bei fast allen anderen Regisseuren der fünften Generation, die sich so häufig mit fiktivem und heimlichem Ethos aus dem Osten beschäftigten. Zhang wende den gewöhnlichen Code dennoch zur Richtung der Konsumierung. Sowohl bei »Sänft-Schwanken« in »**Rotes Kornfeld**« als auch bei der spezifischen Trauerfeier in »**Judou**« oder bei der Zeremonie über Laterne sei das Ethos bei Zhang für den westlichen Zuschauer vor allem exotisch, das eine Voraussetzung sowie Grundlage für das visuellen Spektakel bilde und als ein zeitloser räumlicher Code in der Weiser der Zeremonie

---

51 Zhang (1993): S.20f Eigene Übersetzung der Autorin

52 Chen; Lang (1999): S.22 Eigene Übersetzung der Autorin

ins Blickfeld gerate.

> *»Er [Zhang Yimou] bietet im Form der Räumlichkeit eine nach andere flächige und tiefenlose Kosumierung der Filmszenen an. Seine prächtige Farbe und legendenartige Geschichte sind nichts anderes als ein Nachweis für die Diskursautorität des Westzentralismus. Die dargestellte Geschichte gegenüber seines ‚impliziten Publikums' lässt ausschließlich ihren spähenden Blick nach Osten befriedigen.«*[53]

Die Tatsache, die Dai betont, ist trotzdem nicht so simpel, wie es oberflächlich den Anschein hat. Zhangs vielseitiger Erfolg besteht darin, dass er in seinen Sujets sowohl einen chinesischen als auch einen beobachtenden Standpunkt aus einem westlichen Blickpunkt wählt und er dadurch eine Art und Weise der »Doppel-Kultur-Erkennung« erzeugt. Seine Filme sind sozusagen der Fokus von gekreuzten Blicken. Angesichts der unvermeidlichen Tatsache, dass auf dem kulturellen Gebiet in China, besonders für den der Eliten auf dem filmischen Gebiet, die native Kultur einem globalen postkolonialistischen Kontext begegnet, sind die Filme von Zhang, nach Dais Meinung, eine Fusion zwischen der Sexualität im postkolonialen Kontext und dem nationalen Thema.

Dai geht in ihrer Untersuchung des Films »**Judou**« auf den Blick der »Doppel-Kultur-Erkennung« bei Zhang Yimou ein. Sie sieht die prototypische Narration der nach ihren Wurzeln suchenden Kunst als eine historische Kritik, eine Allegorie der Machtsstruktur zwischen Vater und Sohn, die kastrierte Macht der Geschichte selbst.

Im narrativen Kontext in »**Judou**« ist patriarchale Macht immer ein leerer, aber unzerstörbarer Signifikant der Heiligkeit. Die Position des Vaters in der Geschichte wird zweifellos von dem Besitzer der Färberei eingenommen – Yang Jinshan. Yangs sozialer Status und sein Geld er-

---

53 Zhang (1993): S.23 Eigene Übersetzung der Autorin

möglichen es ihm, Judou zu besitzen, obwohl er aufgrund seiner Krankheit kein Sexualleben führen kann. Wegen der bitteren Misshandlung, sowohl geistig als auch körperlich, verführt Judou den Adoptivneffen ihres Manns, Tian Qing, sowie einen Sohn von diesem, Tian Bai. In der Handlung, wenn der kleine Tian Bai Yang »Vater« nennt, wird eine Rückkehr zum legalen Titel und eine Beteuerung der Ordnung signifiziert. Die väterliche Ordnung identifiziert sich zwischen Vater und Sohn, die nicht mit einer echten Blutverwandschaft verbunden sind. Tian Qings Tod im Film ist eine Abänderung der Romanvorlage »**Fu Xi Fi Xi**« von Liu Heng. Im Buch kann Tian Qing nicht mehr Tag für Tag den kalten Blick von Tian Bai, seinem tatsächlichen Sohn, ertragen, und ertrinkt sich nackt in einem Fass Wasser, was ein Akt der Vergebungsbitte ist. Aber im Film wird der Selbstmord zu einer brutalen und grausamen Mordtat von der Hand des Sohnes verändert. Das kann, innerhalb der dunklen Seite der östlichen Kultur, als eine Vaterstötung angesehen werden, wenn Tian Bai in jenem Moment die Inkarnation seines moralischen Vaters und zum Rächer wird. Im Kontrast kann es, unter westlichem Blick, als eine Expression des Ödipuskomplexes betrachtet werden.

> *»The dregs of history, its lingering ghosts and shadows, make up the marvelous spectacle of colorful hanging cloth in an arrchaic dye mill. An oriental historical discourse about the slaying of the Son is successfully superimposed by Zhang Yimou onto the Western patricide complex.«*[54]

Im Film »**Rote Laterne**« bietet Zhang auf der Leinwand einen typisch geschlossenen chinesischen Raum an, beseitigt die konventionelle Zeitstruktur, dadurch die Extension der Handlung und erzeugt schließlich ein Spiegelbild der chinesischen Kultur. Er wählt ein reales Museum als

54 Ebd.: S.53

Drehort, welches er als Bestandteil der chinesischen Geschichte zum filmischen Diskurs der Geschichte ändert. Durch diese Auswahl des Mise-en-scène identifiziert sich eine östliche kulturelle Ordung unter dem westlichen Blick.

Die roten Laternen sind ein weiteres Kernelement der Mise-en-scène, die die zentralen Zeremonien in der Geschichte älteren chinesischen Lebens signifizieren: Laterne anzuzünden, diese auszumachen, versiegeln oder die ganze Nacht leuchten zu lassen; die Konkubinen im Innenhof bei Abenddämmerung warten, dass eine von ihnen ausgewählt wird; das erdichtete Ritual der Fußmassage mit den Stöckchen; der ironische Rhythmus der Peking-Oper und die traurige wortlose weibliche Skandierung ohne instrumentale Begleitung, den Totentanz und die sinnbefreite Zeremonie des alten Chinas signifizierend, welche die Zuschauer aus dem Westen so bewundern.

Die Auseinandersetzung zwischen den fünf Frauen im Film zeigt eine narrative Abhandlung über das Verlangen von Frauen im Allgemeinen. Die visuelle Abwesenheit der männlichen Figur, ohne tatsächliche Visualisierung, sondern nur auf der reinen Tonebene, bietet einen großen Spielraum für die Identifizierung für den westlichen Zuschauer. Die häufig verwendeten Close-ups auf die Protagonistin Song Lian im symmetrisch ästhetischen Bildrahmen nähren den männlichen, westlichen Blick auf die Erwartung über eine östlichen Schönheit.

Mit dem abwesenden Helden in Film, einschließlich der sowohl auf der Bildebene als auch auf der moralischen Ebene abgewerteten männlichen Despoten, wie Yang Jinshan oder auch ähnliche männliche Hauptfiguren in anderen Filmen von Zhang werden die westlichen Blicke der männlichen Zuschauer stets festgehalten.

> *»In a filmic and symbolic coming-of-age ritual, with the Fifth Generation itself as the supposedly absent hero, Zhang show-*

cased himself to the Western world as a sign of the oriental/Chinese cultural subject.«[55]

»Zhang has fabricated a discourse of Chinese history saturated with the Western discourse of power, desire (the desire to desire), and repression; and because it focuses on women, his story about »the mad woman in the attic« makes the mirror image even more attractive."[56]

- Chow Rey: Analyse mit Ethnologie, Semiologie, Psychologie und Daoismus

Nach Rey Chow könnten sich die Kritiken über Zhang Yimous Filme in drei Kategorien unterteilen, die sich meist sowohl mit »Tiefe« als auch mit »Oberflächlichkeit« beschäftigen. Darauf wird im Folgenden eingegangen.
Die Visualisierung von bildlicher Ästhetik bei Zhangs Filmen bringt ihm natürlich viel Lob und Anerkennung. Trotzdem werden ihnen gleichzeitig auch mangelnde erzählerische Tiefe vorgeworfen, welche somit als die erste Kategorie der Kritiken betrachtet kann. Zum Beispiel reflektiert David Edelstein: *»Zhang's superb eye masks his lack of interest in his subjects' psychology.«*[57] H.C.Li kommentiert den Film **»Rotes Kornfeld«** als *»a film intended to please the eye and excite the senses, and a*

55 Ebd.: S.52

56 Ebd.: S.57

57 Cavell, Stanley (1979): The World Viewed: Reflections on the Ontology of Film. S.145. In: Chow (1995): S.151

film endowed with superficial brilliance but not deep content"[58], doch gleichzeitig urteilt Wu Rongzeng, dass man über den Film nicht von Tiefe reden, aber ihn einfach als intensiven Gefühlsausdruck verstehen könne.

Wenn Zhangs weltweiter Erfolg auf einer interkulturellen Darstellung beruht, sind die schönen Bilder seiner Filme für bestimmte Kritiker, der zweiten Kategorie nach Chow, ein Signal, dass Zhang sich dem Interesse des ausländischen Publikums anpasst. So wird der Film »**Rote Laterne**« von Dai Qing kritisiert, der Film ist *»[...] really shot for the casual pleasures of foreigners.«*[59] Das durch die starke Verwendung der visuellen Qualität erzeugte Image von China in Zhangs Filmen findet Paul Clark als viel exotischer als die tatsächliche Komplexität der chinesischen Gesellschaft. Zhang und seine Zeitgenossen seien entweder eindeutig oder uneindeutig die Produzenten einer Art von Orientalistik.

Drittens geht es um eine andere Kategorie – das Vorführen von Frauen. Diese Kritik verbindet sich eng mit der genannten Orientalistik. Nicht nur Judou in »**Judou**« wird von ihrem Mann misshandelt, oder *Meine Großmutter* wird von *Meinem Großvater* in »**Rotes Kornfeld**« gekidnappt, sondern auch Jiuer in »**Rote Laterne**« kämpft entschlossen gegen die anderen Konkubinen um die Zuneigung ihres tyrannischen Mannes. Die heftigeste feministische Kritik wird deshalb daran geübt, dass Zhang interessiert ist, Frauenfiguren im Film als sexualisierte Objekte zu zeigen. Esther Yau und Peter Hitchcock nehmen Jiuer vom Film »**Rote Laterne**« als Beispiel: *»[...] being engaged in excessive sexist exchanges mo-*

---

58 Mitchel, Timothy (1988): Colonising Egypt. In: »The World as Exhibition,« Comparative Studies in Society and History 31, no 2 (1989): S.218, 222. In: Chow (1995): S.151

59 Pickowicz, Paul G (1993): »Melodramatic Representation and the ‚May Fourth' Tradition of Chinese Cinema,« in Form May Forth to June Forth: Fiction and Film in Twentieth-Century China. In: Chow (1995): S.151

tived by male desire.«[60] Zhangs sanfte Fokussierung durch die Verwendung eines Close-ups auf ihr Gesicht steht in der Tradition seiner verwendeten Ästethik. Chow Rey ist zwar mit solch feministischer Kritik an Zhangs traditioneller Manipulation mit der Male-Female-Problematik einverstanden. Die Manipulation, die sie deutet, entspricht völlig Laura Mulveys Theorie über der Polarisation zwischen *»male gaze«* versus *»female body«*, allerdings betont sie ihren eigenen Standpunkt, dass die Untersuchung von Zhangs Filmen *»go futher«* müsste, und fragt sich: *»[...] what we would be disabling and prohibiting from surfacing once we adopt, as we must from time to time, the moral overtones of this admittedly justified feminist position.«*[61] In ihrem Buch »Primitive Passions – Visuality, Sexuality, Ethnography, and Contemporary Chinese Cinema« führt sie eine systematische Untersuchung mit verschiedenen Methoden durch, um schlussendlich ihre Betrachtung zu begründen, dass Zhangs Kunst nach daoistischer Denkweise nicht *»leer«*, sondern sehr *»konkret«* ist. Wir können durch ihre aufschlussreiche und wissenschaftlich fundierte Untersuchung eine neue und reichhaltige Vorstellung über die Frauenfiguren in Zhangs Filme erhalten.

Chow untersucht Zhangs Filme »**Rote Laterne**«, »**Rotes Kornfeld**« und »**Judou**« als Einheit, die inhaltlich verschieden, aber vom moralisch-ästhetischen Standpunkt her vereinigt sind. Das kann zuerst auf dem Gebiet der Ethnografie beobachtet werden. Der historische Hintergrund der drei Filme ist gleich: das repressive, feudale China. Die repressive Atmosphäre geht meistens von einer älteren männlichen Figur aus, wie Jiuers leprakrankem Ehemann in »**Rotes Kornfeld**«, der eine Brauerei besitzt; Judous altem Mann Yang Jinshan in »**Judou**«, der eine Färberei betreibt; oder Chen Zuoqian in »**Rote Laterne**«, dem reichen

60 Lyell, William A (1971): The Short Story Theater of Lu Hsun. In: Chow (1995): S.152

61 Chow (1995): S.152

Grundbesitzer mit seiner Frau und drei Konkubinen. Die männlichen Figuren werden als dominante und unberechenbare Despoten dargestellt. Im Gegensatz dazu erscheinen die Frauen bei Zhang vor allem als sexualisierte Körper, die von der sozialen Unterdrückung befreit werden müssen. Ihre geistigen oder physischen Leiden werden durch Zhangs eigensinnige Bildsprache widergespiegelt. Die exquisite Farbgebung markiert in allen drei Filmen ein Zusammenwirken der Sinnlichkeit sämtlicher Dekors, die einen starken Kontrast gegen die morbiden Atmosphären schafft: das Rot in »**Rotes Kornfeld**«, die leuchtenden gefärbten Stoffbahnen in »**Judou**« oder die bewunderten architektonischen Details in »**Rote Laterne**«. Die drei Filme könnten nach Chow als eine neue Form der Ethnografie aus folgenden Gründen angesehen werden:
Erstens, das ethnografische »Forschungsergebnis« der Filme Zhangs wird nicht anhand von Büchern oder Artefakten im Museum präsentiert, sondern ausschließlich in filmischer Gestalt.
Zweitens, der Einsatz von Gegenständen, Figuren und Narration erfolgt nicht um ihrer selbst willen, sondern in ihrer kollektiven, halluzinatorischen Zuschreibung von »Ethnicity«. Hier verweist Chow auf die Mythos-Theorie von Roland Barthes:

> *»Man sieht, dass im Mythos zwei semiologische Systeme enthalten sind, von denen eines im Verhältnis zum andern verschoben ist: ein linguistisches System, die Sprache [...] die ich Objektsprache nenne – weil sie die Sprache ist, derer sich der Mythos bedient, um sein eigenes System zu errichten –, und der Mythos selbst, den ich Metasprache nenne, weil er eine zweite Sprache darstellt, in der man von der ersten spricht.«*[62]

So wie Barthes Theorie über die Aktivität des aufzwingenden Mythos sind auch die ethnischen Details in Zhangs Filmen nicht nur dazu da,

62 Barthes 1964 (1957): S.93. In: Sierek (2001): S.177

sich selbst zu denotieren, vielmehr markieren sie eine Aussage zweiten Grades, indem sie lediglich aufzeigen: *»Ich bin ein ethnisches Detail; ich bin das feudale China.«*[63]

Drittens, Zhang stellt ein zeitloses China der Vergangenheit dar, das ausschließlich im Modus der imaginären, retrospektiven Beschreibung existiert. Dieses »China« ist mythisch aus der Sicht der Moderne konstruiert – der Moderne der Anthropologie, der Ethnografie und des Feminismus. Es ist zugleich ein überzeichnetes und karikiertes »China«, in dem die Vergangenheit in Form von absurden und exzessiven Ritualen melodramatisiert ist. An diesem Punkt führt Chow den Term »Traumheimat« von Paul Virilio ein. Dieser weist darauf hin, dass der Film die Hoffnung der, von der Heimat entfernten, Menschen nach einer *»Traumheimat«* befriedet und in seiner riesigen Sammlung durch visuelles Chaos eine neue Form der Organisation erzeugt.

> *»Paradoxerweise erfüllte bei den Nomaden des zwanzigsten Jahrhunderts das Kino den Wunsche nach einem dauerhaften, gar ewigen Vaterland [...] Der Filmsaal war keine neue Agora, kein urbanes Forum, wo die Einwanderer aus aller Welt sich hätten treffen und austauschen können, sondern eher ein Zenotaph. Was der Film in diesem Tempeln im Wesentlichen leistete, indem er Ordnung ins Chaos des Sehens brachte, war eine gesellschaftliche Formierung; das machte aus dem Kino die schwarze Messe, die die neue Autochthonie eines Landes, das in demografischer Anarchie steckte, brauchte.«*[64]

Bei Frauengestalten in Zhangs Filmen findet sich ein Widerspruch der Kulturgeschichtsschreibung als retrospektives Aufarbeiten einer brutalen, chaotischen Vergangenheit einerseits und als aktives, zukunftsgerichtetes

---

63 Vgl. : Chow (1995): S.145

64 Virlio(1994): 69f; Herv. RC. In: Sierek (2001): S.177

Neuschreiben und Erkären dieser Vergangenheit andererseits. Die Frauen sind wie der Prototyp des »Primitiven« (in aller Ambivalenz des Wortes) – sie sind diejenigen, deren Misshandlung für ein Zeichen der Rückständigkeit Chinas steht und durch deren Perspektive wir die fundamentalen Schrecken jener Kultur verstehen können. Ihre Leiden verbinden sich auch mit der menschlichen Natur, die zu Unrecht in Ketten liegt und auf Befreiung drängt. Die Frauen werden durch die, vom Mandarinenten- und Schmetterlingsmotiv übertragene narrative Strategie des Films zum Objekt von Großaufnahme und Zeitlupen. Damit bilden sie die Nahtstellen, die die Narrative zusammenhalten. Zhangs Filme verändern die allumfassende Natur der Geschichte nicht, aber machen jene unaussprechlichen, machmal auch pornografischen Fantasien in vieler Hinsicht genießbar, für die sich die Kultur sozusagen schämen muss. Trotzdem interessiert Zhang sich nicht für die Probleme von Frauen, sondern für eine Kulturgeschichtsschreibung mithilfe der Fokussierung auf Frauenfiguren.

Zhang verwendet intensiv die psychische Vorstellung, genauer gesagt die Ödipalisierung nach Sigmund Freud. Als Beispiel ist »**Rote Laterne**« zu nennen. Songlian findet Feipu, den ältesten Sohn ihres Mannes, äußerst attraktiv, aber es gibt keine Möglichkeit für eine solche Romanze, wenn sein Vater noch am Leben ist. Als anderes Beispiel kommt das Ende des Films »**Judou**« in Betracht, bei dem Judou ihr Haus anzündet. Nach Vorstellung der Ödipalisierung ist es ein doppelter Tod von Vater und Mutter gleichermaßen – wenn der Vater ermordet wird und die Mutter dabei am Leben bleibt, muss sie nach dieser Vorstellung Selbstmord begehen oder in geistige Umnachtung fallen. Zusammenfassend wird durch Zhangs Film suggeriert, dass China, als Symbol des ermordeten Vaters, den modernen Nationen ohnmächig unterlegen ist und sich somit selbst unterwirft. Die genannten Beispiele deuten an, dass es Zhang nicht um sexuelle Befreiung im engeren Sinne geht, sondern primär um die Produktion filmischer Zeichen. Im Rückblick auf Barthes

Mythos-Theorie bedeutet dies, dass Zhang ein semiotisches System auf dem anderen aufbaut, und zwar so, dass die denotative Bedeutung der ersten, (rohen) Ebene immer von einer zweiten umschlossen ist.
Folglich reflektiert Chow die erwähnte Diskurskritik über Zhangs Film, die seinen Arbeiten wegen ihres vermeintlichen Orientalismus mit fehlender Tiefe und Abwertigkeit der Frau zum Vorwurf machen. Diese Kritik reproduziert nur das rigide Wertsystem der Opposition vom daoistischen *»Shi«* (Fülle, Konkretheit, Ernsthaftigkeit) und *»Xu«* (Leere, Abstraktheit, Oberflächlichkeit). Zhangs Manipulation seiner Frauenfiguren ist kein simpler voyeuristischer Porno, sondern ein verstärktes *Selbstbewusstsein.* Seine Filme erweisen sich nicht nur als simple Orientalismen, sondern als *»Exhibitionistische Selbstentblößung«* – eine neue Form von Orientalismus.
In vielfältiger Hinsicht beweist Chow uns, dass Zhangs Filme die Kunst von Konkretheit sind, eine kulturelle Sammlung mit kluger visueller Strategie, die voller Macht der Oberfläche ist, und schlussendlich eine eigenständige Welt von Zeichen.

3. Theoriengrundlage

3.1 Herausstellen der weiblichen Protagonistinnen – Theoretische Zugänge zu Simone de Beauvoir, Betty Friedan, Laura Mulvey, Dai Jinhua und Rey Chow

1949 hat Simone de Beauvoir in ihrem Werk *»Le Deuxième Sexe«* (1949) die kulturelle Konstruktion der Frau als *»die Andere«* erklärt und damit den Grundstein für ihr theoretisches Werk nach 1970 gelegt. Ihre Argumente fußen auf der existentialistischen Philosophie, die von Jean-Paul Sartre begründet wurde, und definiert im Bereich der Sexualität den Unterschied der menschlichen Existenz: Für den Mann repräsentiert die

Frau das *»immanence«* und *»die Andere«*. Das *»immanence«* der Frau kann das männliche *»transcendence«* beweisen; *»die Andere«* beweist die Identität des Manns als *»Self«*. Mit anderen Worten, der Mann lässt sich in die Kategorie von *»Self«* einordnen und konstruiert Frau als *»die Andere«*.

> *»She is defined and differentiated with reference to man and not he with reference to her; she is the incidental, the inessential as opposed to the essential. He is the Subject, he is the Absolute – she is the Other.«*[65]

Aus diesem Grund hat die Frau als kulturelle Kategorie keinen feststehenden Inhalt, sie repräsentiert die Projektion der männlichen Fantasie und Angst.

Beauvoirs Identifikation, die Konstruktion der Frau als *»die Andere«* als ein Schlüssel zur Unterdrückung der Frau, wird von Betty Friedan im gewissen Maße weiterentwickelt. Durch ihre detaillierten Analyse der Elemente der gegenwärtigen populären Kulturen macht sie einen Unterschied von Beauvoirs Interpretation von der unterdrückenden *»ideas, language and images«*[66]. Auf die Veränderung der *»Gestalt der amerikanischen Frau«* fokussiert, blickt Friedan auf die Konstruktion des Mysteriums der Frau nach dem Krieg zurück. Sie weist darauf hin, dass die Spaltung von *»Madonna / Whore«* die männliche Darstellung der Frau charakterisiert. Diese Spaltung wird in zeitgenössischer Kultur als die Spaltung zwischen verweiblichter Frau und Karrierefrau wieder neu definiert:

> *»The feminine woman, whose goodness includes the desires of the flesh, and the career woman, whose evil includes every desire*

65 de Beauvoir (1988): S.16

66 Thornham (1997): S.7. In: Kuhn (1985): The power of the image: essays on representation and sexuality. S.2

of the separate self.«[67]

Diese Veränderung auf dem repräsentativen Gebiet zeigt nach Friedan eine viel kompliziertere Beziehung zwischen Darstellung und *»the real«*. *»The line between mystique and reality dissolves; real women embody the split in the image. [...]«.*[68] An diesem Punkt über der Beziehung zwischen filmischer Darstellung und der Realität der Frauen werde ich im folgenden Kapitel über Kino-Realismus weiter diskutieren.

Laura Mulveys »Visuelle Lust und narratives Kino« (1975) über die Behandlung mit dem Problem der Frau als Signifikant in der patriarchalischen Ordnung ist am ehesten in der Kategorie der Psychoanalyse zu verorten. Wie Beauvoirs Theorie über die Frau als *»die Andere«* vertritt auch Mulvey diese Position, jedoch ist sie spezifischer im Kontext der Ideologie:

> *»Die Frau steht in der patriarchalischen Kultur als Signifikant für das männliche Andere, gefesselt von einer symbolischen Ordnung, in der Männer ihre Fantasien und Obsessionen durch die Herrschaft der Sprache ausleben können, indem sie sie dem schweigenden Bild der Frau aufzwängen, der die Stelle des Sinnträgers zugewiesen ist, nicht die des Sinnproduzenten.«*[69]

Mit Hilfe der Theorie von Freud begründet Mulvey ein *dualistisches System* zwischen Subjekt (Betrachter / Charakter) und Objekt (Narration / Film / Bilder), in welchem das Subjekt sich auf den aktiven Mann und das Objekt sich auf die passive Frau bezieht.

> *»Die Frau als Sexualobjekt ist das Leitmotiv jeder erotischen Darstellung. (...) Traditionsgemäß war die Zurschaustellung der Frau auf zwei Ebenen von Bedeutung: sie war erotisches Objekt*

---

67 Friedan (1965): S.40

68 Ebd. S.51

69 Mulvey (1973): S.390

für die Charaktere im Film und erotisches Objekt für den Betrachter im Zuschauerraum, wobei die Spannung zwischen den Blicken auf beiden Seiten der Leinwand wechselte.«[70]

In einem Film tritt zum Beispiel eine Frau als Showgirl auf, dabei wird der Blick des Betrachters mit dem des männlichen Charakters kombiniert, ohne offensichtliche Brüche in der Diegese. Als Beispiele können dabei die Bühneszenen in Fassbinders **»Lili Marleen«** und **»Lola«** oder in Zhangs **»Shanghai Serenade«** besonders genannt werden.

Bei Fassbinder liegt das Showbusiness im Zusammenhang mit der Frau im Mittelpunkt. In **»Lola«** tritt sie als heißeste Hure der Stadt mit dem Schlager »Am Tag als der Regen kam« auf, in blutroten Kleidern, mit blonden wirbelnden Haaren, die locker seitlich liegen. Ihre Aufführung wird in folgender Einstellung in den Hintergrund gelegt, wenn vorne das Gespräch über Geld und Geschäft stattfindet. Die Kamera folgt Schuckert, der jetzt zurück zum Publikumsraum geht und sich Lolas Show auf der Bühne erfreuen erscheint. Dann schwenkt die Kamera wieder zurück zu Lola, die in diesem Verfahren schon in Schuckerts Perspektive gefesselt wird. Am Ende des Spiels fällt ein Geldregen vom Oberteil des Bildes, der schwebend an den wohlgefälligen Gesichter der Frauen vorbei und zu ihren Füßen sinkt. Fassbinder übt seine politische Kritik durch eine Verflechtung zwischen dem Showbusiness der Frau und dem Kapitalismus, der hier in dem kleinen Bordell verwirklicht wird, indem er dort alle wichtige Entscheidungen zwischen den Machteliten treffen lässt. Die Frau im System des Showbusiness wird nicht total entwertet durch den Blick der Männer, sondern ist ein potenzieller Teil der Männerwelt, wenn sie um ökonomische Unabhängigkeit ringen und ihr eigenes Unternehmen leiten möchte.

Im Folgenden sei Zhang Yimous **»Shanghai Serenade«** aufgeführt. Die

70 Ebd. S.398

erotische Darstellung der Protagonistin Xiao Jinbao im Film wird hauptsächlich durch den Blick von Shui Sheng gezeigt, der als 14-jähriger Junge vom Land nach Shanghai zu seinem Onkel kommt. Der Junge hat den Traum, in Shanghai das große Geld für den Tofu-Laden seiner Mutter zu verdienen (*»zhuan da qian«* 赚大钱). Die Metropole ist für Shui Sheng gleichbedeutend mit den Menschenmassen am Hafen, den allgegenwärtigen bunten Neonlichtern und zahlreichen versteckten Gefahren. Aber das bedeutendste überraschende Element der Metropole Shanghai stellt für Shui Sheng der Auftritt von Xiao Jinbao dar, der Freundin eines Mafiapaten. Dieser beginnt mit einem Gruppentanz der Frauen, wobei die fragmentierten Körper der Tänzerinnen – springende Beine und Hände mit verführerischen Gesten – in Großaufnahmen betont werden. Dabei tritt die Heldin auf: In einem kurzen blutroten Federkeid, mit roten Lippen und glänzenden Juwelen, gibt sie sich kokett und singt das obligatorische, allabendliche Eröffnungslied »Jia Xinxin« (»Heuchlerisch«) des Nachtclubs. Es erfolgt ein Gegenschnitt zu Shui Sheng und seinem Onkel. Dieser wirft der Sängerin faszinierte und zugleich anstößliche Blicke zu. Auf der anderen Seite betrachtet Shui Sheng sie ungläubig mit großen Augen, ohne das Eis auf seinen Lippen zu lecken. Die erotische Darbietung von Xiao Jinbao ist Shui Sheng zweifellos ein Mysterium. Bei ihrer zweiten Aufführung trägt sie ein chinesisches Etuikleid (»Qipao« 旗袍), welches die schöne Figur von Xiao Jinbao perfekt betont. Sie singt ein Lied aus den 1920er oder 30er Jahren mit musikalischer Begleitung traditioneller Musikinstrumente, dabei bewegt sie sich leicht und sanft, was eine gewagte und gleichzeitig starke erotische Spannung für eine chinesische Frau visualisiert. Noch mehr als in dieser Szene wird die fetischistische Skopophilie in verschiedenen anderen Szenen des Films über Shui Shengs intensive Blicke, beispielsweise durch einen Türspalt oder eine Wandritze, gezeigt. Der Voyeurismus wird ganz besonders in der Überblendung am Anfang der dritten Episode (also, laut Titeleinblendung, des dritten Tages) dargestellt, wenn die

Großaufnahmen von Xiao Jinbaos Gesicht und Shui Shengs starren Augen übereinanderliegen. *»Für einen Augenblick versetzt die sexuelle Ausstrahlung der auftretenden Frau den Film in dem Niemandsland außerhalb seiner eigenen Zeit und seines Raumes.«*[71] Die Schönheit der Frau als Objekt des Blickes verschmilzt mit dem Bildraum und wird im Blickfeld des Darstellers beschränkt wie ein perfektes Produkt, dessen stilisierter und durch Großaufnahmen fragmentierter Körper zum unmittelbaren Adressaten des Zuschauerblicks wird.

Parallel zu der Showgirl-Strategie bei der erotischen Darstellung des Films stellen für Mulvey auf ähnliche Weise die integrierten Nahaufnahmen von Beinen oder Gesichtern ein anderes Modul des Erotizismus dar. Obwohl ein Teil eines fragmentierten Körpers die Raumlichkeit zerstört, fördert die Illusion der Tiefe die Erzählung und erzeugt eine Flächigkeit, trotzdem spiegelt die Leinwand die Qualität eines Ausschnittes oder Bildes wider, anstatt zu einer Glaubwürdigkeit des Geschehens beizutragen. Es ist ihrem Betrachter eher eine sexuelle Druckwelle mit dem isolierten Körperteil der Frau in eingeschlossenem Raum und Zeit.

Anpassende Filmbeispiele können wir nicht schwer Fassbinders Filmen entnehmen, die sich immer wieder auf die Gesichter sowie die Beine und andere Körperteile seiner Frauenfiguren fokussieren.

Dieses Modul der erotischen Darstellung der Frau wird eher häufiger bei Zhangs Filmen verwendet, das sich vor allem auf dem Gesicht seiner Heldinnen konzentriert. In seiner ersten Regiearbeit **»Rotes Kornfeld«** hat Zhang schon seine Reife nach diesem Modul völlig gezeigt. Die Kamera konzentriert sich nach dem Erscheinen des Bildes auf das Gesicht der Braut Jiu'er. In der anschließenden Szene über den Hochzeitszug entwirft die Kamera durch Nahaufnahme das Porträt einer äußerst selbstsicheren Frau, deren Fuß im Bildraum dreimal fokussiert wird, der in

---

71 Ebd. S.398

einen bestickten Pantoffel gekleidet ist. Das zwischen dem nackten Oberkörper des Sänftenträgers Yu Zhan'ao, der aus Jiu'ers Point-of-View eingefangen ist, und dem grazilen Fuß von Jiu'er welchselnde Kameraspiel verleiht dem sensiblen Verhältnis zweischen Jiu'er und Yu einen sinnlichen erotischen Aspekt. Die visuelle Zentrierung des Fußes wird dadurch als eine sexuelle Metaphorik des weiblichen Körpers angesehen. In der folgenden Handlung kommt es im Kornfeld zur ersten sexuellen Begegnung zwischen Jiu'er und Yu. Zhang verwendet wieder ein visuelles Zusammenspiel zwischen dem Close Up von Jiu'ers Gesicht und den Einstellungen der rhythmisch wiegenden Kornähren, welche von Trommelklängen begleitet werden, statt in einer dramaturgischen Gestaltung der Szene auf ausführliche Figurenrepliken zu inszenieren. Diese visuelle Stilisierung der fragmentierten weiblichen Körperteile wird Zhangs weiteres Filmschaffen auszeichnen.
Im Verlauf der Filmhandlung wird die Frauenfigur direkt vom männlichen Helden und durch Identifikationsmittel undirekt vom männlichen Betrachter wahrgenommen. Sie befindet sich als erotisches Objekt des Charakters im diagetischen Raum, und gleichzeitig, ähnlich wie der Betrachter, im illusionären natürlichen Raum, und kombiniert schliussendlich den Blick des Betrachter mit dem aller männlichen Charaktere im Film. *»Sie ist isoliert, glamourös, ein Schaustück, sexualisiert.«*[72]
Zhangs Frauenfiguren sind in dieser Richtung akzentzierter dargestellt als die bei Fassbinder, sodass sein Zuschauer sich leichter mit dem filmischen Charakter durch die erotische Darstellung identifiziert. Ein radikal überzeugendes Beispiel sollte man sich im ersten Moment mit seinem Film **»Rote Laterne«** assoziieren – sein Held befindet sich in einer visuellen Abwesenheit im Bild. Nach Dai Jinghua sei diese Weise der Aufhängung des Helden, konkreter gesagt, der Aufhängung des Trägers

---

72 Ebd. S.400

des Blickes oder vom Subjekt des Verlangen. In diesem Identifikationsprozess nimmt der Zuschauer deshalb den freien Platz selbstverständlich leicht ein. Die Schönheit der Frau wird unmittelbarer Adressat des Zuschauerblicks.[73] Die Abwesenheit des Mannes, der die Frau in der Fiktion besetzt und kontroliert, hat eine starke erotische Spannung zwischen der Frauenfigur und dem Zuschauer bewirkt.

Wenn der Betrachter sich mit dem Charakter des Films identifiziert, Mulveys Ansicht nach, heftet er seinen Blick auf seinen Stellvertreter auf die Leinwand, sodass die die Narration kontrollierte Macht des Charakters und die aktive Kraft des erotischen Blicks des Betrachters sich vereinen lassen, sodass ein allmächtiges *»Omnipotenz-Gefühl«* angeboten wird. Mulvey betrachtet den genannten Prozess mit der passiv gezeigten Frau zusammen als eine aktiv / passive heterosexuelle Arbeitsteilung, die die narrative Struktur kontrolliert hat. Dieses dualistisches System wird in Zhangs Film **»Ju Dou«** zitiert und weiterhin durch Umsturz abgeschafft. Der männliche Charakter späht ständig durch ein Loch zu der Frauenfigur, das uns sofort mit Mulveys Konzept an ein männliches *»Gaze«* erinnern lässt. Am Beginn der Handlung guckt der Charakter Tianqing heimlich durch ein Loch in der Wand die Frau seines Onkels – Ju Dou – zu, die sich wäscht, nachdem sie fast jede Nacht durch ihren Mann morbide sexuelle Misshandlungen zu erleiden hat. Wenn Ju Dou zufällig Tianqings Spähloch entdeckt, versucht sie zuerst, es zuzustopfen, aber später ändert sich ihre Entscheidung. An einem Morgen wendet sie sich wimmernd um, wendet ihren vorne nackten Körper direkt gegen seinen Blick, nachdem sie sicher ist, dass er sich wie üblich hinter dem Loch versteckt. Ihr müder, schmutziger und mit Narben bedeckter Körper bietet Tian Qiang oder dem männlichen Zuschauer trotzdem keine visuelle Lust an, sondern verneigt die konventionelle Lust vom *»Gaze«*

---

73 Vgl. Dai, Jinhua (2000): S.147

des Manns. Nach Chow Reys Ansicht: *»As Judou turns around, what begins as an episode of voyeuristic eroticism takes on entirely different implications.«*[74] Chow sieht Ju Dous Umwendung als ein Zitat vom konservativen feministischen kulturellen Cliché: *»to-be-looked-at-ness«*, wenn sie ihren weiblichen Körper dem männlichen Blick ausstellt. Aber dieser Effekt ihrer aktiven Geste sei nicht mehr simple voyeuristische Lust, sondern ein verstärktes Selbstbewusstsein. Nach dem Konzept über Mulveys aktiv / passive heterosexuelle Arbeitsteilung in der Narration hat Ju Dous mutige Umwendung die traditionelle narrative Kontrolle des männlichen Charakters zerbrochen.

In der Kategorie der Psychoanalyse weist Mulvey weiter darauf hin, dass als sexuelles Anderssein (die Abwesenheit eines Penis) die Frau, die zur Schau gestellt für den Blick und die Lust der Männer, immer wieder die Angst zu wecken droht, die sie ursprünglich bezeichnete. Das männliche Unbewusste hat zwei Möglichkeiten, Mulvey zufolge, dieser Kastrationsangst zu entkommen:

1. *»Entmystifizieren«* – nämlich die Frau untersuchen, um ihr Geheimnis zu entmystifizieren. (Wobei ein Gegengewicht durch Abwertung, Bestrafung oder Rettung des schuldigen Objekts geschaffen wird.)

2. *»Fetischistische Skopophilie«* (Es gründet auf der physischen Schönheit des Objekts.)

Das erste Möglichkeit gündet auf die Verbindung zum Sadismus, der eine Story benötigt, darauf angewiesen ist, *»dass etwas passiert, dass eine Person sich ändert, dass ein Kampf über Willen und Stärke stattfin-*

74 Chow (2001): S.168

det, mit Sieg und Niederlage, in einer linearen Zeit, die Anfang und Ende hat«, während das zweite *» [...] nicht an lineare Zeit gebunden ist, da der erotische Instinkt ausschließlich auf das Schauen gerichtet ist«.*[75]
Zhangs Frauen sind vor allem schön, und zwar entwertet, verkauft, passiv, austauschbar, aber immer noch mystisch, weil sie im Ablauf ihrer Lebensgeschichte stetig emanzipatorisches Bewußtsein und eine selbstkritische Einstellung halten. Entweder Judou in **»Judou«**, Jiu'er in **»Rotes Kornfeld«**, oder Xiaojinbao in **»Shanghai Serenade«**, oder sogar Songlian in **»Rote Laterne«**, deren rebellierte Stimmen gegen ihre tragischen Schicksale als austauschbare Objekte der Männer und im Wesentlichen gegen die patriarchalische Ordnung sich in einem Satz von Songlian vertreten verlassen: *»Was ist der Mensch im Hof der Dinge: die Ausnahme ist, nicht persönlich, wie ein Hund, wie eine Katze, wie eine Ratte.«*

In der erotischen Darstellung der Frau bietet Zhang, im Vergleich zu Fassbinder, zahlreichere radikal reinen Beispiele von Fetischistischer Skopophilie an, welche als das männliche Unbewusste als eine der zwei Möglichkeiten nach der Psychoanalyse gilt, der Kastrationsangst zu entkommen. Seine Frauenfiguren unterstreichen, dass ihm ein bildlicher Raum, umschlossen vom Bildrahmen, wichtiger als die Geschichte oder der Identifikationsprozess ist. In mancher Situation wird der Zuschauer mit Hilfe der Abwesenheit des Helden eingeladen, unmittelbar die Schönheit der Heldin zu genießen, dadurch hinaus an ihrem Leben im Identifikationsprozess teilzunehmen, es zu bewerten und zu steuern, und schlussendlich ihre Geheimnisse zu entmystifizieren.

Die Kämpfe von Zhangs Protagonistinnen um Selbstbestimmung oder um Freiheit, entweder die einzelne Freiheit oder die Freiheit eines Landes, werden verloren – die rebellierte Frau wird schlussendlich zusam-

75 Mulvey (1973): S.401

men mit der patriarchalischen Gesellschaft begraben: Judou bringt sich um dadurch, dass das Haus brennt; Songlian versinkt im geistigen Chaos, nachdem sie einen Mord auf dem Hof erfahren hat; Jiu'cr stirbt durch einem Bombenangriff der japanischen Armee; Xiaojinbao wird ermordet von ihrem Liebhaber – dem Mafiapaten in Shanghai. Hineingehend in ihrer Geschichte werden die Frauen bei Zhang untersucht, als die Schönheiten aufgestellt, als die schuldigen Objekte abgewertet, bestraft, und zum Ende als Geheimnisse entmystifiziert.

Die filmische erotische Darstellung der Frau, deren eigener Inhalt in der kulturelle Kategorie von männlicher Fantasie und Angst entleert ist, wird in konkreter kulturellen Herkunft des jeweiligen Regisseurs verschieden sein. Durch Zhangs Film z.B. *»[wird] uns [...] suggeriert, dass China, weil vaterlos, den modernen Nationen ohnmächtig unterlegen sei.«*[76] Diese *»Selbstunterwerfung«*, so formuliert Chow, geht unmissverständlich mit der Fetischisierung der Frau einher. Die Fetischisierung wurde mittels Visualisierung bezeichnet, noch besser als Selbstexotisierung von Chow beurteilt, wenn man einige Umsetzungen der Romanvorlage bei Zhangs Film als Selbstexotisierung ansieht – entweder der Einsatz der Färberei in **»Judou«** oder die fotogenen Laternen in **»Rote Laterne«.** Den pornografischen Bildern der Frau begegnen jedoch viele Kritiken aus dem Inland, da für sie sich die Kultur sozusagen schämen muss. Trotzdem braucht Zhang keine Camouflage mehr. Denn der Film liefert die Mittel, mit denen sich die pornografischen Fantasien durch Darstellung der Frau auslösen lassen, und es liefert zugleich ein Alibi: *»nämlich solche (pornografischen) Bilder nur deshalb zu zeigen, um ein möglichst (realistisches) Bild von China zu vermitteln.«*[77] Anders gesagt ist Zhang nicht um sexuelle Befreiung un engeren Sinne gelegen – weder um vitale

---

76 Chow (2001): S.175

77 Ebd.

Virilität noch um unterdrückte weibliche Sexualität – sondern wesentlich um die Produktion filmischer Zeichen. Hier ist eine theoretische Einsetzung zur Barthes Auffassung im folgenden Kapitel über Kino Realismus zu überbrücken, dass Zhang ein semiotisches System auf dem anderen aufbaut, sodass die denotative Bedeutung der ersten Ebene immer von einer zweiten umschlossen ist.

> *»Man sieht, dass im Mythos zwei semiologische Systeme enthalten sind, von denen eines im Verhältnis zum andern verschoben ist: ein linguistisches System, die Sprache [...] die ich Objektsprache nenne – weil sie die Sprache ist, derer sich der Mythos bedient, um sein eigenes System zu errichten –, und der Mythos selbst, den ich Metasprache nenne, weil er eine zweite Sprache darstellt, in der man von der ersten spricht.«*[78]

Der von Chow eingeführte *»Verführen-Akt«* Jean Baudrillards echot Barthes Auffassung über den Mythos, welcher *»als Realität sterben, um als Illusion wieder aufzuerstehen«*[79] heißt. Diese These wird vom ethnografischen Wort Seduction übertragt, um den besonderen Reiz der visuellen Ethnografie bei Zhangs Film zu bewerten. Dadurch wird sich die Darstellung der Frau in Zhangs Film ins immer weitere Feld ziehen.

> *»Demzufolge zeigen uns die Filme weder die reine Weiblichkeit noch das feudale China als solches, sondern den Akt des Zeigens selbst, das Sichtbarmachen. Was Zhang also ‚fetischisiert', ist das Kino selbst.«*[80]

Wenn die Frauenfiguren bei Zhang Yimou nicht nur für männliche Blicke fetischisiert werden, sondern als die symbolischen Zeichen durch Zhangs mythischer Filmsprache gelten, die Fantasie und Assoziation

---

78 Barthes 1964 (1957): S.177

79 Baudrillard (1992): 97f. In. Chow (2001): S.175

80 Ebd.

auflösen, um das stattliche Bild zu fetischisieren sowie exotisieren, verfasst Fassbinder über seine Frauenfiguren seine private Geschichtsschreibung, besonders für die Nachkriegszeit Westdeutschlands. Über persönliche Schicksale der Frauen erzählt er aus seinem Blickwinkel eine kollektive Geschichte, die für die Gegenwart zugänglich ist. Mit Hilfe seiner Heldinnen will er gesellschaftliche Mechanismen verdeutlichen, oft im Zusammenhang mit dem Thema der gesellschaftlichen Unterdrückung. Fassbinders Liebesgeschichte, besonders die der Frauen, betrachtet Elsaesser als eine der Produktionsmaschinen seiner Filme. Fassbinder drückt seine Hoffnungen und Utopien für den neuen Staat in seinen »Frauenfilmen« aus. Sowohl die Karrierefrau Maria, die Protituierte Lola, die Nazi-Sängerin Lili Marleen als auch der alte Ufa-Star Veronika lavieren im Showbusiness der Selbstinszenierung zwischen verschiedenen Instanzen des Gesetzes und der Gesellschaft, übertreten dabei die Grenzen von Emanzipation und Unterdrückung in beide Richtungen.[81] Zuerst als Opfer des schlechten Gewissen der patriarchalischen Gesellschaft bieten die Frauen sich dar, deren Liebe deswegen ständig von Unterdrückung begleitet wird. Infolge der Unbefriedigung ihres Anspruchs auf Liebe lehnen sie sich auf, dennoch sind sie von den Normen stark geprägt. Im Gang ihrer Auflehnung werden die gesellschaftlichen Mechanismen immer deutlicher, die aber nur zum Scheitern verurteilt sind. Die Tragiken der Frauen fungieren als eine Linse, die bestimmte gesellschaftliche Mechanismen fokussiert und sie in ihrer Komplexität besser erkennen lässt. In einer genau determinierten Gesellschaft zeigt Fassbinder einen allgemeinen Freiheitsverlust des Einzelnen. So sind Fassbinders Frauenfiguren in diesem Sinn nicht nur als reine Schönheit für männliche Blicke, was sich von dem häufig benutzten Motiv bei hollywoodischen Filmen unterschiedet, sondern durch einen Stereotyp der

81 Vgl. Elsaesser (2012): S.12

Darstellung schuldig und innerlich zerrissen – entweder bei der Karrierefrau Maria, der passiv gesunkenen Veronika oder der betrügenden Lola – verdienen die Frauen, Elsaessers Meinung nach, aufgrund einer besonders paradoxen Mischung aus Opportunismus und Kompromisslosigkeit, aus fremdbestimmtem Selbstbild und selbstbestimmtem Egoismus unsere Aufmerksamkeit.[82] Sie besetzen offensichtlich die aktive Seite in Mulveys dualistischem System. Über den aktiven Mann und die passive Frau fällt Lola in diesem Bezug als auffälligstes Beispiel auf, die als ein Zentrum bzw. ein Energiezentrum der Spielregel zwischen Machteeliten in der kleine Stadt gilt und das Bewusstsein des Sich-zur-Schau-stellens fest behält. Durch ihre aktive Verführung von Bohms kann einerseits das Geschäft weitergeführt werden, andererseits sie ihren sowohl wirtschaflich als auch gesellschaftlich Aufstieg verwirklichen. Die privaten Geschichten der Frauen werden untersucht, eher mit Politik gebunden und schlussendlich für die Geschichtsschreibung Fassbinders entmystifiziert.

Zusammenfassend gesagt haben die beiden Regisseure sich den zwei oben genannten Mechanismen der Auflösungen der Kastrationsangst im männlichen Unbewussten bedient, deren Widersprüche und Ambiguitäten sich am Werk Zhangs oder Fassbinders illustrieren lassen können.

82 Ebd. S.192

3.2 Kino-Realismus – Theoretische Zugänge zu André Bazin, Siegfried Kracauer, Roland Barthes, Christian Metz, Louis Althusser, Béla Balázs und Guido Kirsten

> *»Realitätskonzeptionen, die auf realistischen Mustern basieren, auf der Vorstellung von Materie, Substanz und Wahrheit (naturwissenschaftliche und metaphysische Gesetz), lassen sich so radikal in Frage stellen.«*[83]

So drückt Susanne Knaller in der Einführung ihres herausgegebenen Buches »Realitätskonstruktionen in der zeitgenössischen Kultur« (2008) mit dem Kontext von einer zweiten Etappe der Entwicklung der Realitätskonzeptionen aus[84], dass sogenannter *»linguistic turn«* im 20. Jahrhundert genannt wird, als die Sprachontologien entstanden, die Semiotik und Konstruktivismus vertraten und wissenschaftliche Objektivitätspostulate auflösten. Die fundamentalen Begriffe des linguistischen Ansatzes wie Sprache, Subjekt, Zeichen wurden dann in ihren tradiereten Definitionen zur Verfügung gestellt. *»Realität kann deshalb, mit Nietzsche gesprochen, ebenso wie die Begriffe Subjekt und Wahrheit, als sprachliche Metapher verstanden werden«.*[85]

Seit den 60er Jahren entwickelte sich ein Paradigmenwelchsel in Medientheorien von sprachlichen Kategorien zu den Bildkategorien, der als *»pictorial turn«* genannt wird. Seitdem *»[werden] Bilder [...] nicht nur als Abbilder oder Repräsentanz von Realität gesehen, sondern diese*

---

83 Knaller (hrg.) (2008): S. 9. Vgl. Krämer 1997: S.118-120

84 Nach Knaller formiere der Begriff Realität sich seit dem 18.Jahrhundert. Diese Entwicklung führe in einer ersten Etappe von vormoderner Metaphysik zu kartesianischen und post-kartesianischen Wissensmodellen, zu Rationalismus und Idealismus in 18. und 19.Jahrhundert.

85 Ebd. : Vgl. Nietzsche 1966: 314

selbst bilden Realität aus«.[86] Die Diskussion um die Realitätskonzeption ist an unterschiedliche Modelle geknüpft, vornehmlich an philosophische, wissenschaftstheoretische oder literaturwissenschaftliche. In der folgenden Forschung sind die theoretischen Zugänge zu André Bazin, Siegfried Kracauer, Christian Metz, Roland Barthes, Louis Althusser und Béla Balázs erstellt, um eine Interpretation über die Realitätskonzeptionen bei den beidern Regisseuren zu begründen.

André Bazin ist kein reiner Filmtheoretiker, sondern vielmehr ein praktisch-analytischer Filmkritiker, der die Entwicklung der Filmtheorie durch die Synthese aus kunstphilosophischen und metaphysischen Untersuchungsaspekten vorangetrieben hat. Sein Buch »Was ist Film« umfasst im Wesentlichen die ontologische Untersuchung der Filmkunst.

Die Ontologie des fotographischen Bildes, welche von Bazin etabliert wird, sagt aus, dass die grundsätzliche Eigenschaft des Films darin besteht, dass sich das dargestellte Bild und der gefilmte Gegenstand in der umgebenen Natur vereinigen. Gerade die objektive Wirklichkeit des Lebens verursacht die besondere Faszination des Mediums Film.

Die Malerei, sogar jene von da Vinci im 15. Jahrhundert entdeckte Perspektive, welche zwar die äußere Welt durch einen dreidimensionalen Raum imitiert, aber das Problem der Bewegung nicht lösen kann, scheint nicht die konkrete und essenzielle Bedeutung der Welt auszudrücken. Im Vergleich dazu befriedigen hingegen Fotografie und Film, behauptet Bazin, *»[...] unseren Hunger nach Illusion [...] vollständig nur (als) eine mechanische Reproduktion, in der der Mensch keinerlei Rolle spielt«*[87], denn die Eigenschaft der Fotografie und des Films ist, im Unterschied zur Malerei, ihrem Wesen nach objektiv. So verwirklicht der Film im korrekten Sinn eine Einheit des dargestellten Bildes und des gefilmten

86 Ebd. : S.10

87 Bazin (2004): S.36

Gegenstandes, sodass das primitive Bedürfnis der menschlichen Psyche – *»Einbalsamieren«* – maßgeblich befriedigt wird.[88]

Die das fotografische Bild kennzeichnende »Kategorie der Ähnlichkeit« macht nicht nur dessen Unterschied zur Malerei klar, sondern lässt auch dessen ästhetische Wirkungsabsicht bestimmen: *»die Enthüllung der Wirklichkeit«*.

Montage, die herausragende Besonderheit des Films, ist für Bazin *» […] nichts anderes als eine Organisation der Bilder in der Zeit«*[89], die dem Film ein Rüstzeug gibt, um dem Zuschauer die Interpretation des dargestellten Ereignisses von Seiten des Regisseurs aufzuzwingen. Als die *»Schaffung eines Sinns«*[90] lässt die Montage die eigentliche Bedeutung des Films in der Organisation der Bilder von ihrem objektiven Inhalt entfernen. In der Kategorie des Realismus lehnt Bazin angeblich die Montage ab, trotzdem erkennt er in gewisser Weise ihre filmische Sinnherstellung an, welche nur durch imaginäre Koordinaten beim Zuschauer ausgeführt wird. Montage stellt für Bazin eher ein Ausdrucksmittel dar, das dem Film keine ontologische Rohheit des Realitätsbildes verleiht, sondern dem Zuschauer mit ihrer Komplexität in einen Interpretationsspielraum des Regisseurs einlädt. So bringt er seinen Standpunkt folgendermaßen auf den Punkt:

> *»Der Sinn liegt nicht im Bild, er ist dessen durch die Montage in das Bewußtsein des Zuschauers projizierter Schatten.«*[91]

Er nimmt die ästhetische Kategorie des deutschen Expressionismus als entgegengesetztes Beispiel des Realismus, dessen Werke *»[…] ein größeres ästhetisches Können erkennen ließen als Dekoration, Beleuchtung*

---

88 Vgl: Ebd.

89 Bazin (1958): S.257

90 Ebd. S.258

91 Ebd. S.259

und Darstellung der artifiziellsten Werke«.[92]

Zur Tiefenschärfe, die von Orson Welles und William Wyler etabliert wurde, äußert sich Bazin mit besonderer Betonung positiv, weil sie der Schnitttechnik eine Absage dadurch erteilt, dass sie mit den Strukturen der kinematografischen Sprache eine kontinuierliche Beschreibung des Ereignisses und eine intellektuelle Beziehung des Zuschauers zum Bild bewirkt.[93] Das Wesentliche der Montage ist selbstverständlich im Gegensatz dazu, denn die *»[...] die diskontinuierliche Beschreibung und die dramatische Analyse des Ereignisses«*[94] von wird Bazin definiert. Bazins Standpunkt gegenüber der Montage ist daher offensichtlich keine simple Ablehnung. Im Film kann die Montage selbstverständlich nicht absolut ignoriert werden. Im Bezug dazu formuliert Bazin folgendes Prinzip als ästhetisches Gesetz: *»Wenn das Wesentliche eines Ereignisses von der gleichzeitigen Anwesenheit zweier oder mehrerer Handlungsfaktoren abhängt, ist es verboten zu schneiden.«*[95] Nur nach diesem Prinzip wird die Anwendung der Schnitttechnik die Ontologie des filmischen Mythos nicht zerstören. Wenn der Handlungsfluss nicht unterbrochen wird, hält Bazin die Anwendung der Montage nicht nur für machbar, sondern sogar für nötig. Nach dem Prinzip von *»Schneiden Verboten«* lobt er die Schnitttechnik gar als besseren Weg zur Realität. *»[S]o könnte man sagen,* schreibt *der Regisseur den Film unmittelbar. Das Bild [...]* verfügt, *gestützt auf einen größeren Realismus, über viel mehr Möglichkeiten der Beeinflussung und Verwandlung der Realität in ihrem Kern.«*[96] Als Fazit seines Artikels »Die Entwicklung der kinematographischen

---

92 Ebd. S.141

93 Vgl. Ebd. S.269

94 Ebd. S. 273

95 Bazin: (2004): S.84

96 Bazin (1958): S.274

Sprache« betont er folgendermaßen die dynamische Auseinandersetzung des Filmemachers mit der Realität:

> *»Der Filmemacher ist nicht mehr nur der Konkurrent des Malers und des Dramatikers, sondern endlich dem Romanschriftssteller ebenbürtig.«*[97]

»Die Errettung der Physischen Realität« von Siegfried Kracauer wird ebenso als ein klassisches Werk der Kino-Ontologie betrachtet. Es gilt, zusammen mit Bazins »Was ist Film?«, als fundamentale Literatur zur Theorie des Filmrealismus.

Kracauers Untersuchung wird von der Diskussion über Objekte und filmische Einstellungen eröffnet, er entwickelt daraus eine Systematik, die von der Grundvoraussetzung ausgeht, dass das Medium Film über die Eigenschaften des direkten und objektiven *»Registrierens«* und *»Enthüllens«* von *»physischer Realität«* verfügt. Im Bezug auf die Definition der *»physischen Realität«* antwortet Kracauer folgendermaßen:

> *»Nun gibt es verschiedene sichtbare Welten. Man denke zum Beispiel an eine Theateraufführung oder ein Gemälde: auch sie sind real und wahrnehmbar. Die einzige Realität aber, auf die es hier ankommt, ist die wirkich existierende, physische Realität – die vergängliche Welt, in der wir leben. (Physische Realität wird im Folgenden auch ‚materielle Realität' oder ‚physische Existenz' oder ‚Wirklichkeit' oder einfach ‚Natur' genannt werden. Eine andere passende Beziehung mag ‚Kamera-Realität' sein. Schließlich empfiehlt sich noch der Ausdruck ‚Leben' [...]).«*[98]

Ähnlich wie Bazin nimmt auch Kraucauer die Differenzierung zwischen Malerei und Film als Beispiel, um zu erklären, dass das realistische Rohmaterial in den traditionellen Künsten die Intentionen des Kunst-

---

97 Ebd.

98 Kracauer (1996): S.71. In: Bae (2005): S.178

werks erfüllen hilft und in gewissem Sinne in den Intentionen des Künstlers verschwindet, gegensätzlich dazu ist es das Ziel des Films, die Realität widerzuspiegeln. Der Film hält, wegen seiner fotografischen Eigenschaft, der Natur den Spiegel vor. Deshalb befürwortet Kraucauer die *»schlichten Tatsachenfilme«* und die *»ausgewachsenen Spielfilme«*, *»die [trotzdem] von den formgebenden Bestrebungen ihrer Autoren erfüllt sind«*.[99] Der *»Tatsachenfilm«* folgt nach seiner Betrachtung der realistischen Tendenz, während bei dem *»ausgewachsenen Spielfilm«* die formgebende Tendenz der realistischen Tendenz nie überwiegt. Bei der Konfrontation mit den filmischen Bildern zeigt Kracauer geringes Interesse an den *»bestätigenden Bildern«*, die *»fabrizierte Evidenz«* genannt werden, weil diese Scheinbestätigungen uns glauben machen wollen, statt uns sehen zu lassen. Sie sind gegen die *»enthüllende«* Eigenschaft des Films und spielen vielmehr lediglich eine ausschmückende Funktion.[100] Fassbinders und Zhangs Werke zählen mit ihren historischen Abhandlungen sowie ihren Operationen mit historischen Ereignisse in diesem Kontext zu der von Kracauer kritisierten *»formgebenden Tendenz«* der Regisseure und auch den als Schmuck in ihrem Filme fungierenden *»bestätigenden Bildern«* sowie *»fabrizierten Evidenz«*, die beide zu der ästhetischen Bestrebungen sowie den eigenen Realismuskonzepten von ihnen beitragen.

Während der Film von Bazin als *»Enthüllung der Wirklichkeit«* und von Kracauer als *»Errettung der Physischen Realität«* betrachtet wird, ist er für Christian Metz nach dem Aspekt der semiologischen Studien ein hochkodiertes Zeichensystem. In seinem Buch »On the notion of cinematographic language« (1971) weist er darauf hin, dass dem Film, nicht wie der geschriebenen oder gesprochenen Sprache, das potenzielle

---

99 Kraucauer (1960): S.243

100 Vgl. Kraucauer (1960)

Sprachsystem oder eine Struktur fehlt, aus der sich ein Sinn ergibt. Außerdem haben die Zeichen, aus denen der Film zusammensetzt wird, eine analogische oder abbildende Beziehung mit der Realität, was sich von arbiträren linguistischen Zeichen unterscheidet (z.B.: Es besteht keine notwendige Beziehung zwischen dem Wort »c-a-t« und dem Tier, das das Tier signifiziert). Trotzdem betrachtet Metz das Verfahren der Sinnherstellung des Films gleich einem geschriebenen Text, weil ein Film auch aus Textsegmenten besteht – einer Serie von aufeinander bezogenen Einstellungen, welche eine Sinneinheit formt. Durch Codes strukturiert sich ein Film. Metz benennt zwei übergeordnete Codes, den sozial-kulturellen und den film-spezifischen. Zum ersteren gehört z.B. der Code des Kostüms oder des Gesichtsausdrucks, welche sich über den Film in einem großen sozial-kulturellen Kontext ausdehnen, von dem aus sie produziert werden. Zum zweiten gehören spezielle Besonderheiten des Films, wie etwa die Verwendung der Long-shots oder Close-ups. Entweder in einem einzelnen Segment oder im ganzen Film wird Sinn dadurch erzeugt, dass sich solche Kodes zusammensetzen.

Auf der Grundlage der Theorie von Metz, dass Film als ein hochkodiertes bezeichnendes System betrachtet wird, stellt sich nun folgende Frage: Wie sollen wir den vom Film übermittelten realistischen Eindruck oder den Eindruck, der die Realität reflektiert, betrachten? Zu dieser Frage scheint Metz bewusst den Fokus mehr auf den subjektiven Erklärungsregister und die Eigenleistung der Zuschauer zu legen.[101]

---

101 In »Semiologie des Films« (1972) betont Metz den Unterschied zwischen dem Theaterschauspieler und der Filmfigur, der erste soll von ihm als »Objekt der Opposition« (weil er eine lebendige Instanz sei, der gegenüber die Zuschauern Stellung beziehe, und zu der sie sich eine Meinung bilde), und der zweite als »Objekt der Identifikation« genannt werden. Die fehlende körperliche Realpräsenz der Schauspieler im Film ist bei Metz gerade eine Ursache, die das Identifikationspotenzial und den Realitätseindruck des Films erhöhe. Die Abwesenheit / Abgesondertheit des filmischen Raumes

Auf diese Frage antwortet Roland Barthes Auseinandersetzung folgendermaßen: Was den filmischen Realismus aufbaut, ist die Weise, in der wir die Realität verstehen, statt die Realität selbst zu sein. Gerade dieses Verständnis ist das Produkt der Ideologie, also mit anderen Worten ist der Film das Produkt der Ideologie.[102]

Die Definition der Idelogie kann nach Louis Althusser unter zwei Aspekten verstanden werden: *»complex formation of montage of notions-representations-images on the one hand, and of montages of modes of behaviour and conduct-attitudes-gestures on the other. The whole functions as practical norms which govern the attitude and the concrete stance of men with regard to the real objects and real problems of their social and individual existence, and of their history«.*[103] Im Bezug auf diese Auffassung, dass der Film das Produkt der Ideologie ist, fügt Barthes eine Tatsache hinzu: Film funktioniert durch die Anwendung der bewegten fotografischen Bilder als ein analogisches, statt arbiträres, textuelles System. Der Film lässt sich deswegen als ein besonders effktives Transportmittel der Ideologie verwenden. Schließlich lässt sich der Film durch die Anwendung der *»signs [,] which do not look like signs«* die Ideologie effktiv *»naturalises« (naturalisieren).*[104] Barthes lässt das Prinzip der semiologischen Analyse für Text und Praxis der populären Kultur verfügen, um deren Operation der Ideologie zu enthüllen. Er weist weiter darauf hin, dass dieser Text und diese Praxis als kulturelle Zeichen fungieren – und damit schlussendlich als Träger der Ideologie. Dafür entwirft Barthes den Term *»Mythos«*.

---

und der Figuren wird gerade zur Grundlage von der Verstärkung des Realitätseindrucks, weil sie eine größere emotionale Immersion erlauben. (Vgl. Kirsten (2013): S.69)

102 Vgl. Barthes (1977): S.116

103 Heath (1973): S.110. In: Thornham (1997): S.25

104 Barthes (1977): S.116

»Man sieht, dass im Mythos zwei semiologische Systeme enthalten sind, von denen eines im Verhältnis zum andern verschoben ist: ein linguistisches System, die Sprache [...], die ich Objektsprache nenne – weil sie die Sprache ist, deren sich der Mythos bedient, um sein eigenes System zu errichten –, und der Mythos selbst, den ich Metasprache nenne, weil er eine zweite Sprache darstellt, in der man von der ersten spricht.«[105]

Der Mythos dringt in das Zeichen ein, es gibt folglich eine zweite Bedeutung, die seine Bedeutung auf der ersten Ebene überschreitet. Die fotografischen Bilder bezeichnen dadurch einen bestimmten funktionalen Ort im Rahmen der Konstruktion einer visuellen Kultur. In dieser Organisation sind wir, entweder als ein Filmemacher oder als ein Filmbetrachter, alle als Subjekte eingeschrieben und immer schon Teil der Bilder und deren Realität.[106]

Wie Metz beschäfitigt sich Guido Kirsten in seinem Buch »Filmischer Realismus« intensiv mit demselben Anspruch: zu verstehen, wie Filme verstanden werden. Dafür bringt er den Begriff *»Realitätseindruck«* zum Ausdruck, der nach Bazin als *»Analogon«* der Wirklichkeit verstanden wird. Nach der vollständigen Ausführung dieses Begriffs des Realitätseindrucks lässt er sich folgendermaßen zusammenfassen: *»Er bezeichnet ein spezifisches* Potenzial *des filmischen Mediums, das auf der einen Seite an dessen Ausdrucksmaterie (die perspektivischen Bewegungsbilder, den imaginären Status des Signifikanten und den synchronen Ton), auf der anderen an Eigenschaften des menschlichen Wahrnehmungsapparates gebunden ist.«*[107] Im Bezug darauf führt er noch zwei Antithesen ein – die filmische *»Ostension«* und *»Ostentation«*. Der erste als Akt des

---

105 Ebd. S.117

106 Vgl. Knaller (2008): S.42

107 Kirsten (2013); S.84

Zeigens unterscheidet sich von dem zweiten als der hervorhebenden Zurschaustellung. Konkreter gesagt, die filmische Ostension drückt das präsentische Potenzial des Filmmediums dadurch aus, dass die Möglichkeit anbietet, *»[...] Sachverhalten und Ereignisse nicht nur darzulegen und anzudeuten, sondern scheinbar direkt vor Augen (und Ohren) zu führen.«*[108] Es ist zwar in der ästhetischen Dimension des Realitätseindrucks *»weniger rezipienten- und stärker werk- oder medienseitig«.*[109] Im Vergleich dazu macht der Film nach Konzept der Ostentation nicht nur eine Welt sichtbar, sondern zugleich die Sicht auf diese Welt.[110] Eben diese Sicht, Kirsten unterstreicht, gebe sich im realistischen Film als realistisch zu verstehen. Mit Hilfe solcher ostentiven Zurschaustellung vermitteln die Filme nicht nur eine Geschichte, sondern konstruieren über deren besondere Gestaltung den neuen Sinn. Durch Untersuchung der technischen Mittel im Kapitel der Filmanalyse der Filme beider Regisseure werden verschiedene ostensive Qualitäten (verstärkt oder abgeschwächt) veranschaulicht, damit deren ästhetische Merkmale bei Gestaltung der Frauenfiguren im Rahmen des filmischen Realismus und jenen untergestellten kritischen Intentionen diskursiviert werden können. Zusammenfassend lässt sich festhalten, dass entweder der von Bazin befürwortete *»größere Realismus«*, die von Kracauer kritisierte *»formgebende Tendenz«* bzw. *»bestätigen Bilder« sowie »fabrizierten Evidenz«* oder das *»effektive Transportmittel der Ideologie«* sowie das *»Mythos«* bei Barthes und *»die filmische Ostentation«* bei Kirsten uns wohlweislich die offensichtliche Tatsache zeigen: eine bedeutende Tendenz des filmische Realismus nimmt untrennbaren Bezug auf die individuelle

108 Ebd. S.85

109 Ebd.

110 Vgl. Thomas Morsch (2010): Filmische Erfahrung im Spannungsfeld zwischen Körper, Sinnlichkeit und Ästhetik. S58. In: Kirsten (2013): S.86

Subjektivität des Regisseurs oder die persönliche Kreativität bei der Erklärung des Realitätseindrucks. Die fotografischen Bilder verändern sich von einer visuell-ästhetisch-optischen Praxis zu einer vor allem kulturellen (sogar politischen) Praxis, die immer in einen größeren, verzweigteren kulturellen Diskurs einschreiben.[111] Die Realität im Film ist in diesem Kontext weder abgebildet noch entdeckt, sondern in großem Maße eine Realität, die vom Regisseur auf künstlerische filmische Weise mit untergestellter Intention in der formgebenden Bestrebung herstellt wird. Für die Untersuchung der Filme von Fassbinder und Zhang im Bezug auf ihrer Realitätsvorstellung kann eine These von Béla Balázs hiermit herangezogen werden. Balázs behauptet:

> *»A reproduction of reality, lacking of any creative treatment technically or aesthetically, can not be counted as a piece of art. In other words, any film, as an art, does not involve only how to re-present reality but also, more importantly, how to represent it.«*[112]

Die Operation der historischen Ereignisse im Film als eine Art des filmischen Realismus zeigt bei beiden Regisseuren deren individuellen Standpunkte gegenüber den historischen Begebenheiten auf. Nach Fassbinders eigener Aussage sei er weder am puren Realismus noch am reinen Historiographie interessiert, sondern an Filmen über Geschichte, erzählt aus heutiger Perspektive:

> *»Wir machen einen bestimmten Film über eine bestimmte Zeit – aber aus unserer Sicht.«*[113]

Das bedeutet, dass in seinen Filmen die objektive Realität der Historie nicht rekonstruiert, sondern durch Stil, Gesten und Medien vermittelt

111 Vgl. Knaller (2008): S.29

112 Balázs: S.31. In: Chen (2007): S.105

113 Barbara Baum (1995) : Lorenz. S.289. In: Elsaesser (2012): S.158

oder transportiert wird, für die Gegenwart lebendig und erlebbar geblieben ist.

Nach Sang-Joon Baes Betrachtung konzepierte der filmische Realismus bei Fassbinder sich als ein *»offener Realismus«*, der *»keine Wiederholung von Wirklichkeit«*, sondern *»eine neu geformte [Wirklichkeit], die dann im Zusammenhang mit dem Bewußtsein dessen, der etwas sieht, wieder Wirklichkeit wird«* sei.[114] Das bedeutet, dass bei Fassbinder eine Differenz zwischen der äußerlichen objektiven Wirklichkeit und der privaten Realismusvorstellung hervorgehoben wird, die konstant mit jeweiligem Wirklichkeitsbewusstsein zu tun hat. Schonungslos führt Fassbinder durch seine Stilisierungsästhetik eigene kritische Betrachtung sowie protestierende Untersuchung in der Realismusvorstellung seiner Filme durch, welche sich immer auf der Unterdrückungsstruktur der Gesellschaft – der *»unmittelbare[n] Veranschaulichung der Verwertbarkeit als Ausbeutungsprinzip der Gefühle und somit eine[r] wahrnehmbare[n] Bestandsaufnahme des Gebrauchswertes der Emotion«* [115] beziehen. Seine eigene Behauptung lautet:

> *»Der Realismus, den ich meine und den ich will, das ist der, der im Kopf der Zuschauer passiert, und nicht der, der da auf der Leinwand ist, der interessiert mich überhaupt nicht, den haben die Leute ja jeden Tag. Was ich will, ist ein offener Realismus, einer, der einen Realismus zulässt und nicht provoziert, dass die Leute sich zumachen. Wenn man den Leuten noch einmal dasselbe, so wie sie es erleben, vorzeigt, verschließen sie sich meiner Ansicht nach. Man muß eine Möglichkeit bieten, daß die Leute sich aufmachen für die schönen Dinge.«*[116]

---

114 Fassbinder (1968): In: Töteberg: S.71. In: Bae (2005): S. 187

115 Vgl. Ebd. S.189

116 Fassbinder (1985): In: Jansen/Schütte: S.89

Elsaesser interpretiert die Realismusvorstellung Fassbinders vor allem als eine *»Medien-Realität«*, weil dabei diverse Medien und Genres von Fassbinder de- bzw. rekonstruiert werden – Zeitungsartikel, Popmusik und Assoziierung mit anderen Filmen. Die Medien als eine eigentümliche Materialität lässt die Medien-Realität und die soziale Realität zusammenbinden, was sowohl eine unheimliche Sensibilität für die historische Materialität zeigt als auch die politische soziale Realität aus heutiger Ansicht wahrnehmbar lässt. Das auffälligste Beispiel dafür ist seine »BRD-Trilogie«. Eine Medien-Realität kann auf die fiktive Welt Einfluss haben, die sich als die Popmusik, Radio-und Fernsehsendung bezeichnet. Anders als bei Mainstream-Kino im Neuen Deutschen Film, in dem das Familiethema im Zentrum steht, beschäftigte Fassbinder vielmehr die NS-Vergangenheit.

Sang-Joon Bae schlägt in seiner Auseinandersetzung mit verschiedenen Stilisierungen von Fassbinders Filmen auch eine Lesart von Historiographie vor, denn Fassbinders Gesamtwerk bietet eine Chronologie der dargestellten Zeiträume dar, welche um die deutsche Identität handelt.[117] In der Trilogie wird über die Lebensläufe seiner drei Protagonistinnen eine *»größere«*[118] Geschichte des Nachkriegsdeutschlands gezeigt und hat Fassbinder dadurch versucht zu definieren, *» [...] was das ist und wie es geworden ist: die Republik des Geldes und der verkauften Gefühle.«* Dabei fungiert die Geschichte *»entweder als komplexer Kausalnexus und unergründliche Ursache des Geschehens oder als allegorische Figuration der Tragödie.«*[119] Mit einer einzigartigen Verflechtung von politischer Geschichte und Lebensgeschichte der Frauen ist das Realismus-

117 Vgl. Bae (2005): S.307

118 Zitiert von Bazins »größere Realismus«, der wegen unmittelbarer Kreativität des Regisseurs viele Möglichkeit erhaltet.

119 Elsaesser (2012): S.157

konzept bei der Trilogie intensiv mit persönlichem Stil von Fassbinders Autorenfilmen geprägt. Die Historiographie bei Fassbinder, wie Bae unterstrichen hat, lässt sich eher durch die Momentaufnahmen des Zeitspezifischen charakterisieren, die eine *»Deutsch-Repräsentation«* hervorbringt.[120] Diese Ansicht der *»Repräsentation«* hat Elsaesser in seiner Überlegung zur Trilogie vertieft, die nach ihm eine allegorische Lesart beansprucht.

Seine Filmbilder bieten dem Zuschauern zahlreiche zitierte Dekorstücke an, wie z.B. eine Ruine nach einem Bombenanschlag, die Nationalflagge der USA, der zeitspezifische Propaganda-Slogan auf der Wand etc., in den Filmen der Trilogie, die die passenden Erinnerungen auslösen können. Sein Publikum wird in eine Erinnerung zurückversetzt, als ob es ein Fotoalbum durchblättert. Die Erinnerung zielt nicht auf eine pure historische Realität, sondern auf eine Standardversion von Klischees, und wird als ironisch wiederhergestellter Garant der Geschichte erzeugt.

Die dargestellten Frauenfiguren finden in Film selbstverständlich ihre analogische historische Herkunft, die auf die Gründungsjahre der Bundesrepublik zurückgreift. Fassbinders persönliche Geschichtesergänzung wird dadurch durchgeführt, dass seine Frauenfiguren mit den historischen Indizien aufgeladen werden, auf deren privaten Schicksale sich die stilisierte Geschichtsschreibung sowie kritische Betrachtung des Regisseurs gegen die historischen Ereigenisse konzentrieren. Solch eine allegorische filmische Behandlung der Geschichte hat bei Elsaessers Betrachtung die bundesdeutsche Vergangenheit aus Fassbinders Sicht *»überhöht«* und ins heutige Gefühl *»übersetzt«*.[121] So im Kontext vom Kino-Realismus werden entweder die im Film dargestellten Erinnerungen an die Geschichte oder die gezeigten Frauenfiguren nach der künst-

---

120 Vgl. Bar (2005): S.311

121 Vgl. Ebd. S.315

lerischen Absicht des Regisseurs sowie seiner sozialkritischen Intention abgerichtet.

Zhangs Fall ist vergleichend komplizierter in seinem kulturellen Zusammenhang. Im Bert Cardullos Interview drückte er aus:

> *»Most of my films are in fact historical in nature... Since the very first film I made, Red Sorghum, I have really liked historical stories. But at the time I made this film, the main reason I decided on such a tome period was that China had very strict censorship.* "[122]

Der gesellschaftliche Hintergrund seiner Motivation deutet sich an: Wenn man einen Film machen möchte, besonders eine Tragödie, muss der Charakter unter einen bestimmten Druck von der Gesellschaft gesetzt werden, dagegen, sein Schicksal sowie eigene Tragödie soll er kämpfen. In der Darstellung des Drucks auf die Außenseite in der zeitgenössischen chinesischen Gesellschaft ist es zweifellos oft ein politisches Problem. Diese Art des Films wird bestimmt schwer die Zensur bestehen, weshalb der Regisseur die Zeit seines Film zurück in die Vergangenheit legt, als China noch in der alten feudalen Zeit war. Das originale Thema wird *»in a safe period«*[123] leicht durchgeführt. Außerdem wird eine Story aus dem vergangenen Zeitraum die größere Fantasie beim Zuschauer auslösen, wie Zhang sagt: *»With them, one simply has a larger space in which to give free rein to one's imagination.«*[124]

Wenn der Realismus bei Fassbinder »offen« erkannt wird, der sich einerseits von der objektiven Wirklichkeit unterscheidet, andererseits den Zuschauer mitmachen lässt, dann gilt der Realismus bei Zhang in diesem

---

122 Cardullo (2008): S.150

123 Ebd.

124 Ebd. S.151

Sinne sowohl offen als auch in gewissem Maße geschlossen. Die Zeichenwelt von Zhang legt ihren Brennpunkt offensichtlich nicht auf die Abbildung der Realität, sondern konstruiert sich nach formgebender Bestrebung des Regisseurs. Deswegen kann Zhangs Realismus im Bezug auf Fassbinders »offenem« Realismus ebenbürtig offen betrachtet werden. Aber Fassbinders offener Realismus ist durch Kooperation mit seinen Zuschauern verwirklicht, nämlich durch seine distanzierte kritische Betrachtung, die hauptsächlich von seiner verfremdeten Filmsprache verursacht wird, nicht zuletzt durch das spezielle Selbstbewusstsein des ethnografischen Charakters seines Zuschauers. So ist Zhangs Realismus in diesem Sinne hingegen geschlossen, wenn eine politische Kritik gar kein Schwerpunkt seiner Interessenten ist und er sich durch sein Melodram zumeist der Identifikation beim Zuschauer im Prozess der Empathisierung widmet. So drückt Zhang über die Motivation des Films **»Rotes Kornfeld«** aus:

> *»Man sagt: Esslust und Sexualtrieb sind Instinkte aller Menschen. Deshalb sind die emotionalen Freud und Leid in der Beziehung zwischen Mann und Frau immer das Interesse des Zuschauers. [...] So handelt der Film hauptsächlich davon, diese Gefühle und Leidenschaft auszudrücken. [...] Die Geschichte, dass die Japaner uns beleidigten, ist vor vielen Jahren passiert. [...] Der ganze Film konstruiert sich als eine erzählende Story, um die Kontinuität zu erziehen.«*[125]

In der Stilisierung bzw. der Einstellung zur Abhandlung von geschichtlichen Ereignissen im Sinne des Realismuskonzeptes ähneln sich die Werke Fassbinders und Zhang Yimous. Zhang tendiert stets dazu, die chinesische Geschichte (d.h. die Vergangenheit) in seinen Filmen durch visuelle klischeehafte Bilder zu betrachten. Am auffallendsten sind der

---

125 Zhang Yimou: In: Zhang (2004): S.35f. Eigene Übersetzung der Autorin

typische chinesische Wohnhof und die roten Laternen in **»Rote Laterne«**. Die Reihe von Zhangs Werken, die unter der Betrachtung aus differenzierten Blickwinkeln ein kritisches Porträt der chinesischen Vergangenheit entwerfen, zeigen dabei eine enge Wechselwirkung zwischen der politischen Dimension und der privaten Existenz des Individuums auf. Das in den Lebengeschichten seiner Frauenfiguren vorherrschende Hierarchieprinzip reflektiert die universale Unterdrückung des chinesischen Volkes durch die Auswirkung des veralteten Absolutismus, wodurch ein ironischer wiederhergestellter Garant der Geschichte erzeugt wird.

Die historischen Ereignisse in Zhangs Filmen werden dennoch, im Vergleich zu denen bei Fassbinder, eher als realistisch simulierter Hintergrund benutzt, zumeist als Parallele oder als Kontrapunkt zur Lebensgeschichte der einzelnen Charaktere, der bei Fassinders Autorenfilmen hingegen eine andere Rolle spielt. Z.B. in **»Die Ehe der Maria Braun«** von Fassbinder verursacht der Krieg Marias Tragödie und entscheidet jede Wendung ihres Schicksals, im Kontrast spielt der Krieg gegen Japan in der zweiten Hälfte von **»Rotes Kornfeld«** bei Zhang als ein realistisch simulierter Hintergrund, konkreter gesagt, als Kontrapunkt der Lebenssgeschichte der Protagonistin Jiu'er eine große Rolle. In ihrer Unterstützung des Widerstandskampfes gegen die Japanarmee fungiert die Geschichte weiterhin als eine sinnbildliche Rolle für eine private Emazipation der Frau.

Im oben genannten Kapitel 3.1 wird es schon erwähnt, dass nach Friedan die Veränderung der repräsentierten Frauenfiguren im Film nach dem Krieg eine komplizierte Beziehung zwischen Darstellung und der Realität zeigt, durch die nicht mehr die reinen realistischen Lebensumstände der Frau, sondern die männliche Fantasie und Angst projiziert werden. Nach Barthes Auffassung über das *»Mythos«* entleert dieses Mythos die eigene Bedeutung des Zeichens der »Frau« und lässt sie schließlich von der kollektiven Fantasie der Männer ersetzen. Unter der Voraussetzung *»Film ist das Produkt der Ideologie«* nach Barthes ist die Frau im Wesentlichen als kommuniziertes Zeichen in der patriarchalischen Ideologie in Funktion getreten. In den Stereotypen und in das Mythos wird sie als ein austauschbares Zeichen eingeschrieben, dadurch tritt sie in die Form der dominanten Kultur ein. Deshalb meint Claire Johnston, dass die Darstellung der Frau in der Kunst, inklusive des Filmtextes, nicht hauptsächlich ein soziales Thema oder Problem ist, wie allgemein angenommen wird, sondern ein kommuniziertes Zeichen.[126]

Welche Rolle spielt dann die Frauenfigur im Verfahren der filmischen Darstellung der Geschichte? Nach der von Elsaesser vorgeschlagenen allegorischen Lesart der Fassbinder-Filme hat der Regisseur immer wieder versucht, »repräsentative« Figuren zu schaffen, um an die Probleme der Geschichte heranzuführen. Dazwischen spielen die Frauen eine zentrale Rolle, entweder bei Fassbinder oder bei Zhang. Die oben genannte Frage beantwortet die feministische Filmtheoretikerin Cui Shuqin in ihrem Buch über die Genderfrage und Nation im Kontext von chinesischen Filmen des letzten Jahrhunderts so, dass infolge der kollektiven Erfahrung über das historische Gedächtnis der Nation bestimmte Filmregisseure als eine Generation benannt werden, weshalb die filmische Darstellung der Geschichte als eine nationale Allegorie angesehen werden soll:

> *»I propose that the »naming« of a few directors as a generation serves to express historical memory and national trauma as shared, collective experiences. The skillful use of a film language system as a means of enunciation allows a rewriting of history as national allegory.«*[127]

Vor diesem Hintergrund beantwortet Cui die oben genannte Frage weiterhin so, dass für den Diskurs und die visuelle Konstruktion der natio-

126 Vgl. Johnston (1975): S.124

127 Cui (2003): S.68

nalen Allegorie den Frauenfiguren eine zentrale Bedeutung beigemessen wird. Die Herausstellung der Frauenfiguren lässt eine visuelle Strategie von Sexualisierung der Nation erkennen und zieht schlussendlich die Aufmerksamkeit des internationalen Publikums durch das vermittelte exotische Image des Landes an. Das Motiv, welches durch die Frauenfiguren und das Image des Landes den Geschmack des abendländischen Markts befriedigen lässt, zieht sich offensichtlich durch Zhangs Werke hindurch.

Während Cui Frauenfiguren als eine visuelle Strategie ansieht, die in der Konstruktion der nationalen Allegorie benutzt wird, können wir in Chow Reys Untersuchung eine echoartige und weiterentwickelte Meinung herauslesen. Nach Chow besteht in der Abhandlung der Vergangenheit des Landes bei Zhang ein Widerspruch der Kulturgeschichtsschreibung – die Abhandlung könnte *»[...] als retrospektives Aufarbeiten einer brutalen, chaotischen Vergangenheit einerseits und als aktives, zukunfitigerichtetes Neuschreiben und Erklären dieser Vergangenheit andrerseits« angesehen werden.* Die Frauen stehen für das »primitive« China, dadurch dass sie als diejenigen dargestellt werden, *»[...] die das barbarische Walten eines obsoleten patriachalen Systems aushalten müssen«*, deren Misshandlung die Rückständigkeit Chinas symbolisiert. Durch die Perspektive der Frauen sind die fundamentalen Schrecken jener Kultur zu verstehen. Generell gesagt, könnte ihre Leiden durch Betrachtung universal für die menschliche Natur stehen, *»[...] die zu Unrecht in Ketten liegt und auf Befreiung drängt«.*[128]

Die Frauenfiguren bei beiden Regisseuren haben sich übereinstimmend den Diskursen der nationalen Allegorie bedient. Die Geschichte einer Frau, die sich entweder aus den Trümmern des Krieges erhebt, um eine moderne Geschäftsfrau zu werden (Maria Braun) oder die sich von einer

---

128 Chow: In: Sierek, Kirsten (2001): S. 178

reinen Jungfrau mit fehlender Lebenserfahrung schlussendlich, wegen ihrem Freiheitsverlust und erlittener Unterdrückung, zu einem Opfer verwandelt (Songlian), könnte als eine dramatische Metapher für die jeweilige nationale Geschichte betrachtet werden.
Im Kapitel der Filmanalyse werden die Gemeinsamkeiten sowie die Unterschiede auf den Gebieten der künstlichen Rekonstruktion der Historie und der Wechselwirkung zwischen den Lebensgeschichten der Frauenfiguren und der Geschichte der jeweiligen Staaten, nicht zuletzt die Vergleiche zwischen verschiedenen Gestaltungen der Frauenfiguren im Rahmen des filmischen Realismus und Feminismus bei beiden Regisseuren konkretisiert.

Bei der Untersuchung dieser Arbeit geht es um die folgenden Fragestellungen:

- Welche Gemeinsamkeiten und Unterschiede bestehen zwischen der filmischen Gestalung der Frauenfiguren der beiden Regisseure, die aus verschiedenen kulturellen und sozialen Hintergründen stammen?
- An welcher Stelle befindet sich die Abhandlung von Geschichte in den Filmen der beiden Regisseure?
- Wie fungiert das historische Ereignis zur Lebensgeschichte der Frauenfiguren? Welche Wechselwirkung besteht zwischen den beiden?
- Welche Rolle spielt die Gestaltung der Frauenfiguren bei der kritischen Betrachtung gegenüber der Geschichte?

4. Filmanalyse

4.1 Showbusiness mit Selbstbestimmung der Frau: »Lola« (1981) und »Shanghai Serenade« (1995)

4.1.1 Einführung des Themas

Im Film **»Shanghai Serenade«** von Zhang Yimou geht es um die Nachtclubsängerin Xiao Jinbao, wörtlich übersetzt »kleiner Goldschatz«, die als »Königin von Shanghai« von einem Paten des Mafiaclans in sowohl körperliche als auch geistige Abhängigkeit gebracht wurde. Aus der Bedeutung ihres Namens »kleiner Goldschatz« erschließt sich bereits die Verdinglichung von ihr. Die Frauenfigur definiert sich im Wesentlichen über den Wert einer materiell austauschbaren Ware, die als Eigentum vom Paten in Besitz genommen wird. Wie eine schöne Puppe wird sie sich direkt nach dem Willen ihres Schöpfers bewegen, mit einem verlorenen Selbstbewusstsein. In ähnlicher Weise funktioniert die Protagonistin in **»Lola«** von Fassbinder, die als beliebteste Hure der Stadt sowohl köperlich als auch geistig von ihrem persönlichen Besitzer Schuckert kontrolliert ist. Der Baudezernent Herr von Bohm verliebt sich in Lola. Als »Schweigegeld« wird sie von Schuckert für dessen Geschäfte überlassen, um den korrupten Handel mit Macht und Geld weiterführen zu können.

Lola (1981)

Herr von Bohm (Armin Müller-Stahl), der neue Baudezernent, kommt in einer Kleinstadt in der 50er Jahren mit einem idealisierten Rekonstruktionsplan an. Der Baulöwe Schuckert (Mario Adorf) verwaltet im Wesentlichen Geschäfte mit dem Bürgermeister, dem Polizeipräsidenten und dem Bankdirektor, unter denen er die Pfründe der Stadt verteilt. All die Honoratioren sind Gäste in Schuckerts Bordell, der »Villa Fink«, bei dem Lola (Barbara Sukowa) die begehrteste Hure der Stadt und persönlicher Besitz von Schuckert ist. Von Bohm ändert seine Haltung, die von ehernen moralischen Grundsätzen geprägt ist, als er sich in Lola verliebt. Völlig verzweifelt sammelt er Beweismaterial gegen Schuckert, um ihn zu ruinieren. Dennoch will niemand etwas an der gegebenen Situation ändern. Am Ende bekommt er als »Schweigegeld« die Prostituierte Lola von Schuckert und integriert sich schließlich in das System. Trotzdem schläft Lola am Tag ihrer Hochzeit, noch in ihrem Brautkleid, mit Schuckert, dabei wird sie von ihm darüber informiert, dass sie als die neue Chefin das Bordells von ihm überlassen wird. Die alten Geschäfte werden wieder aufgenommen.

Zwar ist **»Lola«** nicht ein ausgezeichnetes Werk in Fassbinders Oeuvre, aber es erzählt so klar wie kein anderes über die korrupte Gesellschaft der späten 50er Jahre Westdeutschlands. Das Drehbuch ist auf Heinrich Manns Roman **»Professor Unrat«** und dessen Verfilmung **»Der Blaue Engel«** (1930) von Josef von Sternberg zurückzuführen. Während **»Die Ehe der Maria Braun«** als der erste Teil der BRD-Trilogie Fassbinders genannt wird, ist **»Die Sehnsucht der Veronika Voss«** der zweite. Sieben Monate später schloss er dieser Trilogie mit **»Lola«** ab. Der Hintergrund des Films ist in den 50er Jahren angesiedelt, trotzdem ist es ein Teil der Absicht Fassbinders dadurch zu zeigen, dass das im Wirtschaftswunder der Adenauer-Ära etablierte Machtgefüge bis in die heutige Zeit noch nicht zerstört wurde. Deshalb versteht der Film sich nicht als ein simples Remake der Geschichte von Sternbergs **»Der Blaue Engel«**, sondern zeigt die Historie der BRD-Zeit Deutschlands aus der heutigen Perspektive, welche durch die einzigartige Stilisierungsästhetik Fassbinders formuliert wird.

»Lola is certainly a bitter and pessimistic film, but its hopelessness is formulated with a vitality and aesthetic playfulness

that embodies a kind of hope that Fassbinder didn't allow his film in its verbal content.«[129]

Im Stil des Films zeigen sich offensichtliche Parallelen zu dem in schwarz/weiß gedrehten **»Der Blaue Engel«** auf, so in einigen Handlungen oder in der sensitiven emotionalen Atmosphäre. In diese Richtung begegnet der Film wegen seiner Begrenztheit des Stils Kritik, wie z.B. Ronald Haymans: *»Many of Fassbinder's subtle cinematic effects are achieved when the style comments on another style in which the medium has been used.«*[130] Es lässt sich damit unschwer assoziieren, dass in **»Lili Marleen«** eine ausgearbeitete kitschig-ästhetische Tendenz mit leichter melancholischer Emotion im Gesang und dem übertreibenden Glanz des Nazismus dargestellt wird; in **»Die Sehnsucht der Veronika Voss«** wird der Stil des Melodramas der alten UFA nachgeamt. *»[...] Fassbinder was limited not only by his medium but by the way Sirk's example had encouraged him to use it«*, so drückt Hayman aus, *»[...] in Lola the kitsch is more controlled, and partly ironic«.*[131]

Die geschichtsironische Perspektive Fassbinders bei **»Lola«** wird umso effektiver auf der Ebene exquisiter Farbdramaturgie in Szene gesetzt, die sowohl bei Innen- als auch bei Außenaufnahmen angewandt wird. In dieser farblichen Vulgarität steht die weibliche Schauspielerin oder Inszentatorin im Mittelpunkt, welche als allgemeine Stilisierung der gesamten BRD-Trilogie dient. Thomas Elsaesser nennt es die Stilisierung von *»Showbusiness«*, welche insbesondere bei Fassbinders **»Lola«** und dem in vielerlei Hinsicht ähnlichen Film Zhang Yimous, **»Shanghai Serenade«**, ausführlich genutzt wird.

---

129 Thomsen (2004): S.280

130 Hayman (1984): S.105

131 Ebd.

»Es wäre nicht schwierig, sowohl Maria Braun als auch Veronika Voss als Opfer der Männerwelt und des Patriarchats zu begreifen, deren Opferstatus dadurch noch verstärkt wird, dass sie Opfer männlicher Blicke und in die zur Ware machende Macht des Showbusiness verstrickt sind.«[132]

Im Vergleich zu allen anderen Frauenfiguren Fassbinders ist Lola ein Profi des Schauspiels und des schönen Scheins, da sie Macht des Showbusiness, entweder im Bordell oder außerhalb, so gut kennt wie keine andere und wo sie als ein schönes Objekt zu Schuckerts Willenausgestellt wird, mit gleichzeitig der klaren Absicht, dass sie schließlich die Bordellbesitzerin sein wird. Das Bewusstsein von der Kraft des Sich-zur-Schau-Stellens lässt das Dualsystem Mulveys in gewissem Maße zum Einsturz bringen, in welchem das Subjekt sich auf den aktiven Mann und das Objekt sich auf die passive Frau bezieht, was einerseits die Bedeutung des Begriffs *»Showbusiness«* erklären kann, andererseits sich mit Elsaessers anderer auffallender Auffassung von den *»starken Frauen«* assoziieren lässt.

»Die ‚starke Frau' bei Fassbinder ist die Frau im Showbusiness, die sich im Zentrum einer ‚Inszenierung der Macht' bewegt, wo ihr Sich-Fügen in die partriarchale Struktur der ‚Frau als Bild' und dem ‚Sein-als-Gesehenwerden' eher darauf deutet, dass der Voyeurismus nur die Schutztarnung eines anderen Kräfteverhältnisses ist.«[133]

Über das von einer Frau verkörperte Showbusiness etabliert Fassbinder seinen politischen Diskurs und seine Geschichtsschreibung durch den Film. Ein spezifischer Testfall im Bezug darauf könnte der Film über den Nationalsozialismus, **»Lili Marleen«**, sein, dass das Geschäft des

132 Elsaesser (2012): S.177

133 Ebd. S.183

Showbusiness direkt auf die deutsche Geschichte zurückgeführt werden kann. In **»Lola«** enthält dieser politischer Diskurs reichhaltigen Inhalt wie das »Wirtschaftswunder«, der Bau-Boom, Erhards »Soziale Marktwirtschaft«, die Anti-Atomtod-Bewegung, Korruption in kommunalen Gemeindebehörden etc., die in Adenauer-Ära des Nachkriegsdeutschlands stattfinden.

Shanghai Serenade (1995)

Der Dorfjunge Shuisheng kommt in Shanghai an, um seinen Onkel für einen Unterschlupf in der Stadt zu besuchen und um in der Zukunft eine Tofu Lade in seiner Heimat zu eröffnen. Dieser Onkel ist ein Mitglied der großen mafiaähnlichen Organisation der Metropole. Im Kampf mit einem anderen Clan wird er getötet. Dank des Onkels dient Shuisheng der Liebhaberin des Mafiapaten – der bekanntesten Nachtclubtänzerin Xiaojinbao (Gong Li).

Wegen der Aufstände der Mitglieder des Clans und der immer drastischeren Auseinandersetzungen mit anderen Mafiaclans zieht sich die Familie auf eine Insel zurück, auf der nur eine Witwe und ihre Tochter wohnen. Doch trotz der schönen Idylle kommt es schnell wieder zum Kampf zwischen den verfeindeten Mafiagruppierungen. Der Aufstand wird schließlich niedergeschlagen. Xiaojinbao wird wegen ihrer heimlichen Affäre mit dem Verräter getötet. Der Überlebende Shuisheng und die kleine Tochter der Witwe werden von dem Paten nach Shanghai zurückgebracht, der aus dem Mädchen wiederum eine Tanzkönige Shanghais wie Xiaojinbao machen will.

Zhang Yimou unternimmt nach **»Codename Cougar«** (1989) einen weiteren Ausflug in das kommerzielle chinesische Unterhaltungskino. Neben **»Codename Cougar«** ist **»Shanghai Serenade«** zudem einer der wenigen Film Zhangs, die nicht auf einer Literaturvorlage basieren. Koproduziert und mitfinanziert von einem französischen Produzenten hatte es Zhang geschafft, dass sein Werk nach dem Aufführungsverbot von **»Leben!«** (1994), der von dem Leben einer chinesischen Familie nach der Revolution von 1949 handelt, wieder an internationalen Filmfestival teilnehmen konnte.

Dieser Film erhielt nicht so große Aufmerksamkeit wie **»Rotes Kornfeld«**, **»Rote Laterne«** und andere Filme Zhangs, sondern erfährt zahlreiche Kritik, dass er *»an westliche Phantasien eines exotischen China erinnere«*[134], oder *»Laking the depth and narrative coherence of his better work, [...]«* zu sein, trotzdem wird die Farbdramaturgie in gewissem Maße anerkannt: » *[...], Zhang's vivid use of colour nevertheless ensures the film is more than merely watchable.«*[135] Nicht zuletzt wird Zhangs Frauenfigur in der Feminismuskritik fehlende authentische Darstellung negiert, deren Wurzeln als filmische Fantasie in der Geschichte keinen Halt finden können. Mit anderen Worten wird sich in Zhangs Filmen bevorzugt mit der Fantasie der fetischisierten Frauenfiguren beschäftigt, statt sich der Wahrheit des weiblichen Subjekts zu widmen. Den Fim **»Rote Laterne«** als Beispiel genannt, urteilt Yau folgendermaßen: **»Red Sorghum«** ist ein Beispiel der chinesichen *»filmic fantasies«*, deren *'defenses'* [...] von *'history'* [auflöst ist].[136] Nicht selten lässt sich der Schwerpunkt der Filmkritik von Zhangs Filmen auf die fehlende Tiefe und inhaltlich leere Darstellung legen, worüber wir im Kapitel 2.2 schon viel erfahren haben. Nach Chow Rays Ansicht könnte sich die Kritik der fehlenden Tiefe und Leere mit der Xu/Shi-Struktur des Daoismus asso-

134 China hat die Unschuld verloren. Interview mit Zhang Yimou. http://www.hossli.com/articles/1995/12/21/%C2%ABchina-hat-die-unschuld-verloren%C2%BB-interview-mit-zhang-yimou/ Zugriff: 30.07.2014

135 Cornelius (2001): S.45

136 Yau, Esther C.M. (1989): Cultural and Economic Dislocations. Filmic Phantasies of Chinese Women in the 1980s'. Wide Angle. S.20. In: Chow (1995): S.158

zieren, wenn Shi für Reichlichkeit, Konkretheit und Xu für Leere und Abstraktion stehen, welche meistens als eines der Kriterien der ästhetischen Wertschätzung in Funktion treten. Gegen die genannte Kritik hat Chow eine eindeutige Stellung dazu, dass Zhangs Kunst nicht leer, sondern konkret ist, wenn sie neben der sichtbaren Oberfläche eine überwältigende Übereinstimmung von *»life«*, *»energy«* und *»human nature«* in ihrer positiven Interpretation von Zhangs Film gefunden hat.

> *»Instead of accusing Zhang of a lack of depth in the mode of being* xu, *then, his reviewers affirm, by their identification of the ‚energy' in Zhang, that his films are* shi – *that is, sanguine, earthy, instinctual, close to the people. Together they produce a reading based on male homosocial bonding, a reading that says, Zhang, too, is concrete, not empty.«*[137]

Die Xu/Shi-Struktur des Daoismus kann durch ihre innere Dialektik konkretisiert werden, die als der bedeutendste Teil der Philosophie von Laotse gilt. Laotse glaubt, dass die Dinge in der Welt nicht isoliert seien, sondern voneinander abhängig und miteinander verbunden. Die entgegengesetzten Seiten hängen voneinander ab, verbinden sich miteinander und können sich in das Gegenteil verwandeln, z.B. Glück und Unglück können sich ineinander verkehren. Ein solches Gesetz ist für alle im Leben üblichen Gegensätze geeignet: gut und böse, stark und schwach, Erfolg und Misserfolg etc., wie im zweiten Kapitel von »Tao te King« beschrieben. In Bezug darauf tauchen die Verwandlungen zwischen *»Xu«* und *»Shi«* im richtigen Augenblick auf.

> *2. Pflege der Persönlichkeit*
> *Wenn auf Erden alle das Schöne als schön erkennen,*
> *so ist dadurch schon das Häßliche gesetzt.*

---

137 Chow (1995): S. 157 f

Wenn auf Erden alle das Gutes als gut erkennen,
so ist dadurch schon das Nichtgute gesetzt.
Denn Sein und Nichtsein erzeugen einander.
Schwer und Leicht vollenden einander.
Lang und Kurz gestalten einander.
Hoch und Tief verkehren einander.
Stimme und Ton sich vermählen einander.
Vorher und Nachher folgen einander.
…[138]

Im Kontext der erotischen Darstellung der Frau in Zhangs Filmen ist ein dialektisches Verhältnis zwischen der fetischisierten Fantasie der Frauenfiguren (*Xu*) und deren naturellen energievollen geistigen Kern (*Shi*) hergestellt, die voneinander abhängen und sich ineinander verwandeln.

Die Frauenfigur in »**Shanghai Serenade**« befindet sich in einer komplizierten Situation. Nicht wie die Frauen in »**Rotes Kornfeld**« und »**Judou**«, die eine universelle Emazipation der Frau portraitieren, wird diese hier bei Xiao Jinbao auf eine Subebene der Bedeutung von Übermacht des Mafiapaten verlagert, womit die Verlorenheit ihrer Selbstbestimmung hervorgehoben ist. Die Geschichte der unterdrückten Frau gescheieht diesmal nicht im alten feudalen China, sondern in der Metropole Shanghai, in der die Frau vor allem als sexualisierter Körper von den Fesseln der Unterdrückung von ihrem männlichen Besitzer befreit werden muss. Im Verlauf der Handlung verwandelt sich die weibliche Figur, deren Selbstbewusstsein durch die immer harmonischere Integration in das friedliche Inselleben befördert wird, wenn der filmische Raum in die Natur der Insellandschaft übergeht. Die turbulente Metropole manifestiert sich als

---

138 Wilhelm (2010): Laotse Tao te King, S.12

eine Welt der fantastischen Surrealität, *»[...] eine schillernde Parallelwelt zur faktischen Realität«,*[139] wobei sich die individuelle Utopie der Frau konstruiert, während hingegen die Naturaufnahmen auf der unberührten Insel als ein Nährboden für das Selbstbewusstsein und die Verortung eines Strebens nach Freiheit der Frau dargestellt werden, damit nicht nur ein Unterschied zwischen Fantasie und Wirklichkeit durch die verschiedenen filmischen Räume entsteht, sondern auch die Verwandlung der Frauenfigur durchgeführt wird. Im Vergleich zu **»Lola«**, der durch die Farbdramaturgie in Innen- oder Außenaufnahmen seine visuelle Einheit des filmischen Raums erhält, spielt die Raumdramaturgie in **»Shanghai Serenade«**, die zuerst in der Großstadt und dann in der Insellandschaft inszeniert wird, eine große Rolle für die Verwandlung der Frauenfigur. Anders als Fassbinders *»starke Frau«*, die, Elsaesser zufolge, die Macht des Showbusiness beziehungsweise des Sich-zur-Schau-Stellens gut kennt und die für ihre eigene Karriere oder gesellschaftliche Stellung in der patriarchalischen Struktur vollständig benutzt, ist das Selbstbewusstsein bei Xiao Jinbao ein anderer Fall. Mit dem theoretischen Zugang zur Erklärung des Begriffs »Selbstbewusstsein« bei Hegel in der Kategorie der Phänomenologie des Geistes in Kapitel 4.1.2 sind die konkreten Situationen bei den beiden Frauenfiguren zu differenzieren.

Anders als bei Zhangs früheren Filmarbeiten ist die Handlung von »Shanghai Serenade« nicht in einem direkten zeithistorischen Kontext angesiedelt, sondern ist vielmehr fiktiv, obwohl Rückschlüsse auf das Ende des 20. Jahrhunderts in Shanghai gezogen werden können, ohne unmittelbare geschichtliche Ereignisse einzubeziehen. Filmhandlung aus der Vergangenheit oder in einer fiktiven Zeit ist

139 Rauscher (2009): S.81

leicht zu inszenieren, was Zhang mehrmals in den Medien erklärt hat. So sagte Zhang Yimou in einem Interview, als er gerade nach dem Aufführungsverbot seines vorletzten Films **»Leben!«** und im folgenden Jahr über **»Shanghai Serenade«** interviewt wurde:

> *»Es ist schwierig, in China ein politisches oder historisches Thema direkt anzusprechen. Politische Filme dreht in China, wer es versteht, mit Metaphern zu arbeiten.«*[140]

Mit dieser filmischen Metapher bestätigte Zhang, dass die Figur des Paten einen idealen Diktator im geschichtlichen Kontext und weiterhin auch eine beabsichtige Ähnlichkeit der Physiognomie der historischen Person Jiang Jieshi reflektiert, den er als *»Kaiser der Mafia«*[141] bezeichnet und aus diesem Grund diese Figur als Vorbild gewählt hat. Sowohl mit der für die überwältigende Macht und Gewalt stehende Figur des Paten als auch der in der patriarchalischen Struktur gefesselten Figur der Xiaojingbao ist der Film nicht ganz frei von politischer Konnotation – das postmoderne China hat nach der marktwirtschaftlichen Reform der ökonomischen Strukturen des Landes des ausgehenden 20. Jahrhunderts *»[wegen seiner materiellen Besessenheit] seine Unschuld verloren«.*[142]

140 China hat die Unschuld verloren. Interview mit Zhang Yimou. http://www.hossli.com/articles/1995/12/21/%C2%ABchina-hat-die-unschuld-verloren%C2%BB-interview-mit-zhang-yimou/ Zugriff: 30.07.2014

141 Ebd.

142 Vgl. Ebd.

4.1.2 Die Gestaltung der Frauenfigur

4.1.2.1 Die Verwandlung der Frauenfigur

Die »Königin« der Metropole Shanghai – Xiao Jinbao – ist im Wesentlichen persönliches Eigentum des Paten, die von ihm konstruiert und geformt ist, deren Schönheit und Funktion sich ausschließlich ihr Schöpfer nach dessen Willen bedient, statt dem natürlicher Lebensgesetz folgen zu können. Die Entwicklung der Protagonistin wird vom Wechsel der filmischen Räume gegliedert, die zwischen dem Nachtclub, dem Haus des Paten und der Unterkunft Xiaojinbaos wechselt und sich schließlich auf einer Insel positioniert. Der Nachtclub bietet sich als ein opulent ausgestatteter Tanzpalast dar, im dem die Gäste auf die architektonische Dekadenz der kolonialen Vergangenheit Shanghais treffen. Im Rahmen des Tanzprogramms folgt der erset Auftritt der Protagonistin.

Das Lied »Jia Xinxin« (deutsche Übersetzung: »Heuchlerisch«) singend, das aus den 30er Jahren des alten Shanghai stammt, präsentiert Xiao Jinbao im bultroten Federkleid ihren tanzenden Körper und ihrem koketten Gesang vor dem Publikum. Die Kamera wechselt zwischen der Bühne, dem Gesicht und dem Körper der Frau sowie dem Zuschauerraum mit der Tanzhalle. In einer Einstellung führt die Kamera langsam von links nach rechts von dem Zuschauerraum, wodurch die innere prächtige Ausstattung des Nachtclubs gezeigt wird, in der die Leute ausnahmslos elegant angezogen sind. Im Folgenden ist zu sehen, dass ein Teil des Zuschauerraums sich mit einigen Tanzpaaren im Vordergrund befindet, während im Hintergrund die Bühne mit dem Dunst-Effekt dargeboten wird, was eine traumartige Atmosphäre erzeugt. (Abb.1) Im symmetrischen Bühnen-Bild steht Xiao Jinbao in der Mitte und wird von der Belichtung fokussiert, als ob sie ein exquisites Kunstprodukt eines Museums wäre, dessen Schönheit als Objekt des Blicks mit dem Bildraum verschmilzt und das im Blickfeld des Betrachters gefesselt würde. (Abb.2)

Abb.1

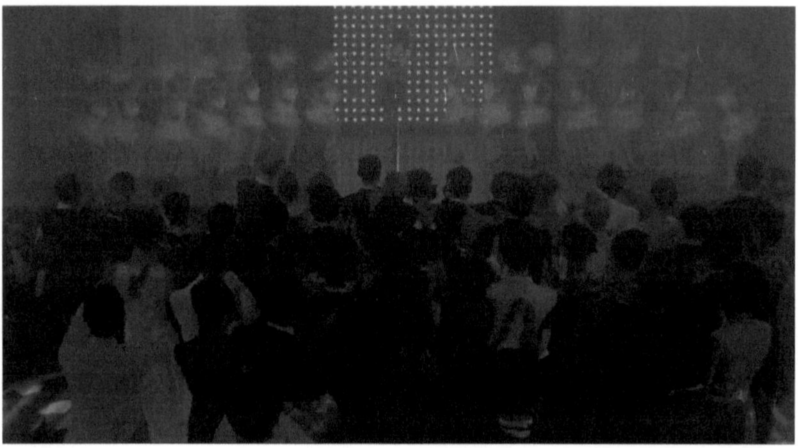

Abb.2

Die erotische Darstellung der Frau wird stets bei der zweiten Bühneszene am diagetischen zweiten Tag des Films verstärkt in Szene gesetzt. Das Lied mit der traditionellen Melodie - »HuaHaoYueYuan« (deutsche

Übersetzung: »Wenn die Blumen blühen und der Mond rund ist«) singt Xiao Jinbao in einem Qipao, einem chinesichen Etuikleid, was zweifelsfrei das Image der chinesischen Frau beim westlichen Publikum exotisch erscheinen lässt. (Abb.3) Die Auffürung wird dennoch gezwungenermaßen unterbrochen, um nach den Vorlieben des Paten das Eröffnungslied »Jia Xinxin« anzustimmen. Der Wille der männlichen Autorität löst so einfach das Bewusstsein von Selbstbestimmung auf, die sogar in der Entscheidungsfreiheit für ein Showprogramm brüskierend unterdrückt wird. Die Tragik der Frau lässt sich über die Verlorenheit ihrer Selbstbestimmung hervorheben.

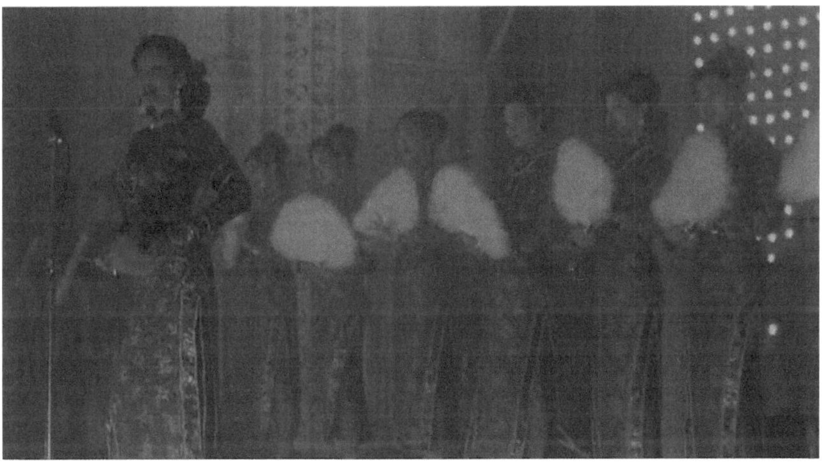

Abb.3

In der dritten Bühnenszene wechselt Xiao Jinbao wieder ihren Stil, diesmal mit vernünftiger, androgyer Ausstrahlung. In Frack und Zylinder tanzt sie mit ihrem Stock, zieht ihre weißen Handschuhe aus. Das Lied »Gunchu Wo De Xinfang« (deutsche Übersetzung: »Scher dich von meinem Herzen weg!«) deutet schon ihre schlechte Stimmung an. Die Kamera fokussiert lang in Nahaufnahme ihr Gesicht ohne eine fröhliche Mimik, demzufolge wird das Gesicht Shuishengs im Gegenschuss gezeigt. Mit dieser Inszenierung werden die Schönheit, die Sorge sowie die peinliche Berührung der Frau im filmischen Raum unmitterbar erfahren und weiterhin beim Zuschauer durch die aktive Kraft seines erotischen Blicks entmystifiziert. Die Szene lässt uns selbstverständlich an Marlene Dietrich in »**Der Blaue Engel**« und Hanna Schygulla in »**Lili Marleen**« erinnern, die beide mit der androgyen Stilisierung ihrer Aufführungen ein erotisches Spektakel evoziert haben. (Abb.4)

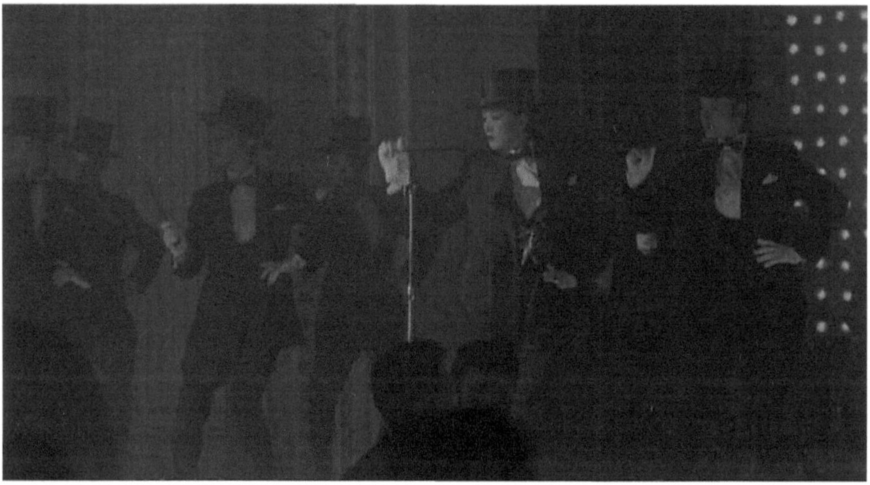

Abb.4

Der flüchtige Glamour Xiao Jinbaos als »Königin« der Metropole Shanghai, die sich als eine fantasische Welt der Surrealität präsentiert, wird durch drei Bühnenszenen ganz und gar mit exquisiter visueller Stilisierung in Szene gesetzt. In der folgenden Handlung konzipiert die visuelle Dramaturgie mit ihren zahlreichen Naturaufnahmen der friedlichen und fast unberührten Insellandschaft einen starken Kontrast zum stürmischen Leben Shanghais. Xiao Jinbaos Figur charakterisiert sich durch die subjektive Perspektive Shuishengs anders. Wenn sie gemeinsam ein traditionelles Kinderlied anstimmen, weicht das gewöhnlich distanzierte Verhältnis zwischen ihnen offensichtlich einer gewissen Leichtigkeit. Die Melodie des Liedes ist dennoch immer als Hintergrundmusik bei den Szenen zu hören, in denen die Frau allein zu Hause entweder auf ihren heimlichen Liebhaber Song wartet oder nach den Streitigkeiten so bitterlich weint, wodurch ihr Schicksal der finalen Ernüchterung schon angedeutet wird. Erst zum Schluss ist ihr klar, dass ihre Affäre von Anfang an vom Paten festgestellt und überwacht wurde. Deswegen wird sie ohne Ausweg nach dem präzise gearbeiteten Plan ihres Produktors zum Tod gebracht.

Die heißeste Prostituierte des Städtchens – Lola – ist eine private Hure des Baulöwen Schuckert, die im Wesentlichen als Objekt zwischen den Männern zirkuliert. Unerwartet initiiert sie, gemäß der hiesigen Spielregeln, eine neue Tauschform, wodurch sie an dem korrupten Tauschsystem teilnimmt und ihre passive Stellung darin einfach umstülpt, wobei diese Kompetenz Elsaesser als *»Intelligenz der Protagonistin«* bezeichnet.[143] Ihre Intelligenz verdankt sie vor allem ihrem guten Verstand. Als Esslin mit ihr über ein Gedicht in der Anfangszene redet, läuft der Dialog folgendermaßen ab:

> Esslin: »Weil die Seele mehr weiß als der Verstand, deswegen ist sie traurig.«
> Lola: »Komisch! Bei mir ist das genau umgekehrt. Bei mir weiß mehr der Verstand als die Seele.« (00:04:13 f)

Offensichtlich vertraut Lola unerschütterlich ihrem Verstand und ihrer Anpassungsfähigkeit auf die alte hierarchische Machtstruktur. Wir können in dieser Richtung nicht einfach sagen, dass Xiao Jinbao keine gute Anpassungsfähigkeit hätte, weswegen sie zum Ende scheitert. Für ihr Scheitern liegt der Grund eher darauf, dass sie sich nie in die zentrale Machtstruktur der Mafiagruppe integriert, sondern von Anfang an von

143 Vgl. Elsaesser (2012): S.190

außerhalb als die schuldige Seite mit dem verlorenen Selbstbewusstsein festgelegt ist. Hingegen wird Lola im Film ständig als zielstrebiger Charakter gezeigt. Sie verführt Schuckert und schläft mit ihm, mit der klaren Absicht, einen hohen Preis von ihm zu erhalten. Ihre geduldig und sorgfältig inszenierte Verführung von Bohms lässt sie auch auf eine höhere gesellschaftliche Stellung steigen. Ohne Verzögerung ist sie tatsächlich nicht, als von Bohm ihr einen Verlobungsring schenkt, infolgedessen weint sie so sentimental, dennoch schreibt sie danach einen Abschiedbrief. Sie muss ihre emotionale Schwäche sowie ihr Gefühl wieder unter Kontrolle bringen. Ihre Verwandlung erfährt der Zuschauer durch die kunstvolle Farbe- und Musikdramaturgie mit dem Motiv der Emotionsidentifikation[144], außerdem spielen die Dialoge für ihre innere Befindlichkeit auf jeder Stufe eine repräsentative Rolle.
Lolas erster Auftritt findet in ihrem Schlafzimmer im Bordell statt, der durch rötliche Belichtung akzentuiert wird. Von der Filmgeschichte inspiriert, versucht Fassbinder **»Lola«** durch die auraartige Farbdramaturgie wie einen *»frühe[n] amerikanische[n] Buntfilm«*[145] aussehen zu lassen. Ihre hellblonden Haare bürstend, sich vor dem Spielgel schminkend, umkreist von schönen Dekorationen und zahlreichen Kosmetika und rot belichtet, tritt Lola ins Blickfeld, als ob eine schöne Puppe aus einer farbenfrohen Bonbonniere der 50er Jahre erscheint. Sie beschwert sich bei Esslin, dass er ihr immer ein trauriges Gedicht vorliest, der in der Hand mit einer Kristallkugel herumspielt und über die *»traurige Seele«* gesagt, so dass es scheint, darin er das Schicksal Lolas sehen zu können. (Abb.5)

---

144 Vgl. Bae (2005): S.336 f

145 Baum (1995): In: Lorenz, Juliane (Hg.): Das Ganz normale Chaos. Gespäche über Rainer Werner Fassbinder S.289 . Berlin: Henschel Verlag. In: Bae (2005): S.337

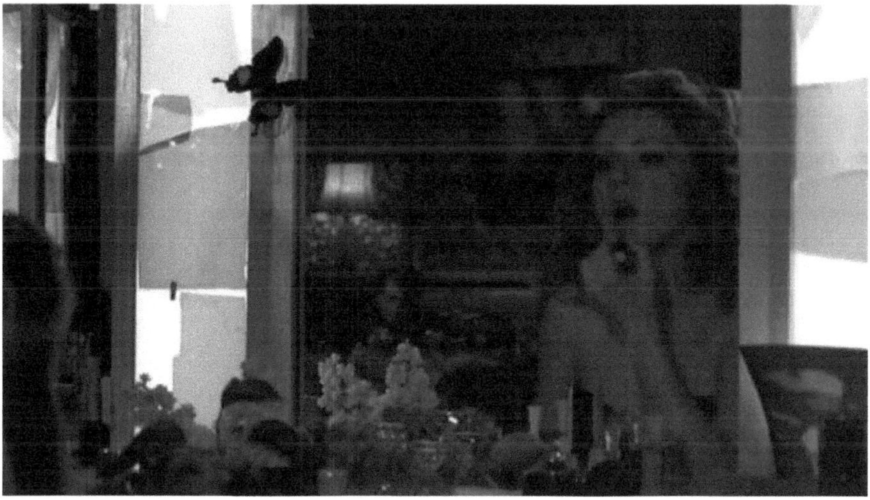

Abb.5

Im blutroten Kleid, mit blondem wirbelnden Haar, das locker seitlich liegt, tritt Lola mit dem Schlager »Am Tag, als der Regen kam« auf der Bühne des Bordells auf. In den folgenden Einstellungen führen die andere Prostituierte Sisi und der Bankdirektor ihre Gespäche über *»Geld«*, *»Zinsen«* und *»hochgestellte Persönlichkeit«* im Vordergrund des Bildes, an der Schuckert später auch teilnimmt, während Lolas Aufführung im Hintergrund zu erkennen ist. (Abb.6) Am Ende von Lolas Auftritt fällt von oben nach unten ein Geldregen, wobei die Scheine schwebend an den wohlgefälligen Gesichtern der beiden Schauspielerinnen vorbei und zu ihren Füßen fallen. (Abb.7-8) Fassbinder übt seine politische Kritik durch dieses kleine Bordell aus, dort, wo alle wichtigen Entscheidungen zwischen den Machteliten getroffen werden. Die Frau im Showbusiness wird nicht völlig entwertet durch die Männerblicke, sondern sie ist ein Teil der Männerwelt geblieben oder will es bleiben, wenn sie um ökonomische Unabhängigkeit ringen und ihr eigenes Unternehmen leiten möchte.

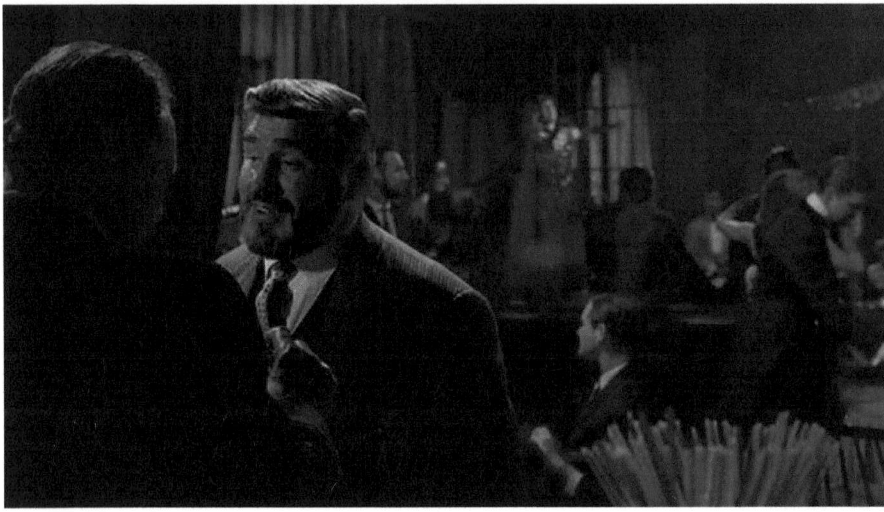

Abb.6

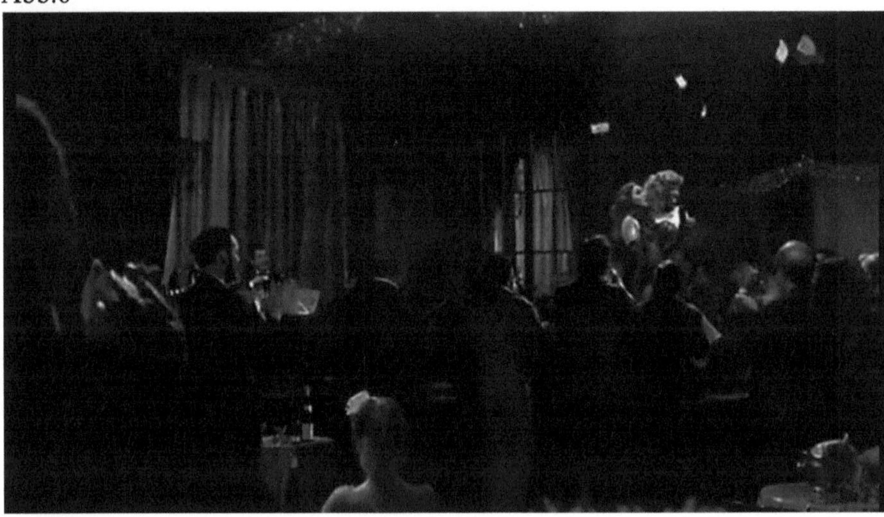

Abb.7

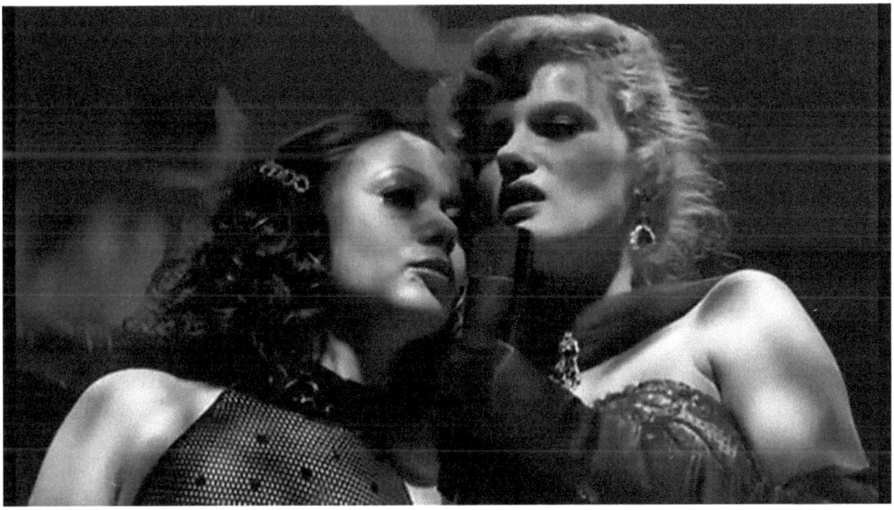

Abb.8

Den Namen des neuen Baudezernenten Herr von Bohm hat Lola von ihrer Mutter und Schuckert sowie Esslin erfahren, der bei ihrer Mutter als *»ein stolzer«*, *»gebildeter«*, *»stattlicher Mann«* aufgewertet und von Schuckert *»beruflich modern, privat altmodisch«* beurteilt wird und der außerdem, so nach Esslin, kein Mann für sie sei, worauf Lola genervt reagiert. Aber trotzdem interessiert sie sich ganz für ihn. Folglich erscheint sie bei der Enthüllung eines Denkmals, nur um einen Handkuss von ihm zu bekommen. Das hinterlässt bei von Bohm zweifellos Eindruck. Bei dem gezielt absichtlichen Besuch in der Bibliothek trifft sie von Bohm wieder. In dieser Szene wirft der gedrungene Schatten des Gitter-Musters erstmals auf beide. Eine reine Liebesgeschichte wird herbei in dieser Szene offensichtlich nicht etabliert. (Abb.9-10)

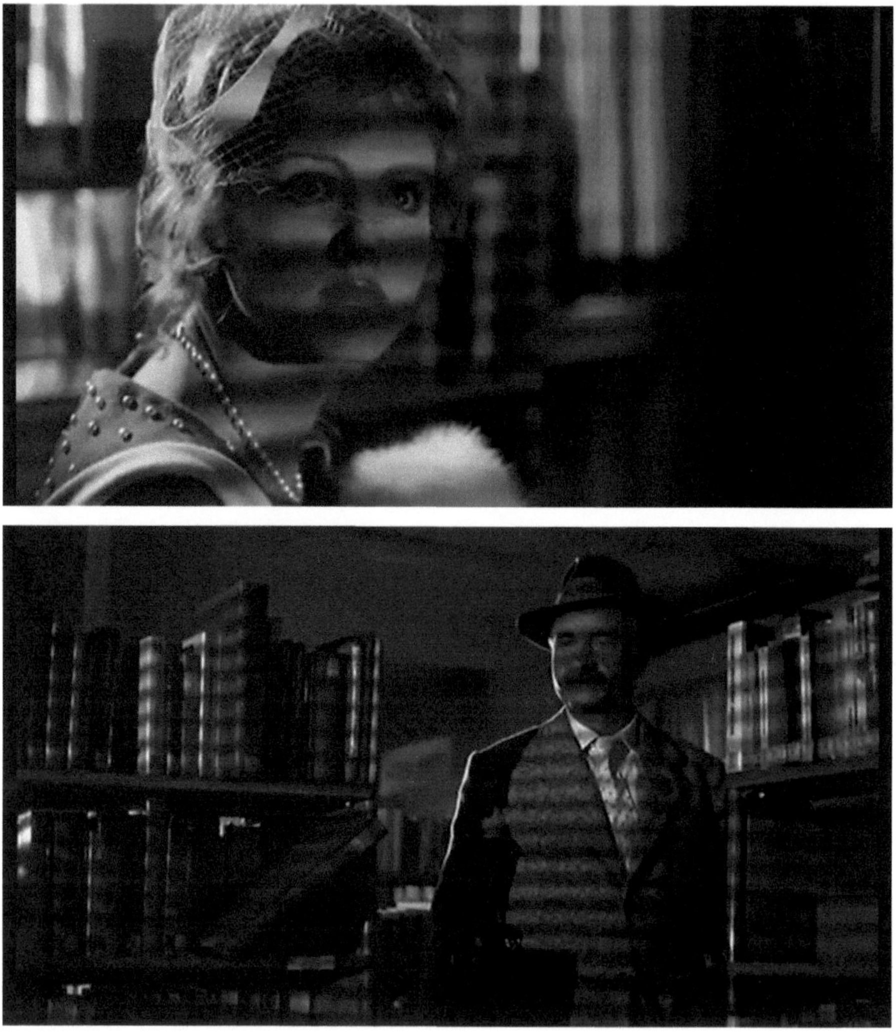

Abb.9-10

Nach einem Spaziergang sitzen beide im Auto. Lola sagt dabei zu von Bohm, dass er nicht korrupt sei und deshalb nicht in diese Stadt passe, im Vergleich zu ihm sei sie korrupt, weil sie sich anpasse. Die Farbdramaturgie ist hier extrem von der Differenzierung zwischen himmlischem

Blau und höllischem Rot überhöht. (Abb.11)

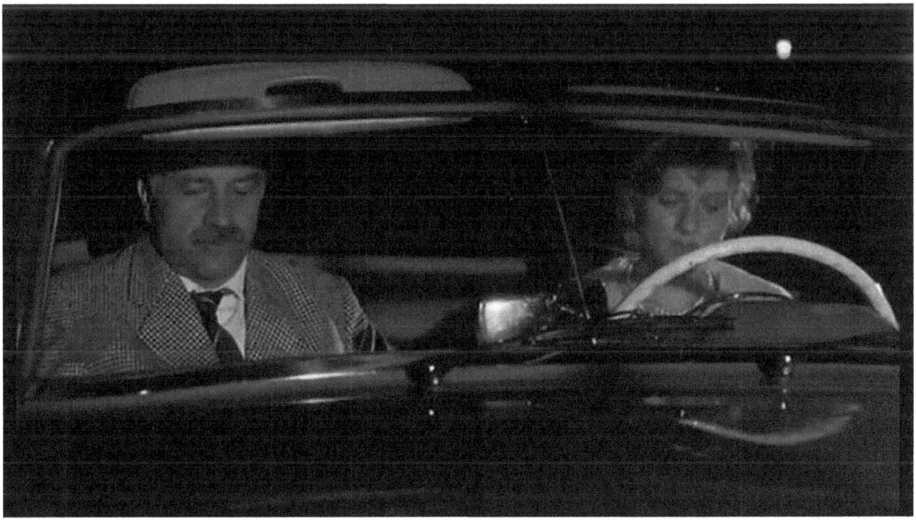

Abb.11

Bei Lolas zweiter Aufführung der »Capri-Fischer« im Bordell wird von Bohm von Esslin eingeladen, das Bordell zu besuchen, der nun mit Staunen Lolas richtige Identität erfährt – dass sie eine *»Privathure«* Schuckerts ist. Als Lola seine Anwesenheit bemerkt, ändert sich die Belichtung auf ihrem Gesicht in diesem Moment rasch von Rot zu Blau und sie zerreißt dann ihr Kleid in kleine Stücke, sodass sie den Schlagergesang in eine selbstzerstörende »Striptease-Musik« wandelt. Dadurch wird das Motiv der Emotionsidentifikation bei der Farb- sowie der Musikdramaturgie deutlich. (Abb.12-13) Dieses Ineinanderschachteln von musikalischen Perspektiven nennt Schneider *»das Von-außen-nach innen-Inszenieren«.*[146] Fassbinders Protagonisten sind, laut Elsaesser, in-

146 Schneider, Norbert Jürgen (1986): Handbuch Filmmusik. Musikdramaturgie im Neuen

nerlich zerrissen und handeln häufig in Unkenntnis vom oder im Widerspruch zu ihrem inneren Selbst. Diese Eigenschaft der Doppelmoral könnte in der Intelligenz der Protagonisten begründet liegen, was eben diese Faszination der Figuren ausmacht.[147] Diese Intelligenz bezieht sich auch darauf, ihre Schwächen nicht zu zeigen. Lola hat den Zeitgeist erkannt und lässt trotzdem nichts wirklich an sich herankommen. Häufig tritt sie betrunken auf und zeigt keine Gefühle, um ihre innere Schwäche zu bewahren. Nur so kann sie aufsteigen. Eine gefühlsmäßige Ausnahme hat sie in der Verführung von Bohms gemacht.

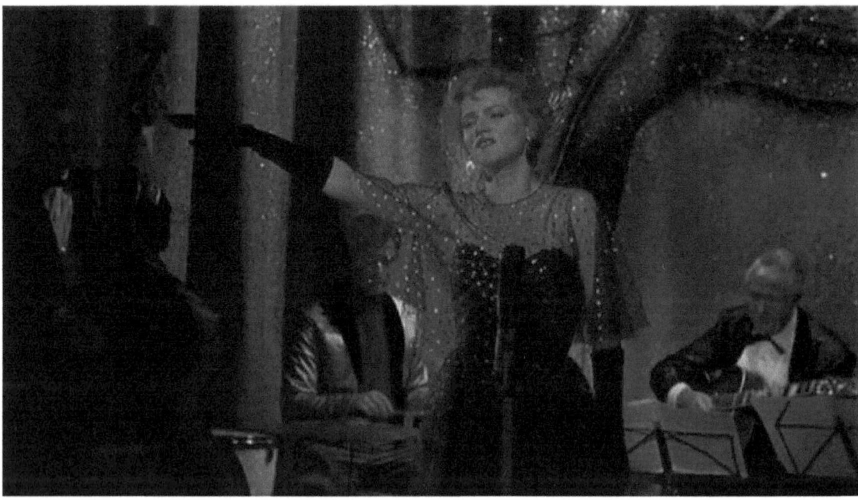

Deutschen Film. München: Ölschläger. S.186. In: Bae (2005): S.337

147 Vgl. Elsaesser (2012): S.180

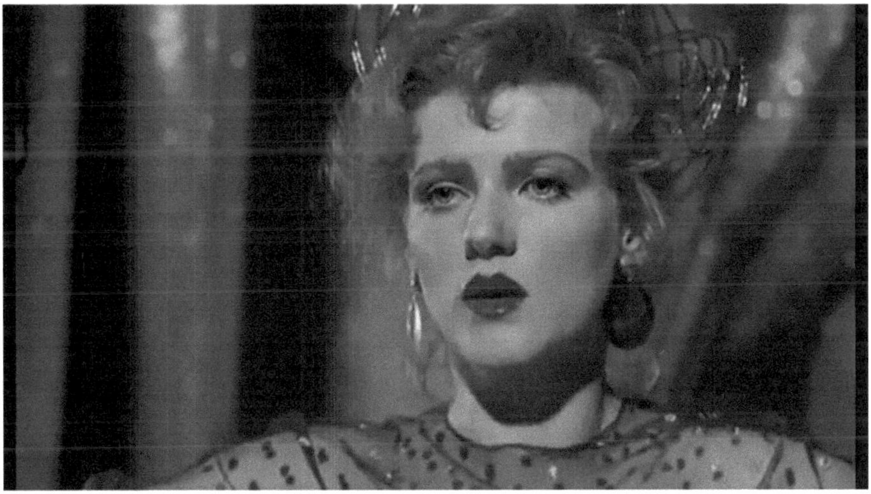

Abb.12-13

In einer Szene am Ende des Films, auf Schuckerts Gartenterrasse, sagt Lola zu Frau Schuckert: *»Von Bohm ist wieder beruhigt.«* Ihre Funktion bestätigt ihre neue gesellschaftliche Stellung. Und dann läuft der Dialog ab:

> Lola: »Ich gehöre jetzt zu Ihnen, gewissermaßen.«
> Frau Schuckert nuanciert: »Ja, gewissermaßen gehören Sie jetzt zu uns.«

Niemand kann außerhalb von Schuckerts System bestehen, inklusive der Frauen. Innerhalb des Systems dürfen die Frauen *»zusammenhalten«*. Nach der Hochzeit trifft Lola Schuckert heimlich wieder, der ihr für ihren Einsatz zu seinen Gunsten den Puff schenkt, indem er ihr diesen in einer *»Schenkungsurkunde«* zur Hochzeit übergibt. Dabei bedankt sie sich bei ihm, noch im Hochzeitskleid. In dieser Szene schaut sie sich im Spiegel an und sagt: *»Ich bin eine ziemlich teure Geliebte, nicht wahr? [...] So soll es auch sein.«* Sie kann jetzt die Gesetze beziehungsweise die Spielregeln sehr gut begreifen und passt sich an das korrupte Tauschsystem an, womit sie endich als *»sowohl das Werkzeug der Kor-*

ruption [Schuckerts] als auch [das] wirksamste [...] Gegengift [von Bohms]«[148] gilt.

4.1.2.2 Verschiedene Selbstbestimmungen der beiden Frauenfiguren

Hegels Phänomenologie des Geistes bildet ein Fundament für die Theorie des Selbstbewusstseins. In dem Zusammenhang damit, dass die Erlangung des Selbstbewusstseins im Programm der Erkenntnis eingesetzt wird, wird die Beziehung zwischen Herrschaft und Knechtschaft also als Brennpunkt betrachtet, die nach der aristotelischen Tradition als die natürliche Paarbeziehung wie Mann/Frau, Eltern/Kinder, und dem modernen Naturrecht in Gestalt von Rousseaus *»Bände der Welt«* angesehen wird. Nach der Neuentwicklung bei Hegel ist diese Beziehung nahzu allgegenwärtig und abstrakt. Das *»schmerzvolle Mysterium des Gehorsams«*[149], im dem *»die eigenen legitimen Interessen zugunsten eines anderen [geopfert werden], den sie kaum kennen, oder zugunsten eines schwer nachvollziehbaren Mythos oder Ideals«*[150], findet Hegel demzufolge den Grund des unterschiedlichen Streben nach Freiheit. Nach Remo Bodeis lässt sich Hegels Theorie folgendermaßen zusammenfassen:

> *»Die Freiheit zieht die Menschen runter und sie unterteilt in diejenigen, die fähig sind, zu herrschen, und diejenigen, die nur zu gehorchen imstande sind. Wer hingegen aus Unfähigkeit oder Feigheit das eigene Leben bewahren will und die Freiheit*

---

148 Ebd. S.179 f

149 Bodei (2008): S.241

150 Ebd.

gegen das Überleben eintauscht, verdient es, geknechtet zu werden«.[151]

In Hegels Übersetzung in eigener Begrifflichkeit von dem ersten Buch der *Politik* von Aristoteles unterscheidet er zwischen *oikos* und *polis*, was weithin brauchbar für die beiden untersuchten Frauenfiguren ist. Im vorpolitischen Bereich des *oikos* herrscht das Gesetz der Unterwerfung: *»der Frau unter den Mann, der Kinder unter die Eltern, des Sklaven unter den Herrn (in den ersten beiden Fällen herrscht der* kyrios, *der wohlwollende und gerechte Herr, im zweiten wird er zum* despotes, *der über die Sklaven mit derselben Willkür herrscht, mit der die orientalischen Herrscher ihre Untergebenen behandeln.)«*[152]

Nach dem Gesetz der Unterwerfung müsste in Xiao Jinbaos Fall, sie sich in ihrem Kontext in die Kategorie des *Sklaven* unterordenet, die mit derselben Willkür ihres *despotes* (des Mafiapaten) beherrscht wird. In dieser Beziehung zwischen dem Herrn und dem Sklaven besitzt der Erste die volle Fähigkeit, zu denken und zu entscheiden, der Zweite hingegen verfügt über diese Fähigkeit nur in eingeschränktem Maße und ist dennoch imstande, die Befehle zu verstehen und zu gehorchen, viel mehr als die Haustiere. In der Beziehung zwischen Xiao Jinbao und dem Paten Tang ist die Erste fast tierisch vom Willen des Zweiten abhängig. Die Tragik der Frau manifestiert sich vor allem aus der Unterdrückung und Fremdbestimmung von der männlichen Seite. Bei ihrem ersten Auftritt auf der Bühne wirft ihr Shuishengs Onkel aus dem Publikum begeisterte Blicke zu, der seine scheinbare Hochachtung ausdrückt, doch verraten seine Worte seine innerliche Verachtung für sie: *»Eines Tages wird der Boss sie fallen lassen. Dann ist sie nichts als eine Straßendirne.«* (0:11:59) Das Wesen Xiao Jinbaos wird damit, samt ihrer Konstruierung

151 Ebd. S.242

152 Ebd. S.246

und Abhängigkeit von der willkürlichen Befehlsgewalt des Paten, schon verdeutlicht. Durch die folgende Aussage des Onkels wird der Wert ihres Wesens noch einmal gedemütigt: *»Was für ein Dreckstück.«* (0:12:06). Die angebliche Gesangsskarriere besteht in ihrem Beziehungsgefüge in einer ähnlichen Weise wie zwischen dem Herrn und dem Knecht, der fremdbestimmten Arbeit folgend, die deshalb keine Freiheit ist. Ohne eine bestimmte Zielsetzung in einer ungewissen Zukunft erhält sie keine wesentliche Selbstbestimmung, nicht einmal bei der Entscheidung hinsichtlich ihres Aufführungsprogramms. Das Lied »HuaHaoYueYuan«, wodurch sie ihre schönes Wunschbild nach einer Traumliebe zum Ausdruck bringt, wird ohne eine Vereinbarung unterbrochen und gemäß dem Interesse der Paten in das heuchlerische Lied »Jia Xinxin« geändert. Xiao Jinbao findet offensichtlich den richtigen Platz in dieser Herr-Knecht-Beziehung, weil sie genau weiß, wann sie etwas aussprechen, verschwinden und auf die Bühne treten soll, wann sich wie ein verwöhntes Kind verhalten und etwas verlangen kann. Ihre Hinwendung zu Song, der als Bruder des Paten als eine wichtige Person in der Mafiagruppe gilt, verweist auf ihren zunehmenden Drang nach universeller Freiheit und wesentlicher Selbstbestimmung, doch sie scheitert trotzdem zum Schluss, oder anders ausdrückt, ihr Scheitern ist von Anfang an festgelegt. Aber durch das tragische Schicksal von anderen, die sich auch den determinierenden Anordnungen des Paten unterordnen, lässt Xiao Jinbao ihre eigene Deutung darüber reflektieren, um zum Ende die Witwe und ihre Tochter zu retten, will sie ihr eigenes Leben hingeben, sodass sie, nach Hegels Übesetzung der Freiheit, endlich frei ist.

> *»Die Furcht vor dem Tod, die der Herr drohend einsetzen konnte, verwandelt sich beim Stoiker in abstrakte Freiheit, die dem Tod begegnet (deshalb ist er, wie man weiß, wie auf dem*

Throne so in den Fesseln ... frei')«[153]

Die private Lebensgeschichte Xiao Jinbaos stellt den Verlauf der Rebellion eines Sklaven und die Selbstrettung der unterdrückten Frau dar, die nach der Selbstreflexion ihre Freiheit realisiert, deren Selbstbewusstsein jedoch, Hegel zufolge, noch kein befreites Bewusstsein im Kontext der Herr-Knecht-Beziehung aufzeigt. Auf jenes Resultat kann in Berger Maxis Analyse von Hegels Auffassung über Arbeit, Selbstbewusstsein und Selbstbestimmung zurückgegriffen werden:

> *»Die Naturbearbeitung erhält im Herrschaftsverhältnis eine emanzipierende Funktion: Während die Anerkennung des Knechtes innerhalb des Herrschaftverhältnisses mißlingt, gelange er Hegel zufolge durch die Objektivierung seiner Zwecke zum Bewußtsein seiner selbst. Das knechtische Bewußtsein ist zwar noch kein befreites Bewußtsein, aber eines, das sich aus dem Bewußtsein, seine Freiheit realisieren zu können, geschichtlich und politisch befreit.«*[154]

Nach dem von Hegel übersetzten Unterwerfungsgesetz im vorpolitischen Bereich hat Xiao Jinbao sich in der Beziehung der Antithesen vom Sklaven und dem Despoten untergeordnet, wenn sie mit der Willkür des Mafiapaten Tang herrscht. Lola hingegen ist in ihrem Kontext eher in der Antithese-Beziehung mit *»kyrios«* zu positionieren. Weil sie wirtschaftlich von Schuckert abhängig ist, der sie wiederum aber wohlwollend und gerecht »beherrscht«. Wenn Lola ihn fragt, ob er ihr etwas schenken will, antwortet dieser: *»Etwas? Alles!«* (01:08:16 f). Für ihren hilflichen Einsatz für ihn schenkt er ihr nach ihrem Wunsch den Puff, was bedeutet, dass Schuckert sich nicht nur an sein Gesagtes hält, sondern auch Lola für ihren Beitrag gerecht belohnt. Gemäß der Spielregel vom System

153 Ebd. S.252

154 Berger (2012): S.184

Schuckerts ist alles tauschbar. Trotz Lolas Aufstieg, entweder wirtschaflich oder gesellschaftlich, verändert sie ihren wesentlichen Sinn nicht, dass sie als ein Tauschobjekt zwischen Männern gilt. Selbstverständlich ist sich Lola von Anfang an bewusst darüber. Ihr großes Problem liegt nur darin, dass sie sich an dem korrupten System nicht richtig beteiligen kann. An das »Gesetz« hat sie sich allmählich angepasst und in gewissem Maße das Tauschverhältnis umgestülpt. Über ihren Erfolg schreibt Macbean in seinem Aufsatz:

> *»Lola, who has resented her dependance on Schuckert, finds that, once securely married to von Bohm, she can happily jump back in bed with Schuckert, this time as his equal [hervorgeh. O], or, better yet, on her [hervorgeh. O] terms.«*[155]

Einerseits scheint Lola als Geschädigte der Welt des Wirschaftswunders der 50er Jahre, andererseits versucht sie, über ihre sexuelle Macht wirtschaftliche Unabhängigkeit für sich herauszuholen. Ihre Situation kann natürlich nicht einfach durch die Herr-Knecht-Beziehung nachvollzogen werden, stattdessen verdient sie, nach Elsaesser, *» [...] aufgrund einer besonders paradoxen Mischung aus Opportunismus und Kompromisslosigkeit, aus fremdbestimmtem Selbstbild und selbstbestimmtem Egoismus unsere genaue Aufmerksamkeit.«*[156] Als Profi des Tauschgesetzes kann sie nicht, innerhalb von Schuckerts System, als Sklavin unter ihrem Herrn sein, sondern als eine Geschäftspartnerin, deren gesellschaftlicher Aufstieg sowie Entwicklung durchgeführt werden. Schuckert hat ihre Rolle zu Anfang vorgeschrieben und wird sie noch weiter diktieren. In diesem Sinne ist die Selbstbestimmung Lolas abstrakt, ebenso wie ihre Freiheit.

---

155 Macbean. James Roy (1983): The Cinema as Self Portrait: The Final Films of R.W. Fassbinder. In: Cineaste 12. no.4. S.16. In: Pott (2001): S.122

156 Elsaesser (2012): S.192

4.1.3 Die Gestaltungsmittel

4.1.3.1 Die farbliche Stilisierung

Durch die farbliche Stilisierung etablieren die beiden Regisseure eine eigene Bildsprache durch die Filme hindurch. Die Verwendung der Farbe Rot ist bei beiden Filmen auffällig, was vor allem die Identitäten der Protagonistinnen impliziert. In »**Lola**« wird das Gesicht von Lola in den meisten Momenten durch einen rötlichen Schimmer belichtet, sowohl in ihrem Schlafzimmer im Bordell als auch zuhause bei ihrer Mutter, oder bei der Wanderszene in der Kirche. Bei dem ersten Auftritt Lolas ist sie in einem farbenfrohe Zimmer eingesperrt, dessen Wände in Rot, Violett, Gelb und Grün geschichtet sind, auch die Hausdekors sind in intensive Farben getaucht. So prächtig tritt auch die Unterkunft Xiao Jinbaos in »**Shanghai Serenade**« in Erscheinung. Sie tritt in einem opulent ausgestatteten Tanzpalast zum ersten Mal auf: gekrönt von einem Diadem und einem roten Federnbusch, in einem hautengen roten Kleid, ebenso wie Lolas blutrotes Kleid bei ihrer ersten Aufführung. Ansonsten hilft die Farbe in »**Lola**«, die verschiedenen Charaktere zwischen Lola und von Bohm zu differenzieren, welche von einer intensiven Farbharmonie aus Rot und Blau geprägt ist. Wenn Lola sowohl durch die Beleuchtung auf ihrem Gesicht als auch von der Umgebungsfarbe Rot akzentuiert ist, wird von Bohm demgegenüber immer wieder in Blau gehalten, der sehr befremdlich in das so extrem künstlich in rot gefärbete Bordell eintritt, als ob ein Stück des heiligen Paradieses in die Hölle gefallen wäre. In einigen spezifischen Momenten ändert sich die Farbe der Belichtung auf dem Gesicht der Protagonistin, womit durch das Emotionsidentifikation-motiv der Farbdramaturgie die innerliche Zerrissenheit der Figuren darstellt wird. Das auffälligste Beispiel ist jenes, wo Lola ihre Aufführung des Liedes »Capri-Fischer« zum selbstzerstörerischen Striptease verwandelt, als sie den erstaunten von Bohm im Publikum sieht, der hierbei ihre richtige Identität als private Hure der Schuckerts erstmals erfährt und wobei sich die Belichtung auf ihrem Gesicht rasch von rot nach blau ändert.

Zhangs eigene Bildsprache konstruiert sich namentlich durch seine exquisiten Farbgebung, die zusammen mit subtil arrangierter Mise en Scène einen bestimmten Zeitstil rekonstruiert. Typisch dafür ist die von der Farbgebung wiedergegebene »Rückständigkeit« – dem Rot in **»Rotes Kornfeld«** und **»Rote Laterne«**, oder den frisch gefärbten Stoffbahnen in **»Judou«**. Im Fall von **»Shanghai Serenade«** wird die Metropole auf der visuellen Ebene definiert, wo die Verortung des privaten Strebens nach wirtschaftlichem Erfolg und der Nährboden für Gewalt und hierarchischer Unterdrückung ist. Wenn Shuisheng auf dem Waggon mit großen Augen den ersten Blick auf die fremde Welt wirft, definiert sich die Metropole Shanghai über sein Gesicht, welches vom roten Licht einer Neonröhre angestrahlt wird. In der folgenden Handlung holt er Xiao Jinbao ein Kleid mit falscher Farbe nach ihrer Forderung ab, weswegen er von ihr beschimpft wird. Sie teilt ihm ungeduldig mit: *»Rot, Rot! Kennst du nicht die rote Farbe? Hast du mal geblutet?«* (00:40:30) Von daher ist Rot in Shuishengs Verständnis mit Blut verbunden. Der Beziehung aus »Blut« und »Rot« kommt in der Mordszene eine gewichtige Bedeutung zu. Shuisheng wartet schlaftrunken vor dem Zimmer Xiao Jinbaos, als der Flur von gellendem Lärm erschüttert wird. Er sucht dann nach dem Ursprung des Lärmes und findet die blutüberströmte Leiche des Onkels sowie den verwundeten Paten und dessen Leibwächter. Das Blutbad erschrickt Shuisheng fürchterlich, sodass er atemlos und mit weit aufgerissenen Augen alles anstarrt. Das kann sinnbildlich als der Zeitgeist aus roher Gewalt und der Entwertung der Menschlichkeit im Umbruch postmoderner Gesellschaften interpretiert werden.

Bei **»Lola«** wird ebenso durch die Farbdramturgie der damalige Zeitgeist rekonstruiert. Das in (hauptsächlich) rot kolorierte Bordell, in dem ein

Großteil der Handlung spielt, ist nicht nur eine Welt der Frauen, die Männer in passendem Ambiente unterhalten, sondern auch ein Mikrokosmos der Gesellschaft mit ihrer Stammtischpolitik, weil dort alle wichtigen Entscheidungen oder Strategien zwischen den vornehmlichen Machteliten besprochen und beschlossen werden. Mit der ausgefallenen Beleuchtung entweder im Innen- oder im Außenraum inszeniert Fassbinder die diegetische Welt im fiktiven Raum des Films als einen Puff, in dem alles käuflich ist. Er betrachtet die Prostitution nicht als *»erotisch«*, sondern als *»eher parallel zum bürgerlichen Leben«.*[157] Er verlegt weiherhin die äußere, reale Welt in den Puff und hebt alle Unterscheide zwischen beiden Welten dadurch auf, dass die dramatische Farbgebung sich nie zwischen Innen- und Außenraum unterscheiden lässt, damit Fassbinder Kritik an der heuchlerischen Adenauer-Ära der 50er Jahre üben kann. So urteilt Thomsen über die außergewöhnliche Farbstilisierung des Films:

> *»Xaver Schwarzenberger and Fassbinder bathe characters and places in a light that glows with a childlike joy in colours and a masterly vulgarity. ... With this crazy lighting, Fassbinder effortlessly makes the whole world look like a whorehouse, in which everything and everyone can be bought – even those who would prefer to think they are not for sale.“*[158]

In der zweiten Hälfte des Films **»Shanghai Serenade«** werden Xiao Jinbao und Shuisheng zusammen mit dem Paten und einigen Mitgliedern des Mafiaclans auf eine kaum bewohnte Insel gebracht. Die visuelle Dramaturgie konzipiert mit ihren zahlreichen Naturaufnahemen eine friedliche und unberührte Insellandschaft, die einen deutlichen Kontrast

---

157 Limmer, Wolfgang: Rainer Werner Fassbinder – Filmemacher; Spiegel – Buch; Hanburg. S.65. In: Pott (2001): S.117

158 Thomsen (2004): S.280

zum turbulenten Leben der Metropole Shanghai darstellen. Auf der Insel verbringt Xiao Jinbao eine glückliche Zeit mit einer Witwe sowie iher Tochter Ajiao und Shuisheng. Durch die natürliche Farbgebung wird nicht nur ein Kontrast filmischer Räume geschaffen, sondern auch die Wandlung der Figur Xiao Jinbao verdeutlicht. Ihre Sehnsucht nach innerer Zufriedenheit und Selbstbestimmung wird in den Außenaufnahmen auf der Insel verstärkt dargestellt.

Im Vergleich dazu zeigt Fassbinder in **»Lola«** selten Außenaufnahmen mit natürlicher Farbgebung, sondern vielmehr die extrem unrealistischen Farben, außer in der Szene am Ende des Films, bei der Feier des Richtfestes des Projekts »Lindenhof«, das vorher umstritten ist. In einem radikalen Kontrast zur Künstlichkeit der Farbgebung kehrt die Szene hier zu einer normalen Stilisierung zurück. Die Geschäfte können nun in der Öffentlichkeit stattfinden, statt immer im Puff durchgeführt zu werden. Trotzdem ist der Schluss des Films ausschließlich ironisch zu betrachten. Der Schwarzhandel ist nicht mehr aufzuhalten, dazwischen bezieht sich die abstrakte Selbstbestimmung von Lola nur auf wirtschaftliche Unabhängigkeit, sonst nichts mehr. Lolas aktive Beteiligung an der Machtstruktur sowie ihr Wesen als austauschbares Objekt der Männer zugunsten der Weiterführung der alten Geschäfte werden daran festgemacht.

Die Stilisierung der Farbdramaturgie der beiden Filme weist darauf hin, dass die Filme kein Abbild der Wirklichkeit, sondern ein formgebendes Bewusstsein oder eine Tendenz der Regisseure gegenüber Wirklichkeit darstellen. Konkret ausgedrückt, präsentiert der Film **»Shanghai Serenade«** von Zhang Yimou nicht, wie die Metropole Shanghai in der 30er Jahren tatsächlich gewesen ist, sondern der Film gestaltet einen individuellen Standpunkt bzw. eine von der Filmgeschichte inspirierte Perspektive auf die Vergangenheit. Bei Fassbinders **»Lola«** ist es auch so, dass der Regisseur versucht, durch den Film nicht die Wirklichkeit in der Adenauer-Zeit widerzuspiegeln, sondern eine fiktive visuelle Realität zu konstruieren und die Historie durch einen individuellen Stil für die

Gegenwart lebendig und erlebbar werden zu lassen, wobei seine persönliche Erfahrung und seine eigenständige Betrachtung in Funktion getreten sind.

4.1.3.2 Kameratechnik

Die Kameratechnik des Films »**Shanghai Serenade**« zeichnet sich vor allem duch die subjektive Kamera aus, welche die Perspektive Shuishengs einnimmt, der Zeuge von Xiao Jinbaos äußerer wie innerer Verwandlung wird. Die Heldin bleibt stets in seinem Blickfeld gefangen, entweder bei ihren Aufführungen oder im privaten Bereich. Für Shuisheng ist Xiao Jinbao zweifellos ein Mysterium, das sich mit der prunkvollen Metropole Shanghai vereint. Als sie sich hysterisch selbstzerstörend nach einem Streit mit Song verhältt und dabei zum ersten Mal lautstark das Wort für ihre Emanzipation in dem von patriarchalischen Strukturen dominierten System ergreift, dokumentiert die Kamera den unmittelbar folgenden Handlungverlauf aus der visuellen Perspektive Shuishengs, der die Szene durch dem Türspalt hindurch beobachtet. Der aus der fetischistischen Skopophilie kommende Voyeurismus wird jetzt am intensivsten duch die subjektive Kamera gezeigt, durch die der Zuschauer den Untergang einer Frau erfahren kann, als ob das Publikum sie bestrafen oder auf der anderen Seite mit Mitgefühl retten könnte. (00:45:39) Die Frauenfigur als ein visuelles Spektakel wird über die genutzte subjektive Kamera entmystifiziert, die in ihrem Wesen als Objekt des männlichen Blicks in diesem Sinn sich entweder im Showbusiness oder im Privaten der männlichen visuellen Lust hingeben muss. Dies ist mit der Aussage Boss Yus im Film zu assoziieren: *»Gucken ist viel interessanter als Zuhören«* (00:41:40).

Neben der Funktion, dass das Wesen und die Wandlung der Frau sich darüber definieren lässt, trägt die subjektive Kameraführung auch zum

Spannungsbogen der Narration bei. Als Shuisheng den Ursprung des Lärms auf dem Flur sucht und die Leiche seines Onkels im Blutbad findet, zeichnet sich durch die schwankende subjektive Kameraführung seine Unruhe und Angst aus. Ein anderes Beispile: Als er sich auf den Weg zur Unterkunft begibt, um Xiao Jinbao über ein geplantes Mordkomplott gegen sie zu berichten, wird die Kamera wieder einmal aus seiner visuellen Perspektive geführt. Bei beiden Fällen verleiht diese Kameratechnik der Narration eine rasche Zunahme des Spannungsbogens.

Die äußere wie innere Wandlung der Frauenfigur manifestiert sich durch die veränderte Kameraperspektive, die sich stetig als Objekt der männlichen Blicke begreift. Bei ihrer Aufführungsszene im Tanzpalast wird sie aus Shuishengs Perspektive in leichter Untersicht aufgenommen, der in ihr eine schroffe und arrogante Herrscherin sieht, da sie seine Arbeit stets kritisiert. Ihr distanziertes Verhältnis verbessert sich im Rahmen der schönen Landschaft auf der Insel, als Xiao Jinbao mit Shuisheng und Ajiao zusammen das traditionelle Kinderlied singt. Als sie auf der Treppe sitzt und ihm von ihrer Kindheit im Dorf erzählt, wobei sie unerwartet sich selbst auch als *»Bauerntrampel«* nennt, womit sie Shuisheng immer beschimpft, wird dabei ihr Profil mit einer aufsichtigen Perspektive in Shuishengs Blickfeld gezeigt. Er scheint jetzt ihre innere Verlorenheit und Traurigkeit verstehen zu können. Die Wandlung ihres Charakters wird dem Zuschauer durch die subjektive Perspektive des Protagonisten zugänglich, der sich nun leicht mit der Lebensgeschichte der Frau identifizieren kann.

Bei **»Lola«** wird die Protagonistin so oft aus der Froschperspektive der Kamera dargestellt. Dazu ein Beispiel: Als Lola ihre Mutter bei deren Arbeit in von Bohms Haus besucht, nachdem sie gerade bei der Denkmalenthüllung einen Handkuss von von Bohm bekommen hat, wird sie im Bild so dargestellt, dass sie auf der Treppe steht, die auf das obere Geschoss zu von Bohms Schlafzimmer führt. Sie wird in einer auffälligen Froschperspektive aufgenommen, als sie sich vor ihrer Tocher eine *»aussätzige Hure«* nennt und ihr weiter ihre Ansichten des Wortes *»Hure«* beschreibt, während nach oben steigt: *»Das kann man kaufen wie Ming-Ding, aber das darf man anfassen und nicht so selten.«* (00:33:32) Außerdem ist dieselbe Sichtachse bei ihrer Aufführung von »Capri-Fischer« als subjektive Perspektive Schuckerts akzentuiert, der Lola stets genussvoll beäugt. Im Vergleich zu Xiao Jinbao, deren Identität ständig aus männlicher Perspektive bestimmt wird, entweder aus dem männlichen Unbewussten des *»Entmystifizieren«* oder der *»Fetischistische Skopophilie«*, wird Lola eher als *»starke Frau«* inszeniert, die die Kraft des Sich-zur-Schau-Stellens an der Stelle als eine »aussätzige Hure« gut kennt sowie ausnutzt und sich gleichzeitig nicht mehr ändern will, weil sie glaubt, dass der erreichte Zustand zu ihrem Besten sei.

Außerdem fällt die Kamera im Film nur selten bewusst auf und bleibt statisch, wie ein seriöser Beobachter. Bei der Szene, in der Lola von Bohm anruft, um ihm ein Liebesgedicht vorzulesen und sich mit ihm zu einer Wanderung zu verabreden, fährt die Kamera von ihren beiden Gesichtern hin und zurück, wodurch die Brennweite sich auf den Objekten verändert. Die Fokussierung der Kamera bleibt nur kurz auf den Gesichtern der Figuren, deren Mimik eine aufkommende Liebe widerspiegelt. Bei Fassbinder ist es denoch nicht erlaubt, ein Gefühl des Privaten oder der Intimität zu entwickeln. Ebenso verweigert er dem Zuschauer die Identifikation mit den dargestellten Personen oder Ereignissen. Sowohl innerhalb als auch außerhalb der Handlung verlangen Fassbinders Filme eher intellektuelles Mitdenken statt emotionale Identifikation vom Zuschauer. In der Zusammenarbeit mit der formgebenden Farbdramaturgie wird durch die eigenständige Kamerafahrt keine Liebegeschichte der Protagonistin erzählt, sondern der Regisseur stellt seine politische Betrachtung an deren Stelle. Die distanzierte Beziehung zwischen den Zuschauern und der Darstellung im Film wird oft mit Brechts Tradition der Verfremdung [159] gesehen. Darin behauptet er: *»[...] daß das Publikum die eigenen, ganz privaten Gefühle überprüft. Es soll nicht so sein, daß da Gefühle, die die Leute schon haben, aufgefressen oder aufgesogen werden, sondern der Film soll neue machen.«*[160] Bei Brecht ist der Verfremdungseffekt intellektueller Natur. Er schrieb diesbezüglich:

> *»Die Waage ihrer Gerechtigkeit nehme ich herab und zeige die falschen Gewichte.«*[161]

Im Gegensatz zu Brecht handelt es sich bei Fassbinders Film nicht um die Gerechtigkeit oder Änderungsmöglichkeit des Bestehenden, d. h. er inszeniert nicht die Veränderbarkeit der Welt und erstrebt in seinem Film weder politische noch gesellschaftliche Lösungen. Dabei geht es weder um den Gerechtigkeitssinn noch um Moral, sondern um die Emotionen. Sein »Verfremdungseffekt« bezieht sich auf das emotionale Fühlen.

> *»With Brecht you see the emotions and you reflect upon them as you witness them but you never feel them. That's my interpretation and I think I go further than he did in that. I let the audience feel and think.«*[162]

---

159 Dieser Begriff ist seit 1936 schon für Brechts Werk bestimmend geworden. Er beschreibt damit seinen Versuch einer »neuen Technik« des Dramenbaus, des Bühnenbaus und der Schauspielweise: »Das Prinzip besteht darin, anstelle der Einführung die Verfremdung herbeizuführen. Was ist Verfremdung? Einen Vorgang oder einen Charakter verfremden heisst zunächst einfach, dem Vorgang oder dem Charakter des Selbstverständliche, Bekannte, Einleuchtende zu nehmen und über ihn Staunen und Neugierde zu erzeugen.« (Dunz 1995: 9)

160 Fassbinder (1986): S.34f

161 Zwerenz, Gerhard (1982): Der langsame Tod des Rainer Werner Fassbinder. Ein Bericht. 174. In: Bae (2005): S.123

162 Fassbinder (1977): In: «I let the Audience Feel and Think.» An Interview with Rainer Werner Fassbinder. Interviewed by Norbert Sparrow. Cineaste VIII/2: S.20. In: Bae (2005): S.127. Die Frage Sparrows lautet: »While your films are melodramatic, you have added the dimension of

4.1.3.3 Gitter-Rahmen-Struktur

Ein anderes filmisches Stilmittel bei den beiden Filmen, das sich mit Brechts Verfremdungseffekt assoziieren lässt, ist die Gitter-Rahmen-Struktur. Frauenfiguren treten bei Zhang vor allem als sexualisierte Körper in Erscheinung, die von den Fesseln sozialer Unterdrückung der patriarchalischen Gesellschaft befreit werden müssen. Solche schicksalhaften Fesseln werden in Zhangs Filmen durch eine eigene Filmsprache visualisiert – nämlich mit Gittern auf den Figuren, was ebenso als ein Stilmittel in Fassbinders Werken erkannt werden kann.

In »**Shanghai Serenade**« werden die wichtigen Persönlichkeiten der Mafiagruppe dadurch eingeführt, dass der Onkel mit Shuisheng vor ihrem Konferenzzimmer wartet und ihm sie einen nach dem anderen vorstellt. Dabei sind die Mitglieder durch die dunklen Gittermuster der Türrahmen hindurch aufgenommen. Im Folgenden betreten sie den Flur, ihre Spiegelbilder werden von den Wandspiegeln reflektiert, die wiederum von der Gitter-Rahmen-Struktur überschnitten werden. Xiao Jinbao bildet selbstverständlich keine Ausnahme. Als sie in das palastartige Haus des Paten aufgrund dessen Anrufs gerufen wird, wird auch ihr Spiegelbild auf dem Wandspiegel ausnahmslos von dem Gittermuster zerrissen, als ob ein riesiges Netz ihres bevorstehenden Schicksals auf sie niederfällt, aus dem sie nicht entrinnen kann. (Abb.14-18)

---

distanciating the emotions with respect to the spectator. Some critics have compared this to Brecht's verfremdungseffekt; you reject this analogy, don't you?"

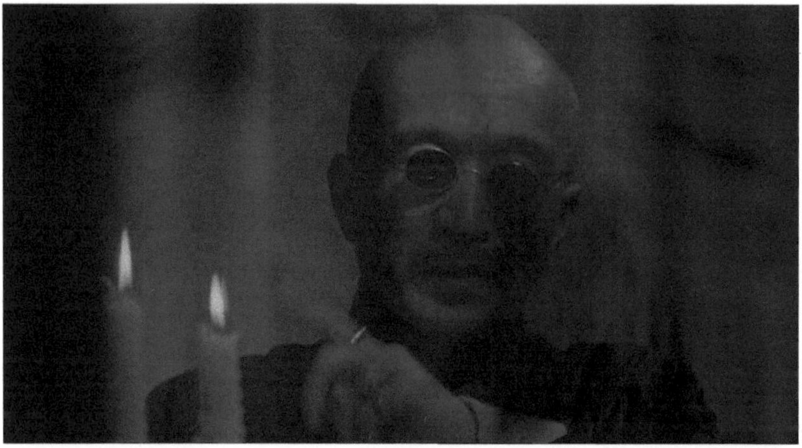

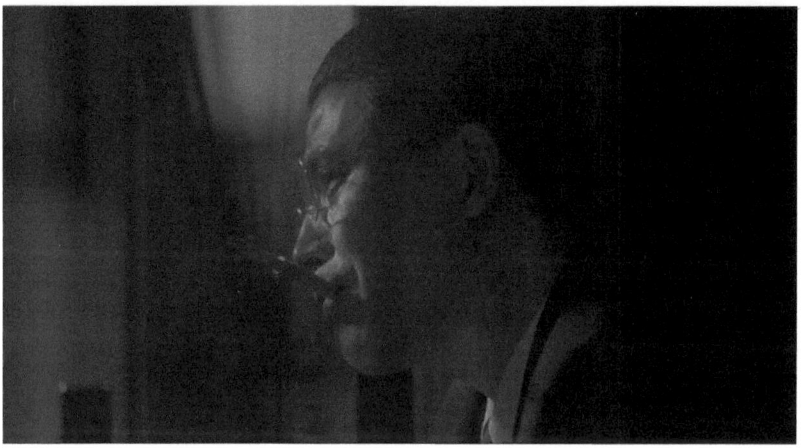

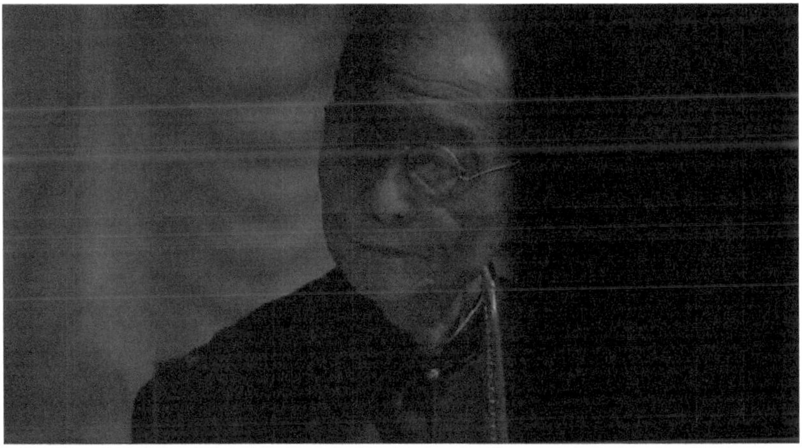

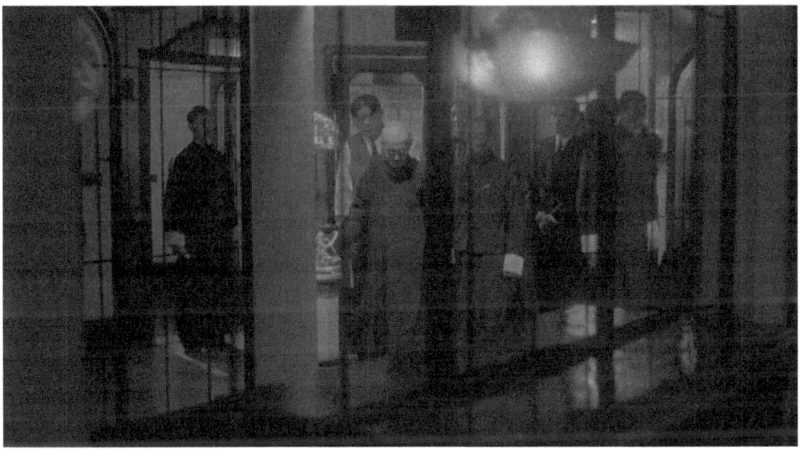

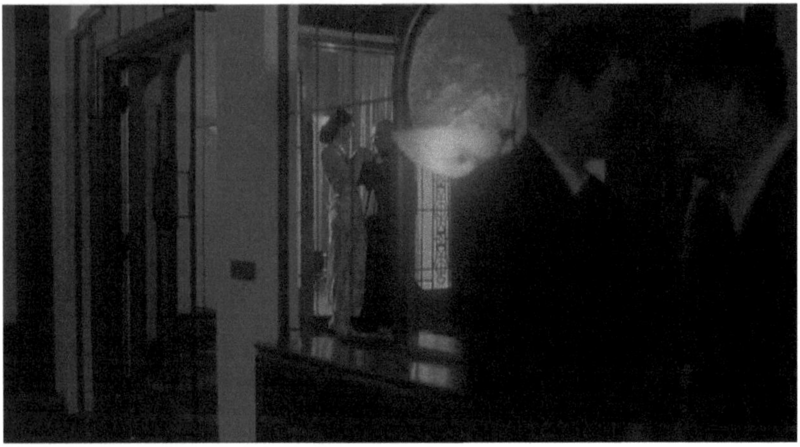

Abb.14-18

Xiao Jinbao befindet sich in der ersten Hälfte der Filmhandlung in begrenzten Räumen, entweder im prächtig ausgestatteten Tanzpalast in Shanghai, zuhause in ihrem exquisiten Schlafzimmer oder im Haus des Paten, das sich aus zahllosen schmalen Korridoren und über verschiedenen Rahmenstrukturen getrennte Räume zusammensetzt. Die beengte Räumlichkeit findet ihre offenbare Befreiung in der zweiten Hälfte des Films, wobei die Handlung auf der Insel angesiedelt ist. Dennoch wird Xiao Jinbaos Handlungsmöglichkeit weiterhin durch die Gittermuster aus Shuishengs Perspektive überschattet und von Rahmen begrenzt. Die Linien und Streifen in Form von Schatten (verursacht durch Fenstergitter), die auf ihren Körper fallen, sagen viel über ihr vorgezeichnetes unentrinnbares Schicksal aus. Das Motiv der Gitter-Rahmen-Struktur spielt hierbei eine bedeutende Rolle in der signifikanten Funktion der Gestaltung ihrer Figur. (Abb.19) Eigentlich werden alle Figuren wie Gefangene in die wiederholt genannte »Regel« gezwängt, die als Richtlinie – *»Mütze auf der linken Hand, Kleidung auf der rechten halten«* – durch die Erklärung des Onkels zu Shuisheng eingeführt wird, als der unausbildete Junge erstmals von ihm zum Haus des Paten begleitet wird und feststellt:

»Die Regel darf nie gebrochen werden.«. Diese wird schließlich wiederum vom Paten angewandt, um Xiao Jinbaos Beschwerde aufzuhalten: *»Vergiss nicht die Regel! Selbst wenn du nicht mitkommen willst«*. Diese allgegenwärtige Regel kontroliert herzlos streng die Schicksale der Figuren. Tragische Ereignisse kommen über denjenigen herein, der diese Regel bricht.

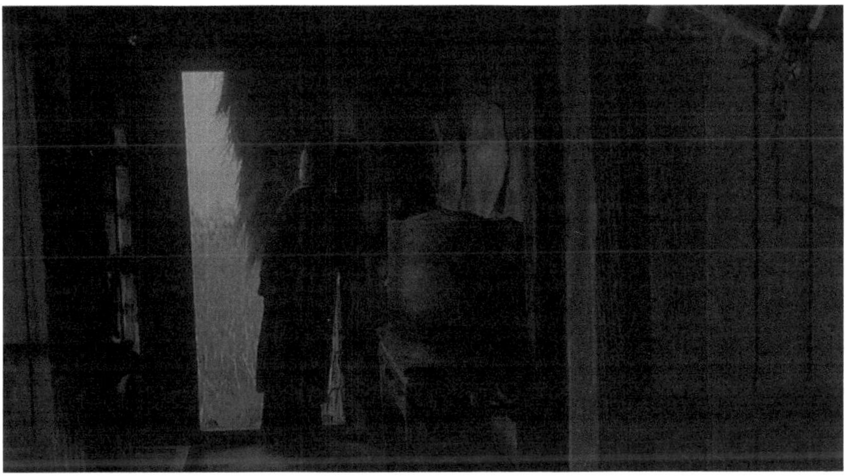

Abb.19

Die in **»Shanghai Serenade«** betonte Regel findet ihre Variation bei Fassbinders **»Lola«**, die in Form von Fensterrahmen, Türrahmen und Wände verkörpert wird, welche die Figuren umgeben und deren Handlungsmöglichkeiten einschränken.

Als von Bohm im Büro von seinem großen Plan des Neuanfangs erzählt und mit Esslin über seine *»Revolution«* diskutiert, befinden sie sich stets hinter Fensterrahmen. (Abb.20-21)

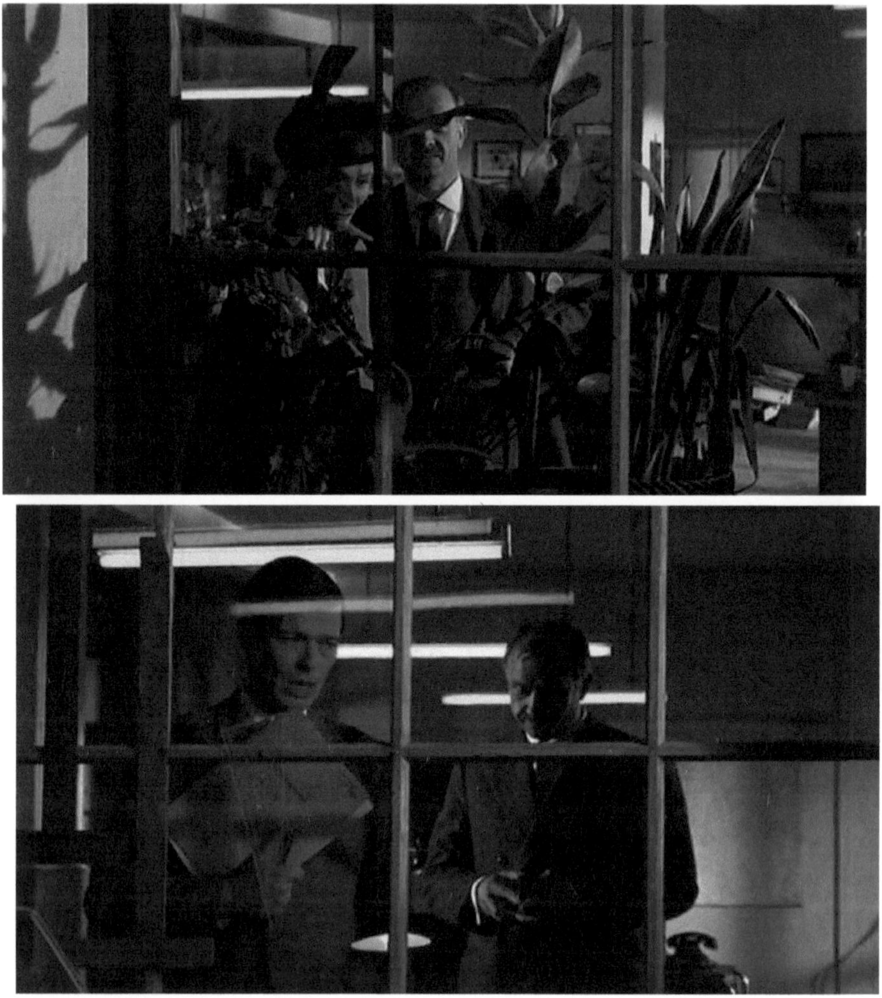

Abb.20-21

In der engen Räumlichkeit wird er weiterhin in seinem Zuhause begrenzt, als er dort mit seiner Haushälterin Frau Kummer und Mariechen verweilt. Die Einstellung von ihnen ist von den sie umgebenden Wänden begrenzt. (Abb.22)

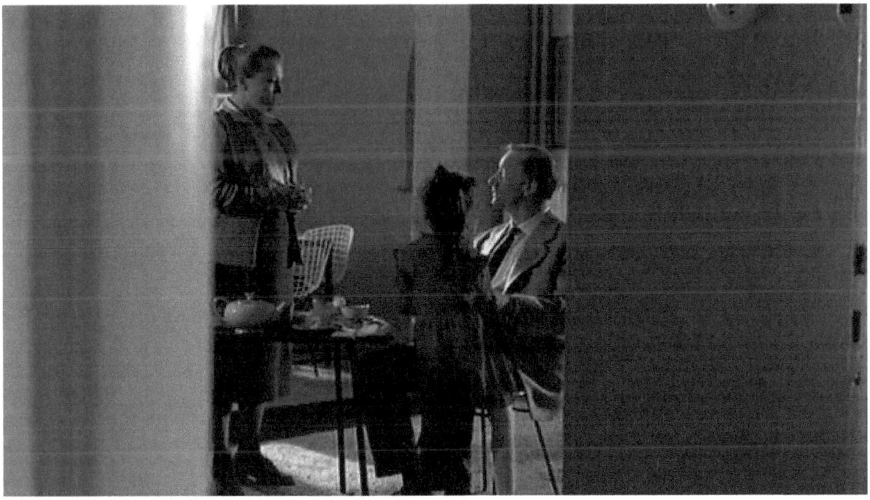

Abb.22

Als Lola die Wohnung von Bohms bei der Arbeit ihrer Mutter besucht, werden beide farblich begrenzt gezeigt: Die sie umgebenden Wandrahmen werden in hellgelb, weiß, helllila sowie dunkellila belichtet, als sie sich über von Bohm unterhalten und sich sein Schlafzimmer anschauen. Dabei schwenkt die Kamera merklich zum Objekt ihrer Blicks, als Zielort ihrer Ambitionen. (Abb.23-24) Aber diese Wünsche sind nur zum Scheitern verurteilt, ebenso wie die Liebe zwischen Lola und von Bohm. Der Ausgang ihrer Liebe wird symbolisiert durch auf die Gesichter fallende Schatten der Gitter in der Bibliotheksszene, als Lola dort auf von Bohm absichtlich wartet. (Abb.9-10)

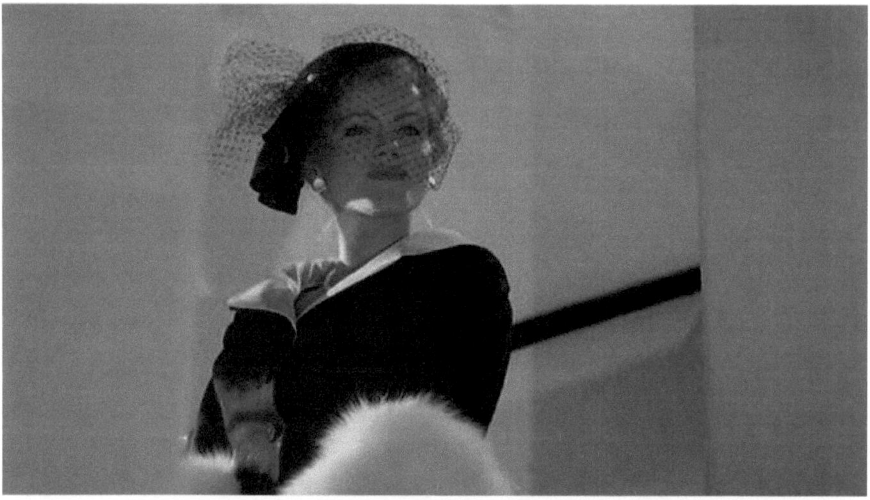

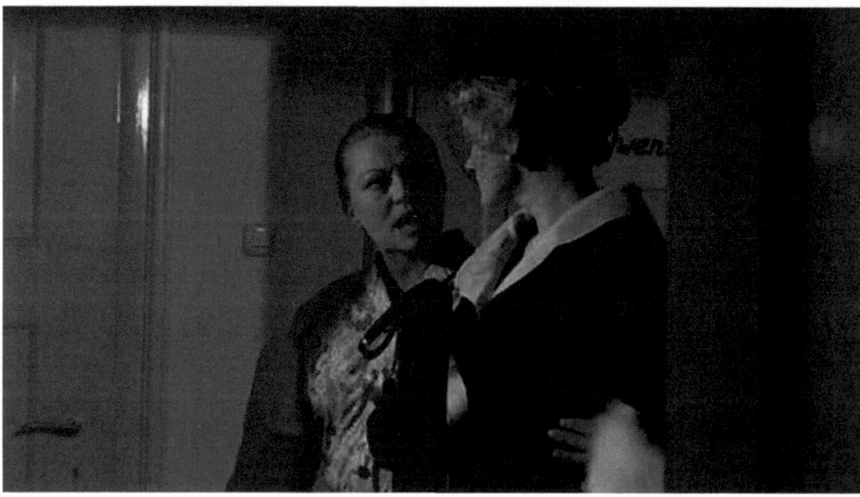

Abb.23-24

Die anderen Figuren sind auch ausnahmslos von Gittermuster begrenzt, zumal sie über die erstrebenswerte Zukunft ihrer Liebe sprechen. Als Sisi, die andere Sängerin im Puff, von ihren Heiratsplänen erzählt, wird sie hinter den Rahmen der Hocker gezeigt. (Abb.25) Auswegslos sind die Figuren allesamt in diesem System gefangen.

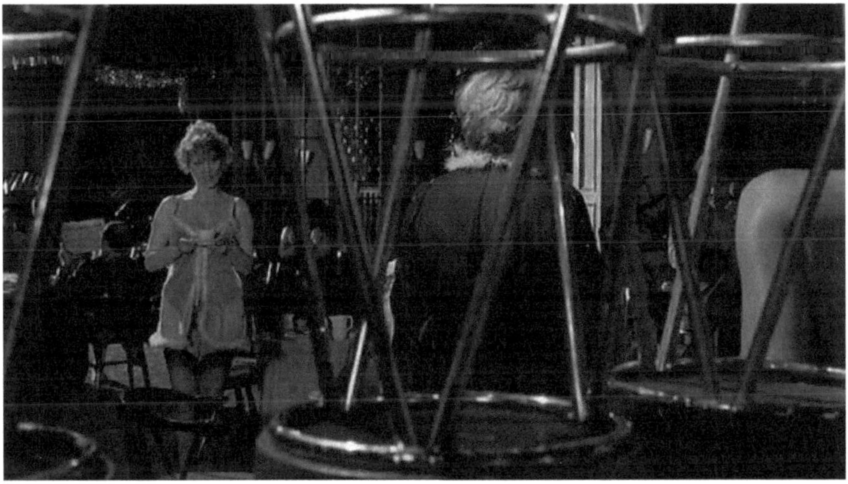

Abb.25

Die intensiv angewandten Bilder der Rahmenbegrenzungen fungieren durch ihre signifikante Bedeutung, die Filmhandlung zu kommentieren. Die Schicksale der Figuren können aus ihrem vorgezeichneten Weg scheinbar nicht ausbrechen. In diesem tauschbaren System wird Lola als benötigtes Instrument verurteilt. Parallel dazu sinkt Xiao Jinbao als Opfer der inneren Konflikte in der Machtstruktur herab. Entweder ihr Streben nach Liebe und Freiheit oder ihre Selbstbestimmung in ihrem vorgezeichneten Schicksal sind nur zu Utopien verfallen.

Die unentrinnbaren Schicksale der Frauenfiguren werden stets durch das Zirkulationsmotiv verstärkt. Das Gleiche verläuft auch im Zyklus zwischen den Frauen und ihren Nachfolgerinnen, nämlich zwischen Xiao Jinbao und Ajiao, sowie zwischen Lola und Mariechen. Douglas Sirk, der als Fassbinders Vorbild gilt, hat die amerikanische kleinstädtische Gesellschaft mit ihrem Charakter der »Kreisförmigkeit« folgendermaßen beschrieben:

»Ich interessere mich für Zirkularität, für den Kreis – für

Menschen, die an den Ort zurückkehren, von dem sie ausgegangen sind. Sie werden deshalb in vielen meiner Film das finden, was ich tragische Randos nenne, Menschen, die im Kreis gehen.«[163]

Diese Beschreibung dient hier den Zirkulationbeschreibung der beiden Filme. Als Ajiao nach ihrem Traumberuf gefragt wird, antwortet sie: *»Ich möchte wie die Tante (Xiao Jinbao) sein.«* In der harmonischen Szene, als Xiao Jinbao, Shuisheng und Ajiao das Kinderlied zusammen singen, verläuft eine untergeordnete Handlungslinie gradewegs dem unabwendbaren Schicksal der Zirkulation entgegen. Das wird von der Aussage des Paten bestätigt: *»Was für ein ein schönes Mädchen sie ist, sie schaut genauso aus wie die damalige Xiao Jinbao!«* Tatsächlich hat er von der Affäre Xiao Jinbaos schon seit langem gewusst und ihr Schicksal wurde seitdem von ihm vorgeschrieben. Er will Ajiao als eine neue Xiao Jinbao erziehen. Das gleiche Motiv lässt sich mit der Szenenverdoppelung assoziieren. Bei dem scheinbaren Happy End fragt Lolas Tochter Mariechen von Bohm in derselben Position, in der Lola ihn zuvor zum ersten Mal verführt hat, ob er *»glücklich sei«*. Diese Wiederholung versinnbildlicht das Motiv der Zirkulation der fimischen Dramaturgie. Das kleine Mariechen wird den gleichen Weg wie ihre Mutter einschlagen. Zudem ist die vorherige Szene bei von Bohms Haus zu nennen, in der Lola sich selber fragt: *»Mariechen, Mariechen, was soll aus dir werden? [...]«* und ihrer Tochter erklärt, was eine Hure ist. Diese Frage wird am Ende von Schuckerts Aussage beantwortet, als er Lola eine *»Schenkungsurkunde«* überreicht: *»Mariechen soll's mal leichter haben als ihre Mutter.«* Die miteinander nachfolgenden Handlungen bauen eine Zirkulation auf: Wie ihre Mutter wird Mariechen auch eine Nachclubsängerin. Das Zirkulationsmotiv lässt die Tragik der Frauen immer stär-

163 Sirk (1997): S.66f

ker auf ihr Schicksal festlegen, deren Lebensgeschichte wie der Mythos des Sisyphos untersucht und abgewertet wird.

4.1.3.4 Strategie der Blenden

Als die wichtigste Formen des fließenden Schnitts, bei denen es einen Übergang zwischen den Einstellungen gibt, präsentieren sich die Blendentechniken bei beiden Filme in unterschiedlicher Art und Weise, die zur individuellen Stilisierung der jeweiligen Regisseure beitragen.
Fassbinder macht sich die Unschärfeblende zwischen den Einstellungen zunutze – eine Alternative zur Verwendung von Auf- und Abblende, die durch hastige Defokussierung und Fokussierung der Bilder entsteht, begleitet mit einem unangenehm monotonen Klang. Ein Bild der letzten Einstellung dabei wird immer unschärfer, während das neue Bild der nächsten Einstellung sich immer schärfer abzeichnet. Trotzdem werden Szenen bewusst getrennt, als ob es keinen Zusammenhang gebe, und die einzelnen Handlungsfragmente werden auch an anderer Stelle wieder zusammengefügt, womit der Zuschauer gezwungen wird, die Geschichte dynamisch auf einer weiteren Handlungsebene nachzuvollziehen. Bemerkenswert ist, dass die Fragmente der Handlung zweimal mit der Unterhaltung zwischen Schuckert und Esslin beendet werden. Bei der Konferenz, als Schuckert verunsichet wegen des neunen Baudezernenten ist, fragt er Esslin: *»Gut geschlafen?«* Und dieser antwortet: *»Ich schlafe immer gut, Herr Schuckert!«* (00:19:57) Es lässt sich dabei spontan auf die vorherige Szene auf der Toilette im Bordell zurückgreifen, als die gegenseitigen Einstellungen der beiden zum ersten Mal verdeutlicht werden. Dabei kritisiert Esslin metaphorisch Schuckerts Korruption: *»Ihre Hände werden vom vielen Waschen auch nicht sauber.«* (00:06:29)
Elsaesser sieht es als eines der auffälligsten Stilisierungsmittel an, dass zwischen Szenen selten kausale oder chronologische Beziehung existie-

ren und die Aufmerksamkeit des Zuschauers durch eine Unschärfeblende anderswohin gelenkt wird, bevor er sich in der vorherigen Handlung zurecht gefunden hat. Laut Elsaesser sei dies *»[...] teils die Stragegie des Regisseurs, das Publikum wissen zu lassen, wer hier wirklich die machthungrigen Hechte im provinziellen Karpfenteich Coburg im Griff hat.«*[164] Es geht selbstverständlich um die Realismusvorstellung des Regisseurs. Die Kontinuität wird absichtlich unterbrochen, sodass auch eine emotionale Identifikation des Zuschauers mit der Fiktion weiter unterbrochen wird.

In **»Shanghai Serenade«** ist die Handlung in die sieben Tage einer Woche gegliedert. Die zeitlichen Episoden gehen durch sanfte Überblendungen ineinander über, dass das Ende einer Einstellung in der letzten Episode eines Tages durch die erste Einstellung der folgenden Episode überdeckt wird. Während das Bild der ersten Einstellung immer schwächer in der Unschärfe versinkt, verstärkt sich das zweite im gleichen Maße in der Schärfe, bis es das erste Bild komplett ersetzt hat. Für einen kurzen Augenblick des Übergangs von einer Einstellung zur anderen wird eine Überlagerung zweier Bilder dargestellt. Durch den natürlichen Übergang von filmischer Zeit und filmischem Raum erhält die Filmhandlung ihre visuelle Kontinuität. In einigen Situationen gilt eine solche Kontinuität mit Hilfe der Musik auch auf der akustischen Ebene, die im Moment der Überblendung zweier Episoden mit einer gleichen Melodie weiter vereint werden, damit das Identifikationsverfahren beim Zuschauer reibungslos ohne Unterbrechung fortgeführt werden kann.

Die Handlung wird weitestgehend aus dem Blickwinkel des virzehnjährigen Jungen Shuisheng erzählt. Die Wandlung der Frauenfigur Xiao Jinbaos wird stets in dessen Wahrnehmung dargestellt. Bei dem Übergang zwischen zwei filmischen Episoden sind die Gesichter Xiao Jinba-

164 Elsaessr (2012): S.183

os und Shuishengs zweimal überlagert. Dabei wird ein Gesicht allmählich unschärfer und das andere zieht sich immer mehr in die schärfere Fokussierung. Als radikale Darstellung der fetischistischen Skopophilie lagern sich die beobachteten Augen und das Gesicht Xiao Jinbaos übereinander. Das Wesen der Frauenfigur manifestiert sich als Objekt des männlichen Blicks, deren jede Wendung des Schicksals durch die Perspektive des Mannes bestimmt wird. In der Spannung zwischen den Blicken auf beiden Seiten der Leinwand kombiniert sich der Blick des Zuschauers mit dem des männlichen Charakters, sodass sich der diegetische Raum und der illusionäre Raum verbinden und das Identifikationsverfahren beim Zuschauer durchgeführt wird.

Sowohl bei der Kontinuität der Handlung als auch dem Identifikationsverfahrens akzentuieren beide Regisseure durch die Strategie der Blenden ihre eigene Stilisierung. Weitere Unterschiede sind auf der Tonebene zu erkennen.

4.1.3.5 Musik und Ton

> *»Mit Musik kann man wahnsinnig viel machen, weil sie so suggestiv wirkt. Überall da, wo in der Geschichte was passiert, war Musik dabei. Der Hitler hat ja nicht umsonst solche Shows abgezogen, solche gefühlsbetonten wie im Sportpalast.«*[165]

So äußert sich Fassbinder zu der Rezeptionsart der Filmmusik. Wie er es ausgedrückt hat, bezieht sich die wichtige Funktion der filmischen Musik darauf, inwieweit sie das Geschehen und die Gefühle der Figuren illustrieren und kommentieren. Die Wirkung eines Geschehens soll weiter durch die Emotionalisierung des Zuschauers verstärkt und intensiviert

165 Töteberg (1986): S.172

werden.[166]

Die verschiedenen Möglichkeiten der Relation zwischen Musik und Filmhandlung hat Kracauer mithilfe zweier Dichotomien zu systematisieren versucht: aktuell vs. kommentierend und parallel vs. kontrapunktisch. Aktuell bedeutet das, dass die Musik Teil des filmischen Geschehens ist. Im Gegensatz dazu bezieht sich die kommentierende Musik darauf, dass diese von außen hinzugefügt wird, um zu kommentieren oder zu illustrieren. Um das Geschehen zu unterstreichen und zu betonen, zu illustrieren, zu kommentieren und zu charakterisieren, fungiert dazu die parallele Musik. Die kontrapunktische Musik hingegen erzeugt einen Kontrast zwischen Musik und filmischem Geschehen.[167]

Die Musikdramaturgie bei Fassbinder wird meistens als eine individuell-kommentierte und erhöht übersetzte Geschichtsergänzung angesehen, die im Film **»Lola«** auf diese Weise auch den Zeitgeist aufzeigt, als im Vorspann auf der Tonebene der 50er-Jahre-Schlager »Ein weißes Schiff nach Hongkong« von Freddy Quinn zu hören und im Bild der dieser Schnulze ein Ohr leihende Bundeskanzler zu sehen ist. Nach Töteberg enthalte der Soundtrack des Films die *»Signatur der Zeit«*, so verwende Fassbinder immer wieder Schlager als Filmmusik für seine Nachkriegsdeutschland-Trilogie, die vor allem eine zeitspezifische Identifikation darbiete. In dieser stilisierten Form, in der Politik und Pop zusammengefügt werden, markiert Fassbinder eine konkrete Veranschaulichung der Geschichte und projiziert sein eigenes Bild der Adenauer-Zeit, die er für *»die amoralischsten Jahre«* hält, *»die es je in Deutschland gegeben hat«.*[168]

---

166 Vgl: Beil/Kühnel/Neuhaus (2012): S.160

167 Vgl. Kracauer (1996): S.193-208

168 Fassbinder, zitiert nach: Toeteberg, Michael: Die froehliche Verlogenheit der Fünfziger. In: Märthesheimer/Froehlich: Lola, S.142

In der Eröffnungsszene des Films »**Shanghai Serenade**« tritt der Ton mit der gleichen Absicht in Funktion, sodass eine Vermischung von Geräuschen als eine Symphonie der Metropole Shanghai zu hören ist, als die Handlung mit einem lange gehaltenen Close-Up von Shuishengs Gesicht beginnt: die Gesangsstimme einer Frau, die Geräusche des Straßenverkehrs, die Hupsignale der einfahrenden Schiffe. Die Kamera schwenkt dann zu einer totalen Einstellung, die einen Überblick des Hafens von Shanghai bietet. In der Eröffnungsszene ist auf der Tonebene die Metropole schon in ihrer ganzen Komplexität zu vernehmen, die sich bei Zhang als Mekka der Sehnsucht nach universeller Macht und ökonomischem Erfolg sowie der Verortung eines Strebens nach materiellem Vermögen manifestiert. Die kritische Betrachtung des Zeitgeistes des postmordernen Chinas des ausgehenden 20. Jahrhunderts, das nach Zhangs Meinung wegen der ökonomischen Revolution *»seine Unschuld«*[169] verloren hat, führt er schon am Anfang des Films durch den turbulenten Soundtrack ein.
Die Musik in »**Lola**« dient in großem Maße zur Gestaltung der Figuren, dabei sowohl zur Differenzierung der Persönlichkeiten als auch zur Identifikation mit deren Emotionen. Vor allem kennzeichnet sie den Zwiespalt zwischen dem moralischen Baudezernenten von Bohm und dem städtischen Baulöwen Schuckert. Während von Bohm zu Hause klassische Musik von Vivaldi auf der Geige spielt, erfreut sich Schuckert in seiner Villa an dem berühmten nachkriegsdeutschen Schlager »Capri-Fischer« von Rudi Schuricke. In der nachfolgenden Handlung verzichtet von Bohm auf seine klassische Musik sowie seine Moral und widmet sich Lolas Repertoire, wobei die emotionale Wandlung von Bohms auf der Ebene der Musik verdeutlicht wird. Nicht zuletzt manifestiert sich eine wichtige Wendung der Emotion Lolas durch die Musik,

169 Vgl. Zhang Yimou. China hat die Unschuld verloren

als sie den Schlager »Am Tag, als der Regen kam« zur »Striptease-Musik« ändert, weil von Bohm von ihrer wirklichen Identität als »Privathure« Schuckerts erfährt. Diese Dramaturgie auf der musikalischen Ebene, die von Schneider als *»Von-außen-nach-innen-Inszenieren«*[170] genannt wird, gilt auch für Xiao Jinbaos Situation, als sie ihr Gesangsprogramm von »HuaHaoYueYuan« (deutsche Übersetzung: »Wenn die Blumen blühen und der Mond rund ist«), das ihren Wunsch nach Liebe verrät, zu »Gunchu Wo De Xinfang« (deutsche Übersetzung: »Scher dich von meinem Herzen weg!«) ändert, das ihre Stimmung der Hoffnungslosigkeit sowie ihre Entrüstung nach dem Streit mit Song portraitiert. Diese Stilisierung der musikalischen Dramaturgie bei beiden Regisseuren macht die Enthüllung der emotionalen Wandlung der Frauenfiguren auf diese Weise wahrnehmbar.

Die Musik hat, außer als Beitrag der Illustrierung und Kommentierung, weiterhin eine syntaktische Funktion, die dazu dient, einen Film zu ordnen und zu strukturieren. Einerseits kann der Musikeinsatz die Trennung zwischen zwei Handlungssträngen betonen, andererseits kann er einen natürlichen Übergang zwischen zwei Sequenzen schaffen, welcher einen Beitrag zur Verdeutlichung der Kontinuität der Handlung leistet. Diese verschiedenen Anwendungen der strukturierenden Funktion der Musik hängen auch von ihrem Leitmotiv ab. In dieser Hinsicht stehen die beiden Regisseure nicht völlig im Gegensatz. Als Titelmelodie oder Titelsong ist die Filmmusik »Yaoayao, Yaodao Waipoqiao« (deutsche Übersetzung: Schaukeln und Wiegen, Wiegen bis zu Omas Brücke), die eine Adaption eines Wiegenliedes aus Südchina von Zhang Guangping ist, bei der Überblendung zwischen filmischen Episoden zu hören. Oder als aktuelle Musik in der Szene, in der die Protagonisten dieses Lied zusammen singen. Darüber hinaus illustriert sie den tragischen Tod der Heldin

170 Schneider (1968): S.186

und hallt im Abspann nach dem Abschluss der Filmhandlung wider. Die intensive Anwendung desselben Musikstücks hat nicht nur große Bedeutung für den Wiedererkennungswert des Films, sondern lässt auch die zeitlich gegliederten Episoden ein kontinuierliches großes Ganzes bilden. In dem syntaktischen Sinn lässt die Musik bei **»Lola«** auch jene Szenen zusammensetzen, wenn von Bohm zu Haus Geige spielt und das gleiche Musikstück in der nächsten Einstellung im Puff zu hören ist, nun allerdings aus dem Radio. Ein anderes Beispiel ist die Szene, als von Bohm sich dem Stück »Capri-Fischer« widmet und dabei die Szene verfolgt, wie Lola das Lied auf der Bühne im Bordell vorträgt. Ein Kontinuitätseffekt wird dadurch erzeugt, hierbei versucht Fassbinder aber eher die vorherige Nicht-Anpassung von Bohms und den moralischen Kontrast zwischen ihm und Lola zu zeigen.
Nach Elsaesser zeige der Einsatz von Tönen und Musikzitaten im Film eine geradezu unheimliche Sensibilität für die historsche Materialität des Populären.[171] Dies gilt für Radiomusik und Schlager in **»Lola«** und das traditionelle Wiegenlied in **»Shanghai Serenade«**, was zur filmischen Darstellung der Geschichtsschreibung bei beiden Regisseure beiträgt.

4.1.4 Filmische Darstellung der Geschichtsbetrachtung

In **»Lola«** untersucht Fassbinder die Auswirkung des materiellen Aufschwungs des Nachkriegsdeutschlands und zeigt die späte Adenauer-Ära, die er als eine Zeit großer Heuchelei ansieht, wie er es folgendermaßen ausdrückt:

> *»Wir haben herausgefunden, dass diese Jahre von 1956 bis 1960 quasi die amoralischsten Jahre waren, die es je in*

---

171 Vgl. Elsaesser (2012): S.31

Deutschland gegeben hat. Es gab zwischen den Leuten eine stillschweigend ausgemacht Amoralität.«[172]

Ein reichhaltiger politischer Diskurs wird im Film über das »Wirtschaftswunder«, den Bau-Boom, Erhards »soziale Marktwirtschaft«, das KPD-Verbot, die Anti-Atomtod-Bewegung sowie Korruption in kommunalen Gemeindebehörden geführt. Die offene politische Auffassung Fassbinders betrachtet Elsaesser als *»gleichzeitig pessimistisch und anarcho-liberal«.*[173] Die Filme der »BRD-Trilogie« erlauben einen Blick auf die historischen Wurzeln des Anarchismus von Fassbinder: Kapitalismus und Showbusiness, die nach Elsaessers Ansicht im Film bestenfalls von einer Frau verkörpert werden, oder von den Figuren, die ein Geschäfte machen und einen Vertrag abschließen, sogar ein Deal mit dem Teufel (im Fall von Veronika Voss). Mit Stilisierungsmitteln, die von Fassbinders Handschrift geprägt sind, bringt er das Melodram auf eine weitere Erfahrungsebene. Diese umfassen den monotonen lauten Klang, der jedes Mal die Überblendungen begleitet; das Material von Adenauer, wobei in der Eröffnungsszene mit ihm als historische Figur ein Zusammenprall mit einem 50er-Jahre-Schlager konstruiert wird und wiederum bei der Konferenz über den Wiederaufbauplan erscheint; die künstliche Farbgebung und Kameratechnik; der Einsatz des Bakunin-Lesers Esslin, der als klare Parallele zur Person Fassbinders in anarchistischer Hinsicht angesehen wird, und so weiter. Anders als das traditionelle Melodram, das eine vorgegebene Realität emotional aufzuladen versucht, dienen diese Stilmittel bei Fassbinder eher als Ausdifferenzierung zwischen innerer und äußerer Wirklichkeit und lassen schlussendlich eine *»offene«* bundesrepublikanische Wirklichkeit durch seine fil-

---

172 Rainer Werner Fassbinder (1995): in: Buchka: Es ist nicht gut...; Filmessay. In: Pott (2001): S. 102

173 Elsaesser (2012): S.192

mische Darstellung aufbauen, wie er sie sieht und sie dem Publikum vermitteln will. Die Bakunin-Lektüre auf der Schreibmaschine, »*Der Faschismus wird siegen*«, ist hier schließlich als Fassbinders persönlicher Kommentar zum Zeitgeist der Adenauer-Ära zu interpretieren: »*fascism wasn't defeated in 1945, only the Hitler regime.*«[174]

Die Handlung des Films »**Shanghai Serenade**« ist im dekadenten Shanghai der 30er Jahre angesiedelt und entführt den Zuschauer in das korrupte Milieu der mafiös organisierten Organisationen im städtischen Untergrund. Im Gegensatz zum »offenen« Realismus des Melodrams in Fassbinders Werken appellieren Zhangs Filme an die Gefühle eines großen Massenpublikums. Sein Werk ist dabei durch übertrieben künstliche Darstellungen gekennzeichnet, wie den durch die Perspektive Shuishengs geschaffenen Narrationsbogen und die unauffälligen Übergänge der Episoden durch Überblendungen und kontinuierliche Musikstücke. Eine unmittelbare Geschichtsschreibung oder Realismusvorstellung ist im Kontext von Zhangs gesellschaftlichem Hintergrund nicht zu erkennen und festzulegen. So erklärte Zhang in einem Interview, als er gerade nach dem Aufführungsverbot eines vorletzten Films »**Leben!**« und im folgenden Jahr für »**Shanghai Serenade**« interviewt wurde:

> *»Es ist schwierig, in China ein politisches oder historisches Thema direkt anzusprechen. Politische Filme dreht in China, wer es versteht, mit Metaphern zu arbeiten.«*[175]

Deshalb ist die Handlung dieses Films nicht in einen direkten zeithistorischen Kontext eingebettet. Es handelt sich vielmehr um eine fiktive Geschichte, die zwar sehr wohl Rückschlüsse auf die Metropole Shang-

---

174 Tomsen (2004): S.281

175 China hat die Unschuld verloren. Interview mit Zhang Yimou. http://www.hossli.com/articles/1995/12/21/%C2%ABchina-hat-die-unschuld-verloren%C2%BB-interview-mit-zhang-yimou/ Zugriff: 30.07.2014

hai am Ende des 20. Jahrhunderts erlaubt, aber nicht mit einem unmittelbaren Hintergrund geschichtlicher Ereignisse oder Entwicklungen. Trotzdem bestätigt Zhang in einem Interview aus dem Jahr 1995 eine beabsichtigte Ähnlichkeit des Paten zur Physiognomie der Person Jiang Jieshi, den er als *»Kaiser der Mafia«*[176] bezeichnet und aus diesem Grund für die Figur des Paten zum Vorbild gewählt hat. Die Figur des Mafiapaten reflektiert also weiterhin den idealen Diktator im geschichtlichen Kontext. Entweder hinsichtlich der Person Jiang Jieshi oder des chinesischen Kaisers als Alleinherrscher bleibt die Konnotation der Figur als ein Zeichen frei interpretierbar. Dennoch ist der Film in keiner Weise frei von einer politischen Konnotation, sowohl was die Figur des Paten als auch die hierarchische Struktur des Mafiaclans betrifft. Darüber hinaus legt Zhang die realistische Bedeutung seines Films bewusst auf den Wandel der postmodernen Gesellschaft mit dem Aufzeigen einer Orientierung der Figuren an einer vordergründig materiellen Bereicherung. Im Wesentlichen wirft er seine Aufmerksamkeit auf einen umfassenden Wertverlust im Bereich der zwischenmenschlichen Beziehung, nach Stefanie Rauscher liegt der Fokus einer kritischen Betrachtung der Sozialstruktur auf dem urbanen Raum. *» [U]rban people expecially run after money and material things.«*[177] So drückte es Zhang selbst aus. Zu dem voranschreitenden Materialismus in der postmordernen chinesischen Gesellschaft des ausgehenden 20. Jahrhunderts, insbesondere in urbanen Maßstäben, bezieht Zhang ausführlich Stellung:

> *»Anhand seiner [A.d.V. Shuisheng] Erfahrungen wollte ich die grundlegenden Veränderungen aufzeigen, die China derzeit prägen. Das kommunistische Land der Mitte hat sich komplett*

176 Ebd.

177 Zhang Yimou In: Gateward, Francis (Hg.) (2001): Zhang Yimou. Interviews. Jackson: University Press of Mississippi. S.68. In: Rauscher (2009): S.83

dem Materiellen verschrieben. Wir sind besessen von Coca-Cola und Sony Walkmen. Ich würde sogar so weit gehen und sagen, China hat seine Unschuld verloren – genau wie Kinder mit dem Erwachsenwerden ihre Unschuld verlieren.«[178]

Als er nach seiner Motivation für einen gewalttätigen Gangsterfilm gefragt wurde, antwortete er: *»Es ist ein indirekter Kommentar auf die sich ausbreitende Gewalt«*. Die Situation, dass die Kriminalitätsrate in China innerhalb kürzester Zeit in die Höhe schnellte, ist seiner Ansicht nach in der ökonomischen Struktur begründet: *»[N]ach der marktwirtschaftlichen Reform der ökonomischen Strukturen des Landes haben sich die Menschen verändert. Gleichzeitig entstand ein fruchtbarer Nährboden für Gewalt und Geldgier.«*[179]

Fazit

Fassbinders Anarchismus findet im Film seine historsiche Wurzeln: Kapitalismus und Showbusiness werden die vor allem von einer Frau verkörpert und werden normalerweise gegenüber gestellt werden. Im Film **»Lola«** werden die 50er Jahre, Pottes Betrachtung folgend, als Wertbörse dargestellt, wo eine neue Wertbestimmung für das Individuum entstehe, sich aber auch im Verhältnis zu anderen verändere.[180] Diese Auffassung assoziiert sich selbstverständlich mit Elsaessers Betrachtung über die innerlich zerrissenen Figuren Fassbinders, die sich als eine paradoxe Mischung aus Opportunismus und Kompromisslosigkeit sowie einem aus fremdbestimmtem Selbstbild und selbstbestimmten Egoismus dar-

178 Vgl. Zhang Yimou. China hat die Unschuld verloren.

179 Ebd.

180 Vgl. Pott (2001): S.103

bieten.[181] Dies erzeugt einerseits einen offensichtlichen Kontrast mit den, meistens in Hollywood-Filmen erscheinenden, geschlossenen, einheitlichne Charakteren, die von einem Wunsch oder einer Idee beherrscht werden, andererseits sind sie mit ihrem einzigartigen Glamour nicht nur für die Vergangenheit, sondern auch für die Gegenwart zugänglich. Elsaesser findet den Grund für die Faszination der Figuren in ihrer Intelligenz. Dies fällt zuerst bei dem Bakunin-Leser Esslin auf, der zwischen Schuckert, Lola und von Bohm pendelt und dessen Einstellung je nach Situation wechselt. Verschiedene Formen der Intelligenz bei den Figuren in **»Lola«** können weiterhin bei Schuckerts überheblicher Ehefrau (in Form von politischer Intelligenz) und von Bohms Haushälterin Frau Kummer (als sinnliche Intelligenz) festgestellt werden. Sogar die Frauen im Bordell, als ein Mikrokosmos der Stammtischpolitik Westdeutschlands der 50er Jahre, unterhalten sich über den *»Zukünftigen«* und unterscheiden zwischen jemandem, der *»zahlt«*, und jemandem, der *»zählt«*, was Merkmale einer kapitalistischen Intelligenz von marktwirtschaftlichen Gesellschaften aufweisten. Der Protagonist und die Protagonistin sind in diesem Fall zweifellos keine Ausnahme, wenn von Bohm sein Prinzip wegen des wirksamen Instruments des Tauschsystems – Lola – aufgibt und diese aufgrund ihres hilfreichen Einsatzes in Schuckerts Geschäft wirtschaftlich und gesellschaftlich aufsteigt, indem ihr das Bordell von Schuckert geschenkt wird und sie durch die Heirat mit von Bohm ihre gesellschaftliche Stellung erhöht. Lola ist mehr als alles andere ein Profi des Showbusiness mit ihrem Anpassungstalent, die sich genau über die Kraft des Sich-zur-Schau-Stellens klar ist. Trotz ihrer scheinbaren Tragik als Geschädigte lässt sie dennoch das alte korrupte Tauschsystem umstülpen. Elsaesser bezeichnet Lola somit als eine *»starke Frau«*, die ihre Selbstbestimmung in gewissem Maße erreicht, obwohl sie weiterhin

181 Vgl. Elsaesser (2012): S.192

im System Schuckerts verstrickt ist. Im Vergleich dazu präsentieren sich die Figuren bei Zhang vor allem in allgemeiner Unterdrückung und Fremdbestimmung. Statt eine anarchische, direkte Betrachtung gegenüber den geschichtlichen Ereignissen zu inszenieren, manipuliert Zhang das historische Thema eher mithilfe einer Metapher, sodass sein Film nicht durch die staatliche Zensur für öffentliche Aufführungen verboten wird und, nach seiner eigenen Ansicht, eine unkonkrete zeitliche Position nicht beeinflusst, um sich mit einem konkreten Zeitgeist zu beschäftigen.

> *»Ich meine, dass es gar kein großes Problem ist, die Story aus einer bestimmten Zeit zu filmen, denn sie (die Zeit) kann als ein Behälter oder Kleidung angesehen werden. Unter einem Deckmantel aus der 30er Jahren oder aus einer modernen Zeit verändert sich die Story aber nicht.«*[182]

Im Film **»Shanghai Serenade«** unterliegt jede Figur, wie etwa der Exekutor Tang oder seine Opfer, der determinierenden Regel, deswegen wird alles fremdbestimmt. Ihre fremdbestimmten Charaktere werden durch das Zirkulationsmotiv stetig verstärkt, indem die Menschen sinnbildlich im Kreis gehen, was ihre tragischen unentrinnbaren Schicksale hervorgibt. Dieses Motiv wird in einem Dualsystem durchführt: der Mafiapate Tang und Song, der Onkel, und Shuisheng, Xiao Jinbao und Ajiao, wenn der Zweite auf einem vorgeschriebenen Weg danach strebt, wie der Erste zu werden. Wie der Mythos der Sisyphos läuft die Tragik der Figuren, sich wiederholend, ausweglos ab. Gelenkt werden sie von ihrem eigenen materiellen Streben sowie der unbestimmbaren Sehnsucht nach einem besseren Leben, eine ähnliche Situation, die Fassbinder auch in **»Lola«** zwischen Lola und Mariechen übernommen hat. Als eine

182 Zhang (1995): «Literatur Kämpfen" Beilage. S.14 In: Zhang: S.21 Eigene Übersetzung der Autorin.

parallele These des stabilen Tauschsystems in **»Lola«** wird die determinierende Regel der patriarchalischen Gesellschaft in **»Shanghai Serenade«** immer wieder betont, die nicht nur die Frauenfiguren entwertet, sondern auch einen umfassenden Wertverlust im Bereich der zwischenmenschlichen Beziehungen charakterisiert, wodurch Zhang eine kritische Betrachtung der Sozialstruktur, insbesondere des Materialismus in der postmodernen chinesischen Gesellschaft des ausgehenden 20. Jahrhunderts, wirft. Eine Verlorenheit der Selbstbestimmung bei den Figuren, insbesondere den Frauen, hat sich den meisten in- und ausländischen Filmkritiken zufolge übereinstimmend der Diskurse der nationalen Allegorie bedient. Zhangs Film ist deshalb nicht vollends frei von politischer Konnotation, obgleich historisch korrektes filmisches Erzählen keinen zentralen Stellenwert bei Zhang einnimmt. Vielmehr wird der realistisch simulierte Hintergrund zumeist als Parallele oder Kontrapunkt der Liebegeschichte der Frauenfiguren verwendet, ganz anders als bei Fassbinder, wo normalerweise jede Wendung der Geschichte des jeweiligen Schicksals der Frau in einen historischen Kontext eingebettet wird.
Die unterschiedliche Stilisierung des Erzählens der Geschichten in historischem Kontext führen die beiden Regisseure mit verschiedenen Stilmitteln des Melodrams durch, die sich um das Schicksal ihrer jeweiligen Frauenfiguren drehen. Mit einem formgebenden Bewusstsein der Farbdramaturgie, der Kameratechnik, der Tonebene sowie anderen Stilmitteln zeigen Zhang und Fassbinder ihre eigene Realismusvorstellung, die ohnehin kein Abbild der Wirklichkeit sein kann, sondern nach den Willen oder den Strategien der Regisseure für ihre jeweiligen Melodramen verwendet werden. Während Fassbinders Aurorenfilm seine schonungslose Kritik an deutscher Nachkriegsgeschichte durch zahlreiche Verfremdungseffekte erreicht, bei der eine einfache Identifikation des Zuschauers

abgelehnt und das kritische Mitdenken gefordert wird, widmet sich Zhang in seiner literarischen Verfilmung dem Melodram, wobei die emotionale Identifikation beim Zuschauer willkommen ist.

4.2 Die Ehe als Gefängnis der Frau: »Die Ehe der Maria Braun« (1978) und »Rote Laterne« (1991)

4.2.1 Einführung des Themas

Im Film »**Rotes Kornfeld**«, der viel mehr als andere Filme eine primitive Welt Zhangs zeigt, sind schon einige Elemente der Gebräuche ins Blickfeld gekommen: Zum Beispiel muss Jiu'er am dritten Tag nach der Hochzeit nach Hause zurückkehren, und am neunten September nach dem Mondkalender findet in der Schnapsbrennerei eine Feuerfeier statt. Die Sitten und Gebräuche sind in »**Ju Dou**« vollständig ausgeformt. Die Zeremonien bei der Trauerfeier stellen sich als unbarmherzige Shows dar, die für die Macht des Clans und die seit langem bestehenden Sitten und Gebräuche (chinesische Variante: »guiju«) stehen. Solche Elemente verwandeln sich in »**Rote Laterne**« zu einem wunderschönen Spektakel. Die im Film erdichteten Sitten und Gebräuche sind zeremoniell so festgelegt, dass sie sich in einer unveränderbaren und unwiderruflichen Serie verkörpern. Außerdem findet sich diese Welt der »neuen Form der Ethnografie«[183] an einem Ort der Isolation, der sich ausschließlich aus einkreisenden hohen Wänden, unendlich tiefen Korridoren sowie dem Himmel zerbrochener Dächer auf der visuellen Ebene konstruiert. Die räumliche Isolation signifiziert das Schicksal der Frauen. Im abgeschlossenen Raum und in der zirkulierenden Zeit werden den Frauen die

183 Vgl. Chow (1995): S.145

Fesseln der »guiju« angelegt, die sich schließlich als Stricke ihrer Erhängung erweisen. Diese allgemeine Unterdrückung hervorrufenden »guiju« konkretisieren sich in »**Rote Laterne**« vor allem als in der arrangierten Ehe aufgrund der Klassenunterschiede bestehende geistige oder physische Leiden der Konkubinen Chens. Die zweckdienliche und elterlich arrangierte Ehe wird als Sujet schon in »**Rotes Kornfeld**« ausführlich diskutiert. In der Darstellung der patriarchalischen Ehe erscheinen Frauen vor allem als sexualisierte Körper, die von den Fesseln der Unterdrückung des patriarchalischen Systems befreit werden müssen. So bietet sich der Film einer allegorischen Lesart an, nach der die Lebensgeschichte, besonders die Misshandlungen der Frauen, für die Allegorie des Staates stehen. Durch die Gestaltung der Frau wird die Rückständigkeit des alten China sowie die fundamentalen Schrecken von dessen Kultur versinnbildlicht, was nach Jean Baudrillards Definition »*seduction*« genannt werden kann: *«transubstantiation of sex into signs that is the secret of all seduction. «*[184] So wird das Zeichensystem von Chow im Kontext konkretisierter und bereicherter aufgeklärt.

> *»The seduction of Zhang's films – the appeal of his visual ethnography – is that they keep crossing boundaries and shifting into new spheres of circulation. The wish to 'liberate' Chinese women, which seems to be 'content,' shifts into the liberation of 'China', which shifts into the liberation of the 'image' of China on film, which shifts into the liberation of 'China' on film in the international culture market, and so on.''*[185]

Diese allegorische Lesart gilt ebenso für Fassbinders »**Die Ehe der Maria Braun**«. Während sich Songlians Leiden vor dem Hintergrund des feudalen Systems abspielen, vollziehen sich der karrieristische Auf-

---

184 Ebd. S.149.

185 Ebd.

stieg und der schließliche Zusammenbruch der Identität der Figur der Maria Braun zwar in ganz anderem sozialen Kontext, sind aber von ebenso symbolischer Bedeutung. Alle Ambivalenzen der Figur lassen sich in ihrer Einstellung zu ihrer Ehe veranschaulichen, die entweder die Ursache ihres Glücksgefühls ist oder Fesseln und Gefängnis für sie bedeutet. Christopher Sharps schreibt:

> *»Diese Geschichte einer Frau, die sich aus den Trümmern des Krieges und der nationalen Schande erhebt, um eine moderne, effiziente Geschäftsfrau zu werden, ist eine dramatische Metapher für eine Nation, die eine analoge Veränderung durchmacht«*[186]

Marias kurzes Eheleben vollzieht sich offensichtlich in einem spezifischen Zeitraum der deutschen Geschichte. Ihre Annäherung an den GI aus Lebensnot, ihre angebliche Treue in der Ehe und die tatsächliche Willkür in der Beziehung mit dem Arbeitgeber Oswald zeigt zwar ihre Anpassungsfähigkeit in der Trümmerzeit sowie in der Zeit des Wirtschaftswunders, drückt aber mehr ihre innerliche Leere und widersprüchliche Disziplin aus, die zu ihrem Zusammenbruch führen. In der Ehe behält sie ihren Idealismus, der ihr in der Realität jedoch Fesseln anlegt. In der realen Geschichte beruht der wirtschaftliche Erfolg des geteilten Deutschlands auf Verdrängungen. Die widersprüchliche Politik der Adenauer-Regierung drückt den Identitätsverlust der Nation aus. Hinter dem materiellen Wohlstand stecken tiefer liegende Wunden und Unsicherheit. Durch den Film wirft Fassbinder einen kritischen Blick auf den subtilen seelischen Zustand Nachkriegsdeutschlands.

---

186 Christopher Sharp (1986): THE MARRIAGE OF MARIA BRAUN: In: Women's Wear Daily, 12.10.1979, zitiert nach: Rheuban: S. 215. In: Elsaesser (2001): S.155.

»Rote Laterne« (1991):

In ein burgartig gebautes Haus im vorrevolutionären China kommt die 19-jährige Studentin Songlian, die wegen der finanziellen Nöte ihrer Familie als vierte Nebenfrau in den wohlhabenden Haushalt einheiratet. Dort erfährt sie eine Serie konventioneller Prinzipien dieser Familie, denen gemäß einer der Flügel mit roten Laternen geschmückt wird – je nachdem, mit welcher Nebenfrau der Hausherr die Nacht zu verbringen wünscht. Die Gunst des Mannes verleiht der Frau Kontrolle über den Haushalt und weist ihr den Platz in der harten Konkurrenz zu. Im Gegensatz dazu besteht auch die Möglichkeit, die Gunst und Aufmerksamkeit für immer zu verlieren, falls eine Frau gegen das Prinzip verstoßen und den Unwillen des Mannes hervorgerufen hat. Dies wird dadurch verdeutlicht, dass die Laterne ausgelöscht und schwarz umhüllt wird. In dem intriganten Kampf zwischen den Frauen verwandelt sich die junge Songlian sowohl zu einer Vertreterin des Machthabers, die das Dienstmädchen Yan'er abstraft, als auch mittels einer vorgeblichen Schwangerschaft zu einer Betrügerin, die ihren verlorenen Platz zurückzuerobern versucht. Letztendlich verursacht sie Yan'ers Tod und den Mord an der dritten Nebenfrauen Meishan. Während Songlian wahnsinnig im Hof herumlungert, heißt das Haus eine neue Nebenfrau willkommen.

Der Film handelt von der jungen Frau Songlian, die wegen familiärer Schwierigkeiten nach dem Tod des Vaters das Studium aufgibt und in eine wohlhabende Familie einheiratet. Den geschichtlichen Hintergrund bildet das vorrevolutionäre China. In dem traditionellen tiefen Hof, der voller strenger Rituale ist, nimmt Songlian allmählich am intriganten Konkurrenzkampf zwischen den Nebenfrauen um Gunst und Aufmerksamkeit des Hausherrn Chen teil. Ihr Schicksal endet schließlich in einer Tragödie.

Der Film stellt eine weitere Zusammenarbeit des Regisseurs mit seiner Lieblingsschauspielerin Gongli nach »**Rotes Kornfeld**« und »**Ju Dou**« dar. Die Geschichte basiert auf der Romanvorlage »Wives and Concubine« von Su Tong. Der ehemalige Professor der Beijing Film Academy Ni Zheng war für das Drehbuch verantwortlich.
Im Inland wurde der Film mit dem chinesischen Hundred Flowers Award als »Bester Spielfilm« und Gongli mit dem Preis für die »Beste Hauptdarstellerin« ausgezeichnet. Offensichtlich findet er die gleiche Anerkennung auch im Ausland: Beispielsweise erhielt er den Silbernen Löwen von Venedig 1991 und eine Oscar-Nominierung in der Kategorie »Best Foreign Language Film« 1992.
Die Freiheitsverlust der Frau konkretisiert sich als Thema in diesem Film vollständig auf der visuellen Ebene. Die geschlossene Form der Bilder auf der ästhetischen Ebene veranschaulicht das Gefühl des Freiheitsverlustes der Protagonistin, wie die folgende Betrachtung beschreibt:

> *»In Zhangs Film dominieren die Bilder der geschlossenen Form – sei es der Blick in den Innenhof, der Blick über die Dächer des Anwesens oder ein Bild des Brautbetts hinter einem geschlossenen Schleiervorhang, das sich durch eine langsame Rückfahrt der Kamera ebenfalls zu einem Bild der geschlossenen Form entwickelt. Die geschlossene Form der Bilder steht in dieser Form für die Abgeschlossenheit der Frauenhäuser des Palastes, für die Eingeschlossenheit und Isolation der Protagonistin, für ihre Beziehungslosigkeit und für die Gefühlskälte, mit der die anderen ihr begegnen.«*[187]

Der Film stellt einen isolierten Raum her, in dem »es erstaunlich unverschlüsselt um verknöcherte Strukturen, Unterdrückung und den Verlust

187 Beil, Benjamin; Kühnel, Jürgen; Neuhaus, Christian (2012):. S.67

von Träumen geht«[188]. Solche Absichten des filmischen Ausdrucks werden in Zhangs Kontext selbstverständlich anhand von Frauenfiguren verfolgt, deren Unterdrückung und Freiheitsverlust stets im Zentrum der Geschichte stehen, sodass sich letztendlich eine allegorische Lesart aufdrängt. Diese Art und Weise wird von Dai, einer der wichtigsten Filmtheoretikerinnen und -kritikerinnen, als Kulturstrategie von Zhangs Films angesehen: Sowohl der im Museum angesiedelte Drehort als auch die erdichteten Rituale der Anzündung, Lösung und Umhüllung der Laterne sowie die Verfahren der Fußmassage zeigen aus Dais Sicht eine historische Landschaft in der »Doppel-Identifizierung«.

> *»Wenn ein östlicher Künstler sich im kulturellen Spiegel des Westen anschaut, sieht er darin eine Frauengestalt, die bereit dafür ist, die Erwartung der patriarchalischen oder Gast-Kultur des Westens an den Osten und dessen Schönheiten, und die Blicke der westlichen männlichen Zuschauer zu befriedigen. Diese chinesische historische Geschichte ist in solch einem Blick zu einem faszinierenden ‚flachen Land', einer langen östlichen Malerei oder einem prächtigen bunten Wandschirm erstarrt. In diesem ‚Dialog' zwischen Westen und Osten lässt sich Zhang Yimou mit dem Platz der Frau in der Geschichtsordnung identifizieren. Das ist eine Selbst-Verbannung und -‚Abwertung', zugleich auch eine erfolgreiche Einfügung.«*[189]

Zhangs Film hatte durch diese Selbstidentifizierung als Frau und das

---

188 Schröder (2003): S.272. Der vollständige Satz lautet: Dabei leben die Filme vom Gegensatz aus idyllischer oder auch spiegelglatter (Rote Laterne, 1991) Oberfläche einerseits und einem rauhen Untergrund andererseits, der sich aus Geschichten speist, in denen es erstaunlich unverschlüsselt um verknöcherte Strukturen, Unterdrückung und den Verlust von Träumen geht.

189 Dai (2000): S.252. Eigene Übersetzung der Autorin.

Spiegel-Modell seinen eigenen Platz im weltweiten Kulturmarkt und im postkolonialistischen Kontext gefunden, in dem das Thema des Geschlechts und das der Nation im genannten Kontext ineinander verwoben sind, sodass ein spezielles Phänomen von Doppel-Identifizierung im Film hervorgebracht wird.

»Die Ehe der Maria Braun« (1978)

Maria und Hermann Braun heiraten mitten im Krieg 1943. Die Ehe dauert jedoch nur einen halben Tag und eine ganze Nacht, weil der Mann wieder an die Front muss und bald darauf als vermisst gemeldet wird. Als der Totgeglaubte heimkehrt, überrascht er Maria, wie sie mit dem farbigen Soldaten Bill im Bett liegt. Es kommt zwischen beiden Männern zum Kampf, bei dem Maria mit einer Flasche Bill erschlägt. Hermann nimmt die Schuld auf sich und wird zu einer langen Haftstrafe verurteilt. Von da an bemüht sich Maria, ihrem Mann bei dessen Rückkehr ein annehmbares Zuhause bieten zu können. Sie beginnt eine zielstrebige Karriere als persönliche Assistentin und Dolmetscherin für Englisch in der Textilfirma des französischen Geschäftsmanns Oswald, wobei sie auf ihre Weise ihrem Mann treu bleibt, obwohl sie tatsächlich als eine Halb-Prostituierte bei Oswald arbeitet. Als Hermann entlassen wird, verpasst sie ihn. Als Hermann nach langer Zeit von seinem heimlichen Aufenthalt aus Kanada zurückkehrt, ist selbstverständlich zu erwarten, dass das Ehepaar endlich sein Leben neu beginnen kann. Aber die Wiedervereinigung wird bald unterbrochen, als zwei Mitarbeiter Oswalds das Paar besuchen, um dessen Testament zu verlesen. Bei der Testamentseröffnung erfährt Maria von einer Vereinbarung zwischen Oswald und Hermann, nämlich dass Oswald bis zu seinem Tod frei über Maria »verfügen« dürfe, wenn er dafür sowohl Hermann als auch Maria zu seinen Erben mache. Maria Braun ist sich jetzt darüber im Klaren, dass sie von der Welt betrogen wird.

> Bewusst oder unbewusst lässt sie in der Küche Gas strömen und zündet sich eine Zigarette an. Das Haus geht in einer gewaltigen Explosion in die Luft, während der Kommentator im Fernsehen wegen des Siegs der deutschen Fußballnationalmannschaft 1954 seine ganze Freude herausschreit.

Marias Geschichte ist die Geschichte einer Niederlage der Frau in ihrer Ehe, die kaum Realität hat. Fassbinder und die Filmemacher seiner Generation versuchten in ihrer Arbeit, die deutsche Geschichte des 20. Jahrhunderts aus dem Blickwinkel ihrer 60er- und 70er-Jahre-Wirklichkeit kritisch zu betrachten. Die Geschichten in Fassbinders BRD-Trilogie spielen in den Gründungsjahren der Bundesrepublik, sie verweisen jedoch immer auf die Gegenwart der 70er Jahre. Besonders bei »**Die Ehe der Maria Braun**« sieht der Regisseur die Nachkriegszeit als eine Zeit voller Illusionen, Träume und Sehnsüchte an, ähnlich wie in seiner eigenen Lebenszeit. So beschreibt er die etwa ambivalente Stimmung der Nachkriegszeit:

> *»Es war die Zeit der Suchmeldungen und der Trümmerfrauen, des »Off-Limits« und des Schwarzmarktes, des Hamsterns und der Währungsreform, des »Nie wieder Krieg« und der Wiederbewaffung, der Lebensanarchie und der sich wieder restituierenden Kapitalistischen Ordnung.«*[190]

In dieser Stimmung haben Einzelne einerseits privaten wirtschaftlichen Erfolg, während die Gesellschaft des westlichen Deutschlands einen dynamischen wirtschaftlichen Aufschwung erfährt, andererseits erleidet der oder die Einzelne dessen negative Auswirkungen. Wenn Maria ihr Haus explodieren lässt, verliert das Wirtschaftswunder seinen Sinn. Durch ihre Geschichte versucht Fassbinder zu definieren, *»was das ist und wie es*

---

190 Nikolaus Markgraf (1979): Liebe, Treue und Verrat. In: Pottt (2000): S.22

geworden ist: die Republik des Geldes und der verkauften Gefühle«.[191] Der Film von Fassbinder ist ein Werk der Sonderklasse, sowohl künstlerisch als auch kommerziell. Während der 20 Wochen Laufzeit in Deutschland waren die Kinosäle immer ausverkauft, allein in den USA spielte er im Frühjahr 1979 innerhalb von sechs Wochen 1,3 Millionen Dollar ein[192]. Eine deutsche Zeitung titelte, Maria Braun sei der Film, der *»die Leute zurück ins Kino gebracht habe«*[193]. Am Tag nach der Premiere des Films schrieb Karena Niehoff für die »Süddeutsche Zeitung«:

> *»Das ist ein richtig charmanter und sogar witziger Kinofilm und zugleich ungemein kunstvoll, künstlich und mit Falltüren noch und noch für die, die unruhig leidend auf ihrem Sessel rutschen, können sie sich nicht in eine Tiefe, möglichst in mehrere, stürzen.«*[194]

Michael Ballhaus[195], der für »**Die Ehe der Maria Braun**« bei Fassbinder die Kamera führte, drückt seine Meinung zu dem Film so aus:

> *»Es war sicher unser bester Film. Und das ist der Film; der bleiben wird, der noch in zehn oder zwanzig Jahren Gültigkeit haben wird.«*[196]

Durch diesen Film erfüllt sich Fassbinder seinen Traum, einen deut-

---

191 P. Jansen 1979: Vor der Machtübernahme. In: Pott 2000: S.13

192 vgl. Spaich (1992): S.300

193 Elsaesser (2001): S.155

194 Spaich (1992): S.306-307

195 Michael Ballhaus: (* 5. August 1935 in Berlin) ist ein deutscher Chefkameramann, einer der bedeutendsten des deutschen und internationalen Films. Durch die Mitarbeit an einigen Low-Budget Produktionen Ende der 1960er Jahre traf er auf Rainer Werner Fassbinder. Mit ihm allein drehte er dann siebzehn Filme, die ihn über Deutschland hinaus in der Filmszene bekannt machten und ihm die Türen auch in Hollywood öffneten. (Wikipedia: [Online] http://de.wikipedia.org/wiki/Michael_Ballhaus am 04.08.09.)

196 Peter Kremski (1989): RWF und Die Ehe der Maria Braun. In: Pott (2001): S.13

schen Hollywood-Film zu drehen. Fassbinders Traum vom deutschen Hollywood-Film meint nicht nur den Publikumserfolg, sondern auch die Professionalität. So drückt er selbst es aus: *»Was ich möchte, ist ein Hollywood-Kino, also ein Kino, das so wunderbar und allgemeinverständlich ist wie Hollywood, aber gleichzeitig nicht so verlogen.«*[197] »**Die Ehe der Maria Braun**« ist ein solcher Film. Umso enttäuschter war Fassbinder daher, dass ihm die Jury der Berlinale 1979 den Goldenen Bären für die beste Regie verweigerte und die nationale Auswahlkommission der Bundesrepublik eine Oscar-Nominierung des Films ablehnte. Dennoch bekam der Film schließlich zwei Silberne Bären auf der Berlinale 1979 als Eröffnungsfilm (für Hanna Schygulla und für das Team) und fünf Bundesfilmpreise. Das Berliner Publikum war von der Besonderheit des Films beeindruckt[198]. Noch im selben Jahr konnte der Weltvertrieb 25 Abschlüsse melden: Die Liste der Auslandsverkäufer reichte von Algerien bis Uruguay, von Kanada bis Japan.[199]

4.2.2 Die Gestaltung der Frauenfigur

4.2.2.1 Die Verwandlung der Frauenfigur

Der Anspruch auf die Freiheit und auf die Selbstbestimmung des Individuums zeigt sich bei den Frauenfiguren in »**Rote Laterne**« viel stärker als bei Jiu'er (»**Rotes Kornfeld**«) und Xiao Jinbao (»**Shanghai Serenade**«), weil deren Existenzen direkt unter der diktatorischen Herrschafts-

---

197 Fassbinder: Rainer Werner Fassbinder Foundation: Werkschau: S..204. In: Bae (2005): S.139

198 vgl. Elsaesser (2001): S.155. In: Spaich (1992): S.300

199 vgl. Töteberg (2002): S.121

ausübung in einer großen traditionellen Familie stehen. Die Frauen verlieren dabei nach Heiraten ihre eigenen Namen und werden stattdessen Nebenfrauen genannt, die keinen individuellen Wert besitzen, und daher als sexuelle Körper ausgewählt sowie ersetzt werden. Auf verschiedene Art und Weise werden sie im Film zu Opfern des totalitären Systems.
Die Hauptfigur Songlian erfährt ihre Entwicklung von einer ausgebildeten Studentin bis zum Teil eines totalitären Systems als eine der Nebenfrauen Chens, deren Existenz sich auf konservative Traditionen und partriarchalische Strukturen stützt. Wie in »**Rotes Kornfeld**« kommt die Frauengestalt erstens in einer Close-Up Einstellung ins Blickfeld, in der Songlians ihre Traurigkeit mühsam unterdrückend zu ihrer Stiefmutter sagt: »Könnte ich selbst entscheiden, wen ich heirate? Du redest immer über Geld, dann heirate ich einfach einen reichen Mann.« [...] »Lass mich so eine Nebenfrau sein. Frau ist eigentlich so ein Ding, nicht wahr?" (00:00:50-00:01:35) (Abb.1) Dabei wird Songlian wegen des plötzlichen Todes ihres Vaters von ihrer Stiefmutter gezwungen, das Studium zu unterbrechen und als die vierte Nebenfrau Chen zu heiraten. Die Bilder und Dialoge lassen eine entschiedene, selbstsichere Frau erkennen, die zwar ihrem Schicksal zu folgen gezwungen ist, aber auf den unbeugsamen Charakter beharren will. In einer Schuluniform aus weißer Bluse und schwarzem Rock erscheint Songlian als eine moderne und forschrittliche Repräsentantin der intellektuellen Bevölkerungschicht, die den für sie abgeschickten Zug der Sänfte vorbeigehen lässt, sondern lieber den Koffer selbst trägt und zu Fuss geht. (Abb.2) Die Selbstbestimmung der Figur wird trotzdem in der voranschreitenden Handlungsentwicklung von der konservativen Tradition und streng familiären Prinzipien zerbrochen.

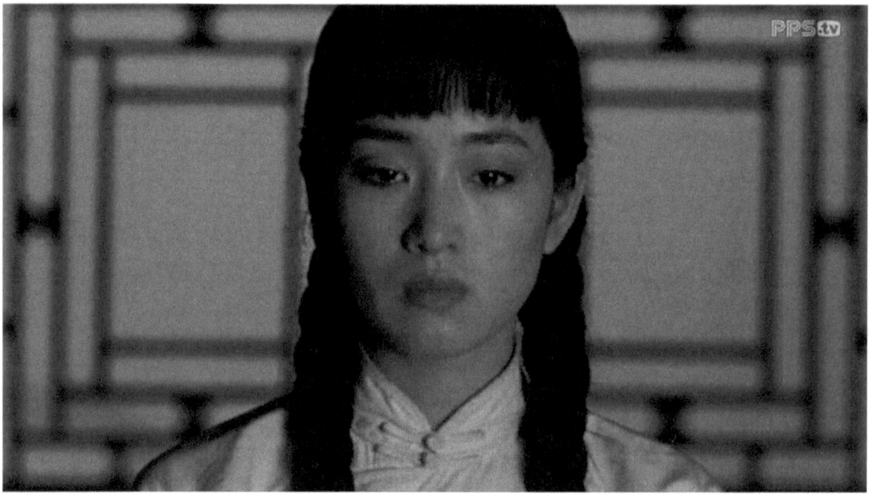

Abb.1

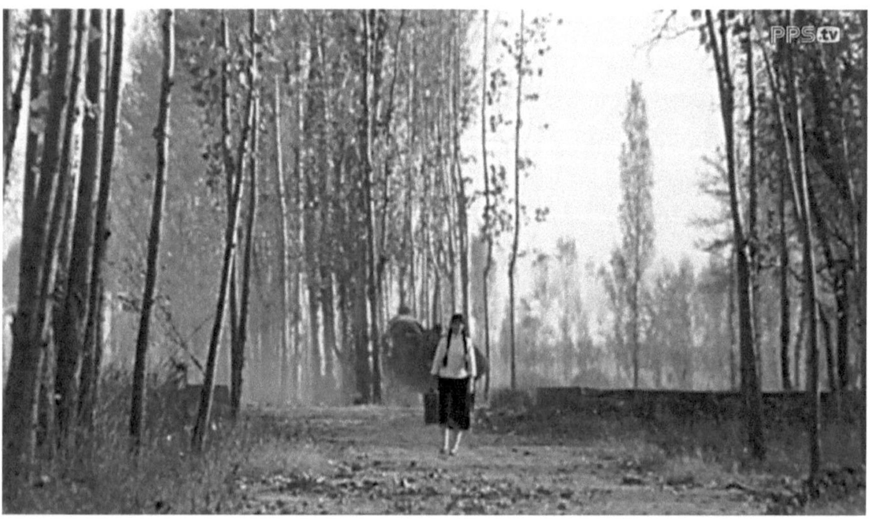

Abb.2

Die Räumlichkeit ist plötzlich begrenzt, nachdem Songlian Chens Hof erreicht hat. (Abb.3) Dort wird sie von dem Haushälter eingeführt, durch tiefe Korridore, eine Bogentür nach der anderen, ihrem unentrinnbaren Schicksal entgegen. In der ersten Nacht erfährt Songlian die spezifischen Rituale der Laterne sowie der Fußmassage, die von Chen als für die Nacht gewählte Nebenfrau zuteil wird. Solche Zeremonien gleichenden Rituale symbolisieren die fremdbestimmte Sexualität, die ausschließlich den Wünschen des jeweiligen Patriarchen untersteht. »Die Füße der Frau sind am wichtigsten. Wenn die gut gepflegt werden, dann bedient die Frau ihren Mann besser.« So behaupt Chen. (00:11:22-00:11:32) Hier werden die Füße wieder in ihrer konnotativen Bedeutung für die Sexualität herausgestellt, wie sie schon in »**Rotes Kornfeld**« gezeigt werden, wenn Jiu'er ihren Fuß absichtlich aus dem Vorhang der Sänfte lässt und Yu ihn ergreift. Die subtile sexuelle Suggestion stellt sich dabei durch die Wechselwirkung zwischen Fuß und Hand ein.

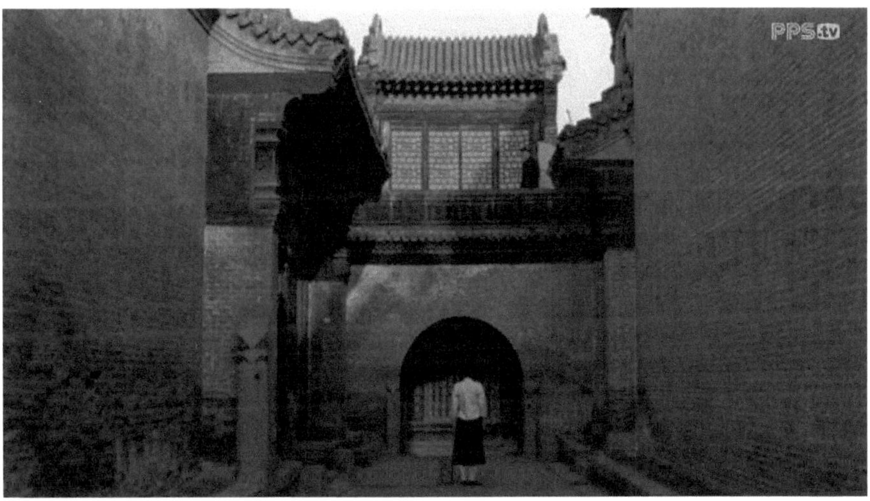

Abb.3

Als Eindringling in dieser Gemeinschaft erlebt Songlian allmählich das konfliktbeladene Umfeld zwischen Chens Nebenfrauen, die nur unter der Bedingung, die Aufmerksamkeit von Chen gewürdigt zu werden, die entsprechenden Privilegien im ganzen Haushalte genießen. Songlian lässt sich integrieren, nachdem sie den Sachverhalt kennt, dass der Machtwechsel untrennbar mit der Bevorzugung durch den einzigen Herrn verbunden ist. Sie versucht, Chen zu überzeugen, bei ihr zu übernachten. Bei der Fußmassage lässt sie sich erfreuen. Der Kampf zwischen den Frauen wird zuerst bei der dritten Nebenfrau Meishan als angebliche Intrigantin eingeführt, erreicht aber seinen Wendepunkt bei der zweiten Ehefrau, die sich als eigentliche Verschwörerin entpuppt. Durch die Darstellung der Rivalität der Frauen wird die fremdbestimmte Sexualität des weiblichen Geschlechts verdeutlicht. Wie es Songlian im Film ausdrückt: »Wäre es nützlich, eine Schule besucht zu haben? Wäre ich nicht nur ein Kleidungsstück vom Herrn, der dieses auszieht oder anzieht, wenn er es möchte?« (00:49:46-00:49:53) Doch bewahrt sich Songlian teilweise ihre rebellische Kompromisslosigkeit, wenn sie daran festhält, in ihrem eigenen Zimmer zu speisen, was gegen die familiäre Gewohnheit ist. Außerdem erfährt sie in der Begegnung mit Feipu, dem Sohn der ersten Ehefrau, eine kurzzeitige Freiheit, als dieser zu Besuch erscheint. Die beiden finden sich auf dem Dach vor, Feipu spielt dabei Flöte. Als junges, vitales, freies Individuum verkörpert Feipu Songlians unbändige Sehnsucht nach Freiheit. Er begegnet ihr mit Würde, indem er ihren Vornamen nennt, statt sie als vierte Ehefrau anzusprechen. So unterscheidet sich Feipu deutlich von Chen. Das Instrument Flöte symbolisiert hier das Streben nach universaler Freiheit und romantischer Liebe, die von Chen aus Eifersucht verbrannt wird. Seine Rechtfertigung lautet: »Ich will nicht, dass du abgelenkt wirst« (01:04:03) Die Aussage beweist Songlians absolute Fremdbestimmung nach seinem Willen.

In der folgenden Handlungsentwicklung nimmt Songlian im richtigen Sinne an dem Wettbewerb um die Gunst des Patriarchen teil. Als Vergeltung verletzt sie absichtlich die zweite Ehefrau mit einer Schere am rechten Ohr und täuscht danach eine Schwangerschaft vor, um Chens Aufmerksamkeit wiederzuerlangen. Ihre Tat zeigt einerseits ihre Kompromisslosigkeit gegen die bestehende Ordnung und ihre gestärktes Selbstbewusstsein, enthüllt aber andererseits ihr trauriges Schicksal in der familiären Ordnung. Da ihre scheinbare Rebellion ausschließlich auf Chens Gunst gerichtet ist, hat sie sich eigentlich gar nicht von dem patriarchalischen Machtsystem gelöst. Jetzt wird Songlian Teil, ja sogar eine Vertreterin des Systems, wenn sie ihre Bedienstete Yan'er schikaniert: »Dame ist stets Dame, wie Zofe ewig Zofe ist.« (01:29:46) Der Hierarchieunterschied wird dadurch unterstrichen.

Im Vergleich zu Songlians gescheiterter Rebellion ist Yan'ers Kompromisslosigkeit viel tragischer, aber absoluter. Sie bewahrt trotz der hierarchisch gegliederten Gesellschaftsstrukturen den innerlichen Wunsch, eine der Ehefrauen zu werden. Sie baut für sich in ihrer Kammer mit gebrauchten roten Laternen einen Illusionsraum auf, womit sie auf ihre eigene Weise gegen die geltenden Grundsätze verstößt. Nachdem Songlian ihre Tat aufdeckt und ihren Traum zerbrochen hat, erstarrt sie knieend auf dem Steinboden, statt um Gnade zu bitten. Ihre Rebellion endet mit ihrem Tod, der gleichzeitig tiefes Bedauern und Nachdenken bei Songlian hervorruft. Sie beginnt dem Alkohol zu verfallen. Angesichts ihrer Hoffnungslosigkeit und ihres Verfall ist Feipu nur machtlos, der sie endlich verlässt. In ihrer Trunkenheit verrät sie die Affäre von Meishan und erlebt im Folgenden als Augenzeugin den heimlichen Mord. Die Tatsache des Mordes wird dennoch damit von Chen einfach erklärt, dass Songlian als Wahnsinnige Unsinn geredet hat, wenn sie ihn deswegen als Mörder beschuldigt. In der Vorherrschaft des männlichen Geschlechts verliert Songlian ihr Diskurs-Recht und kann aus dem vorgeschriebenen Schicksal nicht entkommen.

Während die Familie im nächsten Sommer eine weitere Ehefrau willkommen heißt, tritt Songlian in ihrer Schuluniform auf, die aber nicht mehr als unbefleckte Studentin auftritt, sondern wie ein Gespenst, das irrsinnig durch den weiten Hof wandert. Sie verliert in diesem Moment ihre letzte Vernunft und Freiheit, bleibt wie ein Häftling durch die Heirat

für immer gefangen.
Während Songlian sich mit Kompromissen und Lügen in einen Teil des Macht-Systems verwandelt hat, und schließlich ein Opfer der patriarchalischen Ordnung wird, ist auch Fassbinders Frauenfigur Maria Braun durch Lügen und Kompromisse gekennzeichnet, die in der Entwicklung ihrer Lebensgeschichte immer klarer verdeutlicht werden. Die von Schygulla portraitierte Heldin Maria Braun stellt sich als eine Mischung aus traditioneller Weiblichkeit, die sich immer die Hoffnung auf Liebe bewahrt, und der selbstständigen aktiven Frau mit starkem Selbstbewusstsein und Autonomie dar, die die Dinge mit einem krankhaften materiellen Trieb infolge der Mangelerfahrung des Kriegs kontrollieren möchte und die gleichzeitig ihren emotionalen Brennpunkt des Leidens zeigt, dar. Die ambivalente Eigenschaft der Figur besteht aus ihrer utopischen Erwartung und unbewussten Zwängen. Am Beispiel der Heldin verdeutlicht Fassbinder die gesellschaftliche Mechanismen, oft im Zusammenhang mit dem Thema der gesellschaftlichen Unterdrückung vor einem bestimmten geschichtlichen Hintergrund.
Marias erstes Bild im Film zeigt eine junge deutsche Frau, die gerade heiratet. Aber die Ehe währt nur einen halben Tag und eine ganze Nacht. Die Trennung vergrößert nur die Sehnsucht. Ihr erster Verwandlungsschritt vollzieht sich in einer amerikanischen Off-Limits-Bar in Form eines »Sex-Objekts«. Selbstbewusst tritt Maria Braun in die Bar ein, um sich dort um einen Job als Animierdame zu bewerben, worin sie die einzige Möglichkeit zum Überleben sieht. Im folgenden Dialog kündigt sich Marias Ziel in diesem Kontext an, als Maria und ihre Freundin Betty vor dem Spiegel neue Hochsteckfrisuren ausprobieren.
Maria beobachtet sich selbst vor dem Spiegel und sagt: »Es hat etwas von einem Pudel.« […] »Ich glaube, die Amerikaner sind ganz wild auf Pudel.« (00:14:12-00:14:30) (Abb.4)

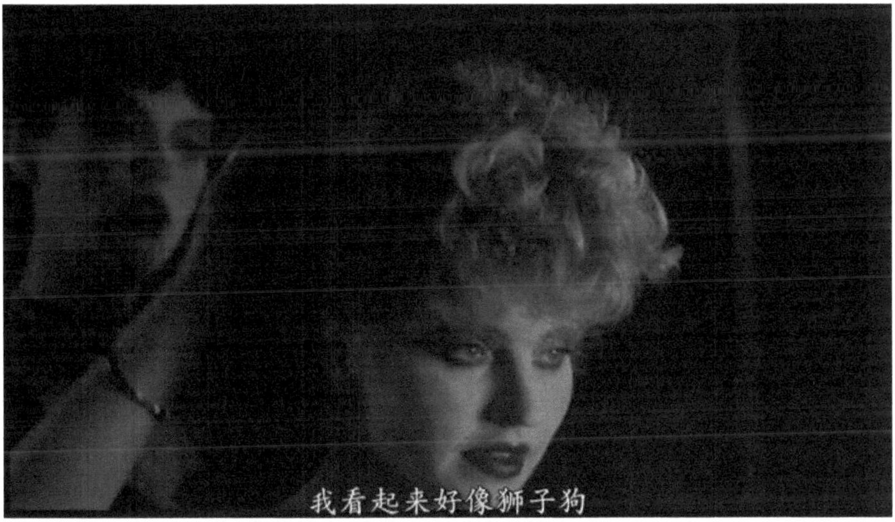

Abb.4

Maria tauscht auf dem Schwarzmarkt Familienschmuck gegen ein Abendkleid und eine Flasche Korn ein. Sie lässt ihre Mutter das Kleid kürzen. In dieser Szene fährt die Kamera zuerst sehr nah an Marias hohen Absatz und ihre schwarzen Netzstrümpfe heran. Sie steht auf dem Tisch. Der Kamerablick wird durch einen dunklen Türrahmen eingrenzt. Maria hält eine Lampe zur Beleuchtung auf ihren Körper und steht in Model-Pose. (Abb.5)

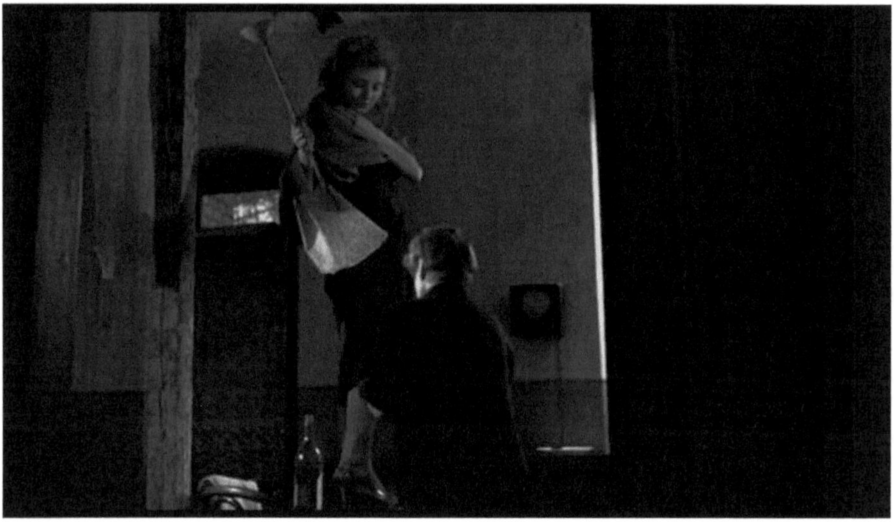

Abb.5

Die Mutter steckt das Kleid kürzer und sagt: »Wenn du so schöne Beine hast, sollst du die ruhig auch zeigen. [...] Sieh' zu, dass dir wenigstens einer ein Paar schöne Strümpfe schenkt.« (00:17:28-00:18:11) In diesen Beispielszenen stellt Maria sich nicht mehr als eine traditionelle junge Frau dar, sondern konstruiert sich eine neue Identität, in der sie zwangläufig zum Sex-Objekt wird. Ihre emotionale Wendung wird in folgender Szene visualisiert: Auf dem Bahnhof stehen zwei Liebespaare, die sich umarmen und einander küssen. Im nächsten Schnitt sieht der Zuschauer Maria das Foto ihres Manns vom Suchschild herunterreißen und das Schild unter den Zug werfen. Ihr Entschluss wird in der nächsten Szene in der Bar durch die Kamerabewegung immer klarer verdeutlicht: Als nämlich ihr zukünftiger Chef zu ihr sagt, dass sie bei ihrer neuen Arbeit keinen Ehering tragen darf. Die Kamera fährt langsam auf ihre Hand mit dem Ehering, schließlich wird die Aufmerksamkeit durch einen Schärfenwechsel auf den Ring gelenkt. (Abb.6-7) Diese auffallende Verschiebung der Schärfenebene kündigt die kommende Identität Marias als ein verkauftes »Sex-Objekt« an, die offensichtlich der Ehen-Moral widerspricht. (00:20:00-00:20.22)

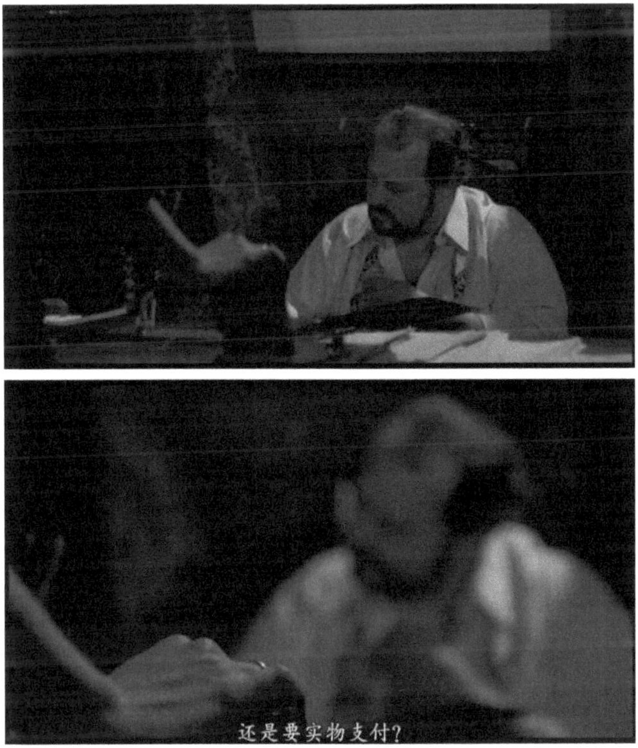

Abb.6-7

Durch diese Abeit lernt Maria den amerikanischen Soldaten Bill kennen und die beiden verlieben sich. Maria weist dennoch den Heiratsantrag von Bill zurück, weil sie immer auf ihre Ehe in ihrer Weise bewahren will, selbst nachdem sie von Hermanns Tod erfahren hat. Aber Marias Treue zu ihrer Ehe ist krankhaft. Diese morbide Treue ist in dieser Szene zu erkennen, als Maria wegen ihrer Schwangerschaft einen Arzt besucht und gefragt wird: »Hast du für den Jungen einen Vater?« Sie erwiderte: »[…] sein Vater ist schwarz und mein Junge wird Hermann heißen.«

(00:35:40-00:35:55)

In der folgenden Handlung bleibt Maria keine passive Trümmerfrau mehr, die mangels Lebensmitteln sich selbst verkauft, sondern wird eine aktive Geschäftsfrau mit starkem Selbstbewusstsein, die die Verführungskünste sehr gut einzusetzen weiß und fest darauf vertraut. In der Szene im Zug verkauft Maria sich wieder erfolgreich und diesmal viel strategischer. Sie erfährt vom Schaffner, dass ein reicher Franzose allein im Erste-Klasse-Abteil sitzt. Sie verwandelte sich auf der Zugtoilette in eine Verführerin im schwarzen Kleid. Ihre schwarzen Absatzschuhe mit den Netzstrümpfen werden wieder groß aufgenommen wie in der genannten Szene im ersten Entwicklungsschritt. Neben ihrer enormen erotischen Anziehungskraft beeindruckte sie Oswald auch durch ihr gutes Englisch, das sie »im Bett« von ihrem ersten Liebhaber Bill gelernt hatte. Mit den beiden wirksamen Ausrüstungen der Verführung ist sie natürlich erfolgreich. Dabei hat Maria redlich begonnen. Aus bedingungsloser Liebe zu ihrem Mann bemüht sie sich, alles zu tun, um nach Hermanns Entlassung ein ansehnliches Haus kaufen zu können. Das Schlüsselwort von ihr in dieser Phase ist vor allem »Arbeitswut«, womit sie sowohl die Liebe zu ihrem Mann weiterhin ermöglichen als auch das Spiel mit anderen Männern erhalten kann. Sie ist auch eine der Personen, denen die Regierungen von Adenauer und Erhard einen herausragenden Beitrag zum Wirtschaftswunder zu verdanken haben. Jetzt aber wird sie zu einer berechnenden, kühlen Geschäftsfrau, die sich von der früheren Maria schon weit entfernt hat. So bezeichnet sie sich selbst »Expertin für die Zukunft« oder »Mata Hari[200] des Wirtschaftswunders«. Sie äußert sich

200 Mata Hari war der Künstlername der niederländischen Tänzerin Margaretha Geertruida Zelle (* 7. August 1876 in Leeuwarden; † 15. Oktober 1917 in Vincennes). Sie war in der Zeit vor dem und während des Ersten Weltkrieges als exotische Nackttänzerin und exzentrische Künstlerin berühmt. Daneben gilt sie heute als raffinierte Doppelagentin (Wikipedia: [Online]

weiterhin folgendermaßen: »Ich mache die Wunder lieber, als dass ich auf sie warte«. Die Beziehung zwischen Maria und ihrem Liebhaber sowie Chef Oswald kann einfach durch ihre eigene Aussage zusammengefasst werden: »Gestern Nacht war ich Maria Braun, die mit Ihnen schlafen wollte. Heute bin ich Maria Braun, die für Sie arbeiten möchte.« (01:05:56-01:06:02) So zwiespältig lebt Maria mit der Doppel-Identität in einer »schlechte[n] Zeit für Gefühle«, wie sie es selbst in ihrer Unterhaltung mit Oswald ausdrückt. In dieser Phase wird Marias Doppelleben in hohem Maße durch ihre Kleidung verdeutlicht. In der Abb. 8 trägt sie ein Badetuch und gleichzeitig einen eleganten Hut, bevor sie diese ablegen und mit Oswald schlafen wird.

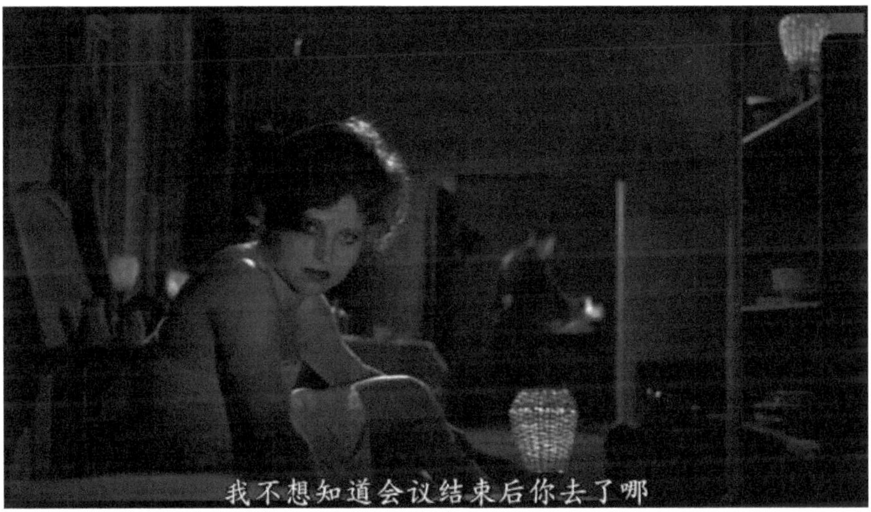

Abb.8

---

http://de.wikipedia.org/wiki/Mata_Hari am 15.08.09). Im Film »**Die Ehe der Maria Braun**« arbeitet Fassbinder in seiner Kunstfigur Maria noch das Schicksal einer realen weiblichen Person ein, weil die beiden als Zeichen einer existentiellen Verunsicherung gedeutet werden.

Ihr Verfall ist für den Zuschauer nach der Entwicklung der ganzen Geschichte nicht überraschend. Da ihre Arbeit immer mit Geld verbunden ist, kann ihre Person deswegen schon längst nicht mehr von dem Prinzip des Tauschens getrennt werden. Als Hermann aus Kanada zurückkehrt, denkt der Zuschauer, dass die Ehe endlich weitergeführt werden kann. Der Neubeginn wird jedoch bald unterbrochen, als die Buchhaltung von Oswald Herrn Senkenberg besucht, um dessen Testament zu eröffnen. Dabei erfährt Maria erst, dass die beiden Männer heimlich vereinbart hatten, dass Oswald bis zu seinem Tod frei über Maria »verfügen« dürfe, wenn er dafür sowohl Hermann als auch Maria zu seinen Erben mache. Marias beharrende Liebe und Treue hat jetzt ihren Sinn verloren. Sie zündet eine Zigarette am vorher nicht abgestellten Gasherd an und das Haus fliegt bei der folgenden Explosion in die Luft. Das Paar liegt auf dem Boden, neben ihnen das heruntergefallene und noch läutende Telefon sowie die Rosensträuße. »Aus, aus, aus, [...]« brüllt der Sportreporter im Radio. Alles ist aus, einschließlich Marias Leben, Liebe und Karriere.

4.2.2.2 Abwesenheit der Männerfiguren

Die Frauenfiguren bei Zhang werden durch erotische Darstellung akzentuiert. Die Frau als Mythos, die stets vom männlichen Blick gesehen und im männlichen Blickfeld begriffen wird, schafft ein visuelles Spektakel des Ostens. Dadurch baut der Regisseur ein semiotisches System auf, welche den Diskurs der nationalen Allegorie bedient. Diese Arbeitsweise von Zhang findet ihren Höhepunkt in »**Rote Laterne**«, wenn der Film durch die visuelle Abwesenheit des Helden eine psychische Distanz-Empathie beim Zuschauer hervorruft, d.h. der Träger des Blickes sowie das Subjekt des Verlangen deswegen von der Realität entfernt sind, sodass der Zuschauer in dem Identifikationsprozess selbstverständlich den freien Platz einnimmt. Der einzige Hausherr Chen wird ausschließlich durch seine Konturen im filmischen Aktionsraum oder lediglich durch eine Stimme aus dem Hintergrund dargestellt, seine körperliche Erscheinung ist niemals vollständig im Bild zu sehen. Infolgedessen befindet sich die Konkurrenz zwischen den Nebenfrauen nie im subjektiven Aspekt des Helden, stattdessen werden sie durch die »objektive« Kamera begriffen und in der schönen symmetrischen Komposition des Bildes aufgestellt. Die Schönheit der Frau wird deshalb der unmittelbare Adressat des Zuschauerblicks. Außderdem ist Chen zwar in der visuellen Ebene abwesend, durch seine höchste absolute Kontrolle aber dadurch omnipräsent, dass die Frauen sich nach seinem Willen definieren. Es mangelt der Figur Chen an der Gestaltung einer individuellen Persönlichkeit, ihm wird als ein Vertreter der patriarchalischen Macht somit eine entpersonalisierte Identität verleihen. So formuliert Rauscher in diesem Kontext:

> *»Chen Zoqians uneingeschränkte Autorität konstituiert sich nicht in einer visuellen Präzenz, sondern wesentlich über die Eigenschaft einer speziellen Flüchtigkeit, die einen Freiraum bietet für differenzierte Assoziationen hinsichtliche der dramaturgischen Intention in der Figurengestaltung.«*[201]

Die visuelle Abwesenheit des Mannes im Aktionsraum, der die Frau in der Fiktion besetzt und kontrolliert, bewirkt die stärkste erotische Spannung zwischen der Frauenfigur und dem Zuschauer. Chow Rey sieht die erotisch akzentuierte Darstellung der Frauenfiguren als Strategie der »Selbstunterwerfung«, was oft mit einer Art der kulturellen Selbstkonsumierung im postkolonialistischen Kontext gleichgesetzt wird.

Im Unterschied zur Abwesenheit des Helden auf der visuellen Ebene in »**Rote Laterne**« macht der Held in »**Die Ehe der Maria Braun**« eine

201 Rauscher (2009): S.55

gedankliche Zeitreise, die die Vergangenheit, die Gegenwart und die Zukunft Marias einander bedingen lässt. Einen halben Tag und eine ganze Nacht nach der Heirat verlässt Hermann seine Frau und zieht in den Krieg, sodass er in Marias Leben abwesend ist, wenn sie als eine Animierdame in der »Off-Limit«-Bar arbeitet. Seine unerwartetes Erscheinen danach verursacht unmittelbar die Wendung des Schicksals sowohl für Maria als auch für ihn selbst. Er wird ins Gefängnis geworfen, deshalb ist er bei Marias Aufstieg in ihrer Karriere abwesend. Nach der Freilassung verliert er sich erneut in Marias Leben. Eine Rose jeden Monat schenkt er ihr, die sie dennoch nur an ihr Unglück erinnert. Seine Rückkehr ist von der Enthüllung eines intrigierenden Vertrags über die Gebrauchsbefugnis über Maria begleitet, der sie endgültig den Verstand verlieren lässt und zum Zusammenbruch führt. Die Abwesenheit und das Auftauchen von Hermann lenkt stets die Wendungen des Schicksals Marias.

Die Erzählstruktur des Films entwickelt sich entlang einer Folge von verdeckten und offenen Wiederholungen und Symmetrien, die sich auf Hermanns wiederholte Abwesenheiten und Rückkehren beziehen. Auf die Liebe zu Hermann hat Maria ihr gesamtes Leben ausgerichtet, obwohl die Ehe nur von kurzer Dauer ist. Ihre Gedanken und Handlungen werden immer von ihrer Liebe dominiert. In einem Moment will sie die Erinnerung an ihre Vergangenheit vergessen, als sie das Schild mit Hermanns Foto unter den Zug wirft. Aber Hermann tritt zufällig zurück in ihr Leben und weckt wieder die Erinnerung bei Maria. In gewissem Maße dienen solche Wiederholungen dem Kontinuitätsprinzip, nach dem der Regisseur ähnliche Handlungen sowie den gleichen Ort in verschiedenen Szenen benutzt, um die Filmvergangenheit und Gegenwart zu verbinden. Dadurch können die Zuschauer sich mit der innerlichen Melancholie von Maria identifizieren, die hauptsächlich aus ihrer unverwirklichten Sehnsucht nach der Liebe und dem Glück stammt. Maria setzt von Anfang bis Ende eine tiefe Hoffnung in die echte Eheführung mit ihrem Mann, was als ein roter Faden der Filmhandlung erachtet werden kann. In dieser Hinsicht ist die Figur Maria total fremdbestimmt, obwohl sie sich als eine erfolgreiche Geschäftsfrau im Wirtschaftswunder darstellt. Das Scheitern ihrer Sehnsucht nach Liebe und Glück beweist die unerschütterliche Machtposition der Männer. Peter W. Jansens Batrachtung zufolge werden die sogenannten »Trümmerfrauen« und deren Freiheit sowie sozialen Ansprüche zur Debatte gestellt:

> »*Was Mitte der fünfziger Jahre endete, war die Beteiligung der Frauen am Wiederaufbau und auch ihr Einzug in die herrschenden Machtstrukturen [...]. Gerade hatten sie für ihre Männer die Trümmer beiseite geräumt, kamen die Männer zurück und besetzen die Machtpositionen.*«[202]

Die unterschiedlichen Behandlungsweisen der Abwesenheiten der Helden bei beiden Regisseuren erklären verschiedene Gestaltungsweisen der Frauenfiguren bei ihnen. Werden sie bei Zhang während der visuellen Abwesenheit der Männer betont erotisch und mythisch überhöht dargestellt, erfahren sie im Kontrast dazu bei Fassbinder eine ambivalent verwickelte Lebensgeschichte, wobei sie untersucht werden und schuldig dargestellt und schlussendlich entmystifiziert werden. Die genannten Gestaltungsweisen zeigen gerade zwei Möglichkeiten, Mulveys Theorie zufolge der Kastraktionsangst des männlichen Unterbewussten zu entkommen.[203]

---

202 Peter W. Jansen : zitiert nach: Rheuban (1986): S. 221. In: Elsaesser (2012): S.155

203 Mulvey (1973): S.401

4.2.3 Die Gestaltungsmittel

4.2.3.1 Visuelle Metapher

Das Thema des Gefängnisgefühls der Frauen in der Ehe wird in »**Rote Laterne**« in der Raum-Struktur ausgezeichnet visualisiert, die mithilfe der starren Kamera und Beleuchtung einen Ort der Abgeschlossenheit darstellt. Der Drehort befindet sich in einem realen Museum, das sich aus eingeschlossenen Höfen, unendlichen Korridoren und zahlreichen Türen zusammensetzt. Der Hof als ein Ort der Isoliertheit trägt symbolische Bedeutung, der einerseits Schönheit, andererseits Unterdrückung und Freiheitsverlust der Einzelnen versinnbildlicht.[204] Wegen der Gemeinsamkeit des historischen Attributes kann der Hof als eine Variante des Schlosses angesehen werden, der »angefüllt mit Zeit, und zwar mit historischer Zeit im engen Sinne des Wortes, d.h. mit der Zeit der historischen Vergangenheit [ist].«[205] So beschreibt Bachtin das Schloss: »Das Schloss ist der Ort, [...], an dem sich in sichtbarer Form die Spuren der Jahrhunderte und der Geschichte abgelagert haben.«[206] Die Frauen in diesem Hof werden unentrinnbar ihrem vordefinierten Schicksal zugeführt, das kein Ausweichen ermöglicht. Insofern lässt dieser Ort sich mit einer Insel analogisieren, auf der die Konflikte zwischen Menschen ausschließlich ausgetragen werden und dabei eskalieren. So stellt sich der Raum des Films mit den historisch veralteten Konventionen zugleich als Ort mythischer Schönheit dar, der sowohl schlossartig als auch einer Insel ähnlich und im Wesentlichen Gefängnis der Frauen ist. (Abb.9-12) Wenn Songlian über die Dächerlandschaft wandert, assoziiert der Zu-

---

204 vgl. Beil \ Kühnel \ Neuhaus (2012): Studienhandbuch Filmanalyse. S.274

205 Bachtin (1989): S.195. In: Ebd: S.276

206 Ebd.

schauer diese selbstständig mit einem kontrastiven Raum, der als Metapher für Songlians Streben nach individuell bestimmter Freiheit und Autonomie betrachtet werden kann. Dort trifft sie sich mit Feipu, der Flöte spielt und sie bei ihrem Vornamen nennt, statt sie als vierte Ehefrau zu bezeichnen. Der Ort Dach steht somit auch für Songlians Sehnsucht nach freier Liebe, die unter der arrangierten Heiratspolitik absolut unmöglich ist. Auf der Dachebene redet Songlian einmal mit der dritten Ehefrau Meishan über die enthüllte intrigante Identität von Zhuoyun, die sich zu Songlian stets freundlich verhält, sie aber im Geheimen verflucht. Mehr Vernunft sowie innerliche Ruhe scheint Songlian in diesem Raum zuteil zu werden. Ihre Unterhaltung mit Meishan auf der Dachebene ist mehr ein Theatermonolog als ein Filmdialog: »Der einzige Unterschied zwischen Mensch und Geist ist der Atem. Der Mensch ist aber tatsächlich Geist, Geist ist gleich Mensch.«[207] (01:34:30-54) Mit diesen Worten drückt Songlian die Gefühlskälte der Frauen in diesem abgeschlossenen Raum aus und gleichzeitig wird ihr eigenes Schicksal prophezeit. (Abb.13)

Die Frauen im Hof definieren sich nach dem Willen des Hausherrn Chen. Die eigenständigen Identitäten der Figuren sind nur durch verschiedene Mise-en-scène der jeweiligen Wohnung zu erkennen, die als ihre eigenen Illusionsräume gelten können. Die Wohnung der dritten Ehefrau Meishan ist wie eine Bühne der Peking-Oper ausgestattet. Einige riesige Masken hängen an der Wand. Eine prächtige Opern-Krone wird auf den Tisch stellt. Die Kostüme hängen einfach an der Wand am Bett. (Abb.14) Der ganze Raum wird unter Songlians Blickwinkel eingeführt, seine visuelle Spannung wird jeweils mithilfe der begleitenden Musik verstärkt. Jenseits der materiellen Realität entsteht in der Kammer ein imaginärer Ort, der Meishan, die vorher Opern-Schauspielerin war, hilft, vor dem

207 Eigene Übersetzung der Autorin.

unterdrückten und eintönigen Leben Zuflucht zu finden. Das Dienstmädchen Yan'er beharrt auf dem innigen Wusch, eine der Ehefrauen von Chen zu werden. Ihr naives Begehren wird von einer alten Bediensteten so zurechtgewiesen: »Du als die vierte Ehefrau? Du bist eine geborene Bedienstete.«[208] (00:26:09) Trotzdem schmückt die junge Frau ihre Kammer mit den gebrauchten roten Laternen, wodurch sie ihren Traum jenseits aller Grenzen schützt oder in einer illusionären Wirklichkeit verwirklicht. (Abb.15) In der monoton steigenden Stimmung der Fußmassage, welche Songlian ihr anbietet, versteckt sich Yan'er in ihrer Kammer und macht ihre Augen zu, als ob sie sich der Bedienung erfreue. Hier spielen die roten Laternen nicht nur eine Rolle als Symbol der Illusion, sondern mehr als Träger der Macht der Unterdrückung, die wegen des streng begrenzten Klassenunterschiedes die Unfreiheit sowie die Tragödie der Frau unmittelbar verursacht. (Abb.16)

Die Eingeschlossenheit des Bildes wird weitgehend durch die Zeit-Struktur verstärkt, die sich im zyklischen Verlauf durch die Zwischentitel der Jahreszeiten konstruiert. Die Handlung fängt mit dem »Sommer« an, in dem Songlian voller Ungewissheit als die neue Ehefrau in den Familienclan einheiratet. Im »Herbst« wird sie allmählich reif für die Konkurrenz und die Strategie. Dann erfährt sie ein Unheil im »Winter«, wenn ihre vorgebliche Schwangerschaft entlarvt wird und Yan'er sowie Meishan eine nach der anderen sterben. Mit dem Einzug einer neuen Ehefrau im nächsten »Sommer« stellt sich ein Kreislauf her, darüber hinaus deutet sich ein ewiger zeitlicher Zyklus an, der unmöglich zu unterbrechen ist. Die Struktur der Zeit und des Raums bedingen einander und veranschaulichen die Isolation der Protagonistinnen in der patriarchalischen autoritären Ordnung. Dai betrachtet den gräulichen kalten Hof und die darin entweder angezündeten oder unangezündeten

208 Eigene Übersetzung der Autorin.

roten Laternen als »das Schlüsselwort der Interpretation der Geschichte, sogar als die Geschichte selber, die im Gedächtnis gespeichert ist.«[209] Und der Raum vertritt jetzt die Geschichte und gleichzeitig die Ironie der Geschichte. Deshalb präsentieren die Bilder in diesem Sinne eine eigenständige Erzählebene.

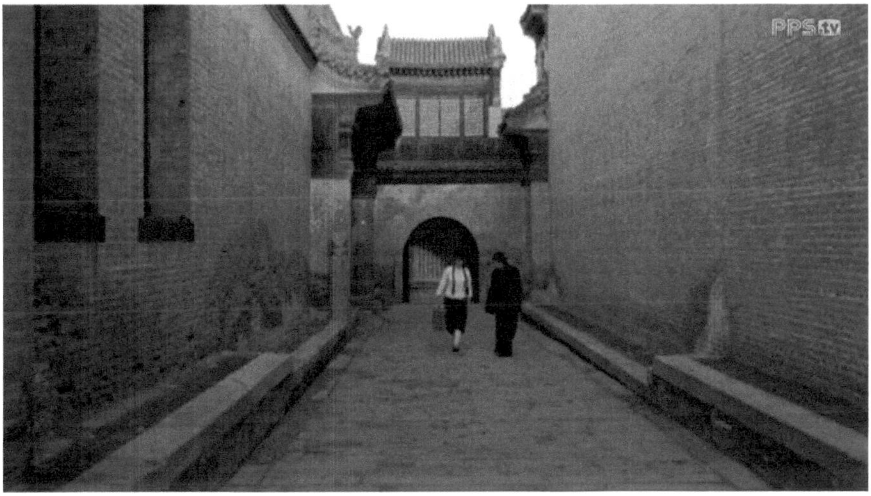

Abb.9

209 Dai (2000): S.268

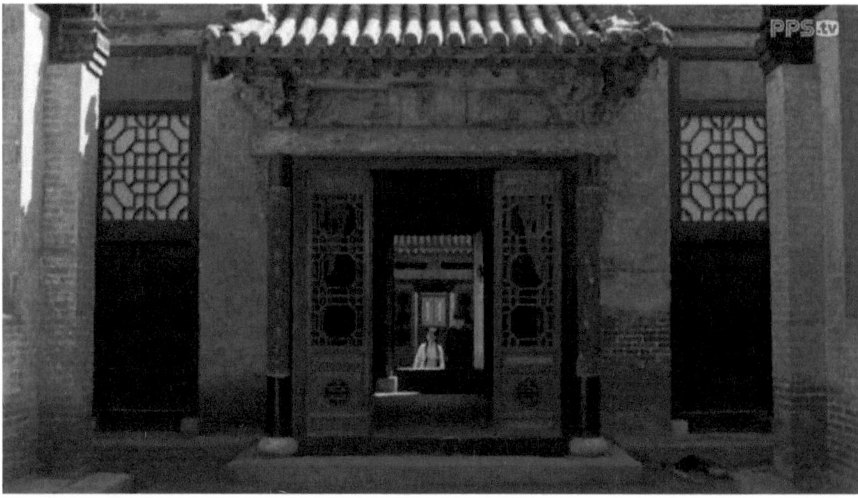

Abb.10

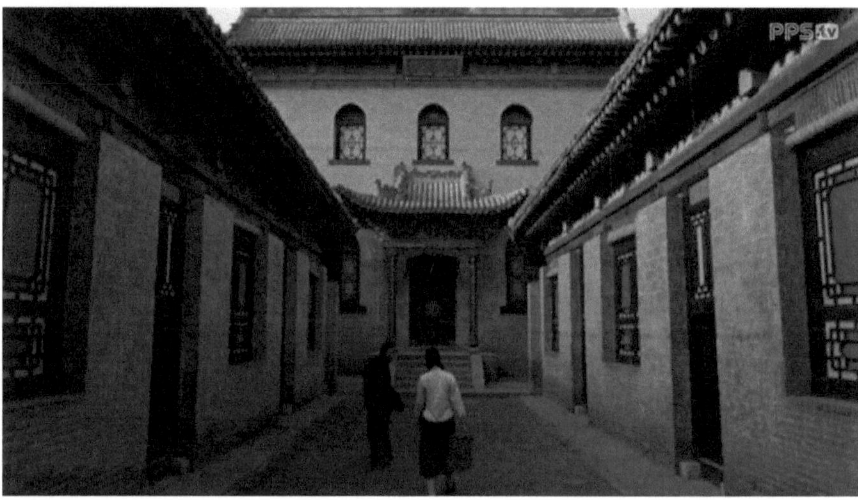

Abb.11

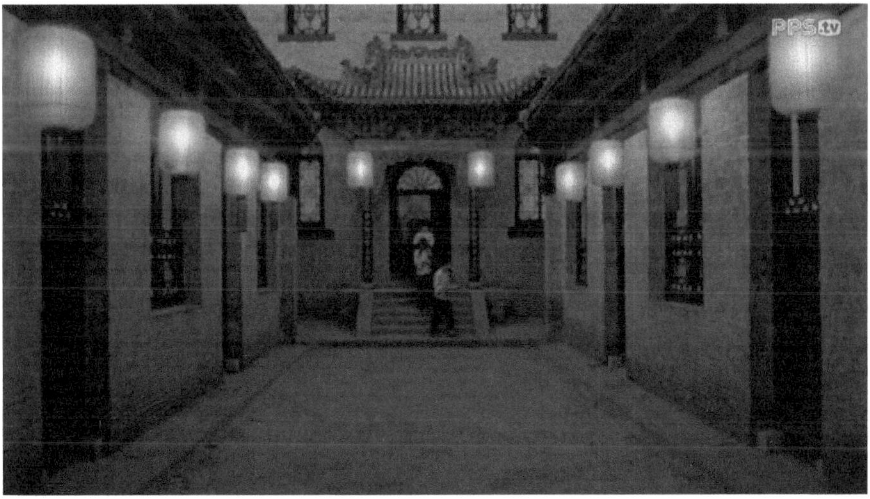

Abb.12

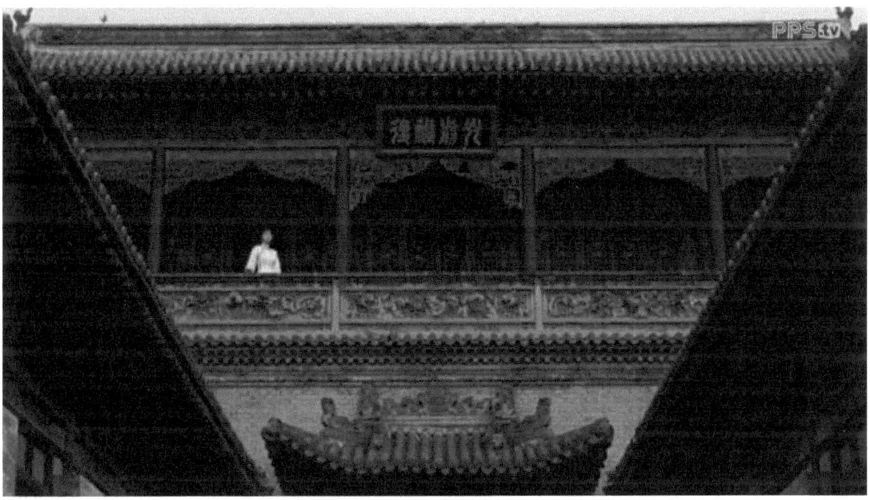

Abb.13

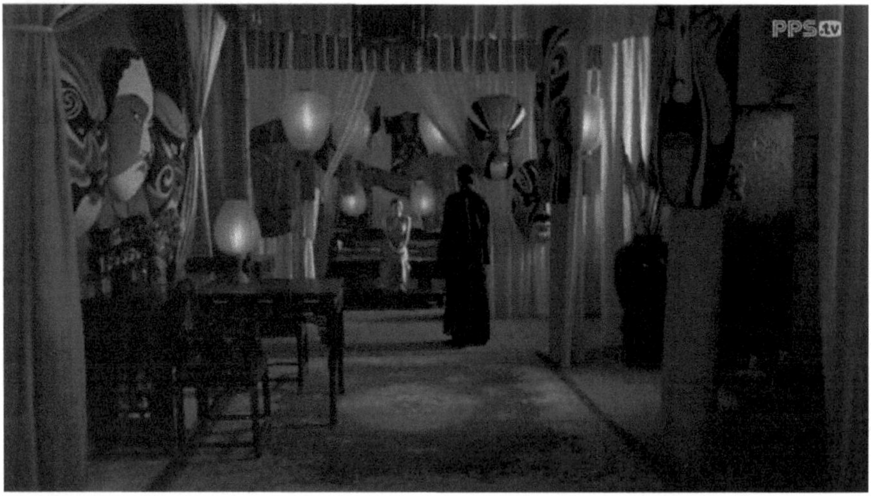

Abb.14

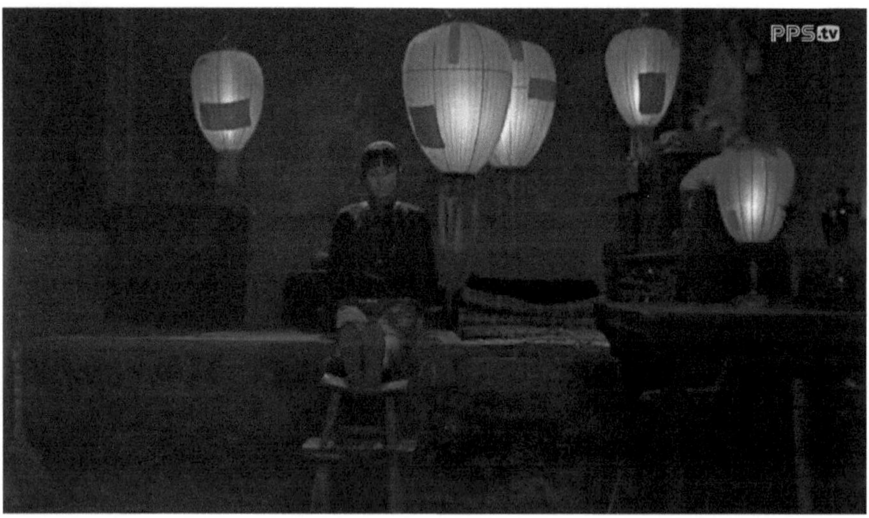

Abb.15

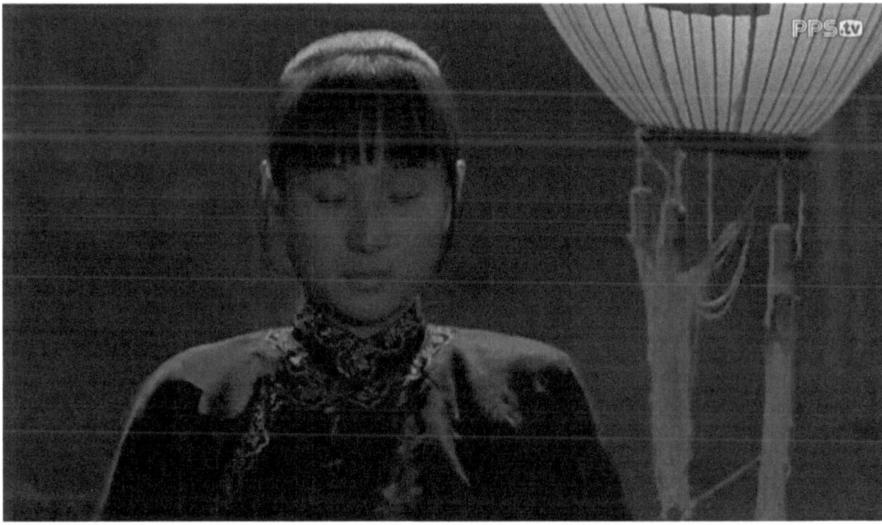

Abb.16

Anders als der eingeschlossene konstante Ort und die zyklische Zeit in »**Rote Laterne**« bleibt der Ort in »**Die Ehe der Maria Braun**« zwar flexibel und die Zeit läuft fortführend, doch erzielt Fassbinder über das optische Leitmotiv der Gitter und ihrer Schatten einen ebenbürtigen Gefängnis-Effekt. Durch diese visuelle Metapher übt Fassbinder Kritik an der »schlecht[en] Zeit für Gefühle« durch. Konträr zur fiktiven Geschichte der Frauenfigur stehen die visuellen Metaphern, sagen entweder ihr Schicksal voraus oder kommentieren anschaulich die Wirklichkeit des Films. Fassbinder belässt das unausgesprochen, der Zuschauer muss es selbst assoziieren.

Maria hat Bill »lieb gehabt«, deshalb ist ihre Liebesgeschichte mit Bill im Freien gestaltet, wie in der Picknick-Szene. Dennoch gibt es dabei auch einen Rahmen. Die Kamera nimmt das Bild durch das Fenster auf, womit Marias neu begonnene Liebe wiederum räumlich eingrenzt wird. (Abb.17)

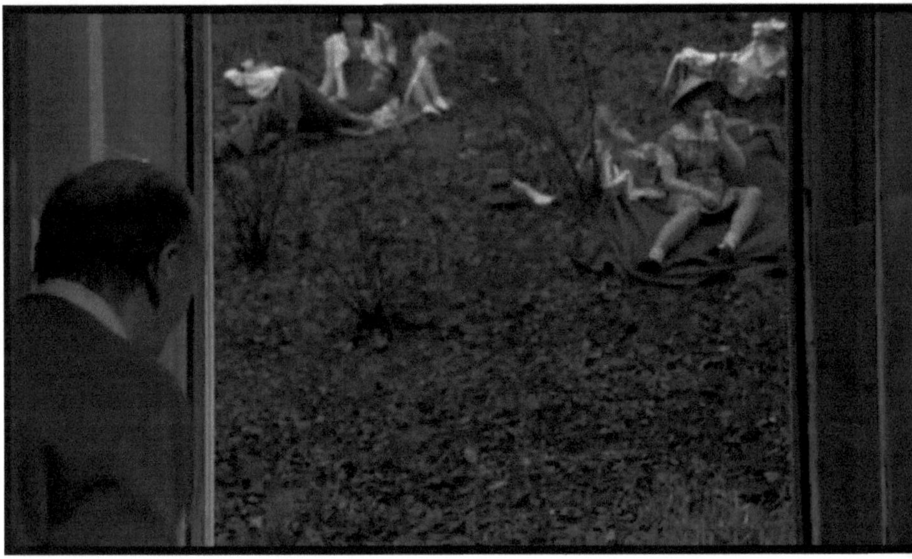

Abb.17

Bei der überraschenden Heimkehr Hermanns erschlägt Maria unabsichtlich Bill. Dabei sticht das Gittermotiv der Schatten in ihrer Wohnung heraus und verdunkelt Marias Gesicht bis auf die Augen. Dadurch ist eine weitere Bedeutungsebene im Kontext zu vermitteln, nämlich Schuld und Strafe. In dieser Szene ist Hermanns Gesicht relativ frei, aber im Hintergrund ist das Gittermuster an der Wand zu sehen. Er nimmt im Folgenden Marias Schuld auf sich und wird ins Gefängnis gesteckt. Das Wiedersehen des Ehepaars wird im Dunkel und in Panik gezeigt. (Abb.18-19)

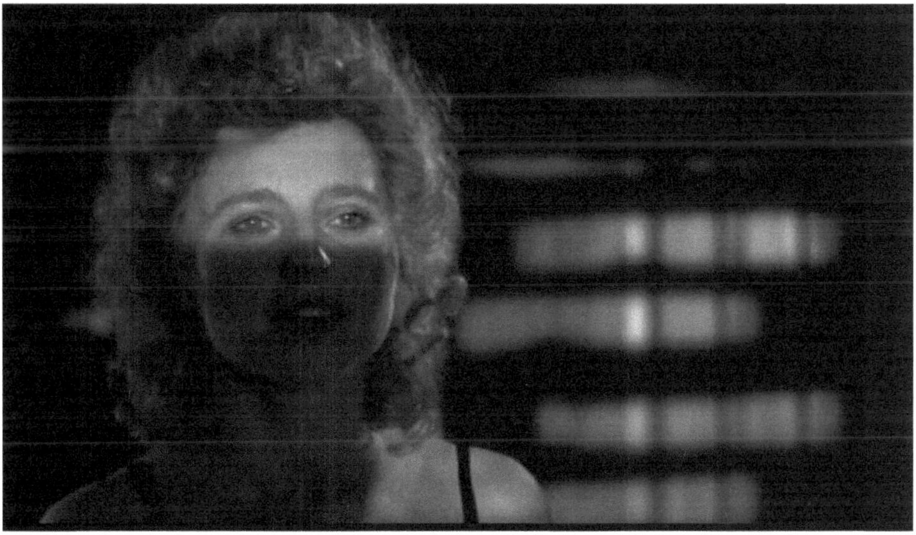

Abb.18

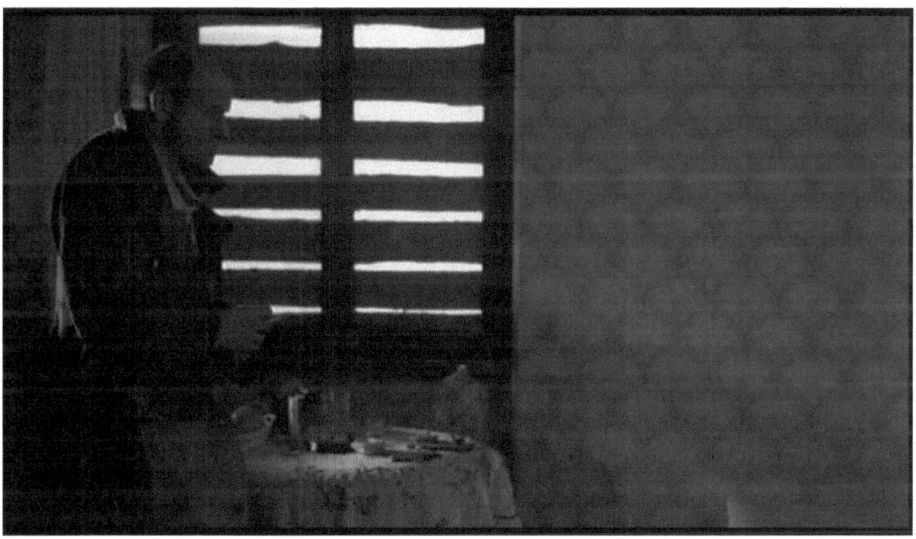

Abb.19

Bei Marias erstem Besuch in der Haftanstalt zeigt das Gittermotiv, dass die beiden Ehepartner sich voneinander distanzieren. Die beiden sprechen über ihre Zukunft, was im Gespächsschnitt gezeigt wird. Die Schatten der Gitter liegen über Maria, was als eine Art Leiteinstellung im Film verwendet wird, weshalb sie die die weitere Entwicklung Marias kommentieren. (Abb.20)

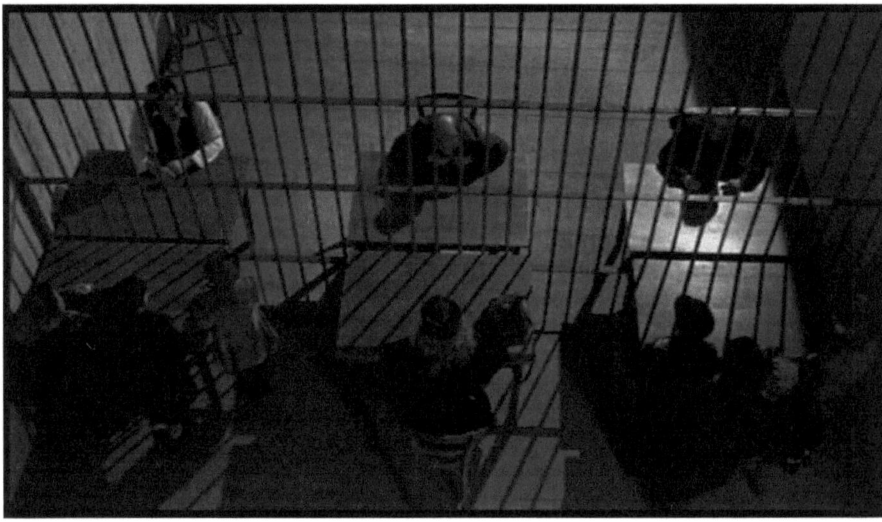

Abb.20

In der zweiten Gefängnisszene sagt Maria zu Hermann, dass sie sich in den nächsten Jahren ändern werde. Das Gittermotiv durchzieht die gesamte Unterhaltung. Als der Wärter ihnen sagt, »Ihre Zeit ist um.«, erwidert Maria: »Im Gegenteil. Meine Zeit fängt jetzt an.« (00:56:39-53) (Abb.21-22) In der großen Hoffnung, nach Hermanns Freilassung ein Haus für ihr Zusammenleben zu kaufen, setzt Maria sich danach für ihre Karriere ein.

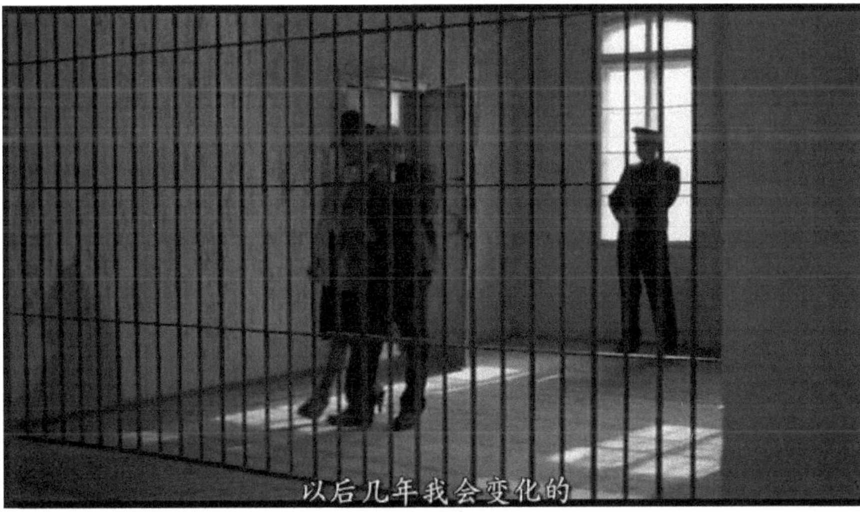

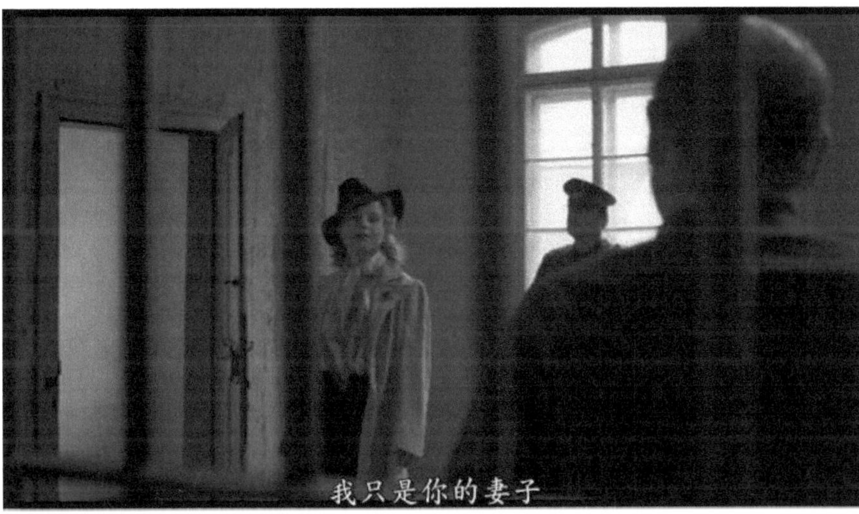

Abb.21-22

Beim nächsten Treffen erzählt Maria ihrem Mann, dass sie mit ihrem Boss geschlafen hat, aber Geschäft und Gefühl streng getrennt halte. Hermann fragt: »Ist es jetzt draußen so zwischen den Menschen? So kalt?« Maria nickt und antwortet: »Es ist eine schlechte Zeit für Gefühle, glaube ich.« (01:08:08-01:09:21) Dabei werfen die Gitter ihre langen Schatten hinter Maria, als ob deren Zukunft schon lange durch Gitter eingegrenzt und vordefiniert würde. (Abb.23)

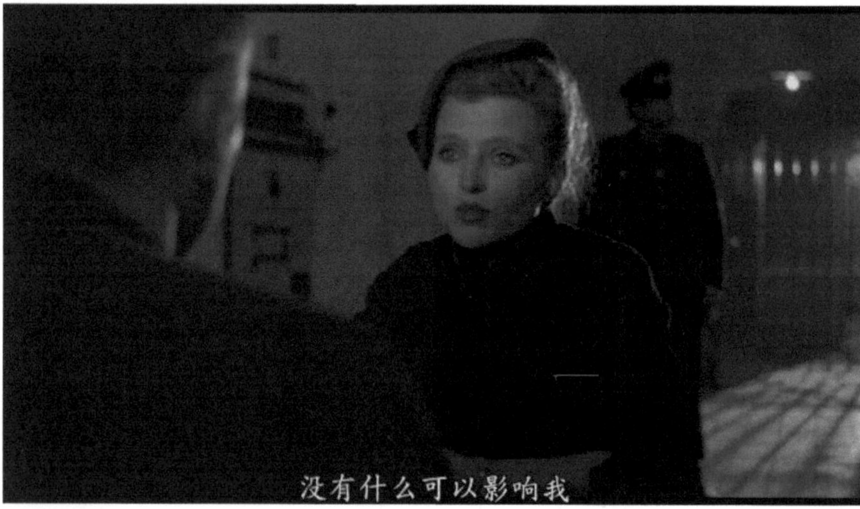

Abb.23

Maria wird von ihrem Anwalt mitgeteilt, dass die vorzeitige Entlassung Hermanns nur schwer zu erreichen sei. Maria und ihr Anwalt sind im Bild nicht zu erkennen. Der Zuschauer hört sie sprechen. Durch die verflochtenen Linien der Gitter ist das Bild gerahmt. Anschaulich sind Marias Leid und Hoffnungslosigkeit impliziert. Sie weint und spricht in einem Monolog: »An Geld soll' s nicht scheitern, ich hab' genug auf jeden Fall.« Dazu drückt der Anwalt aus: »In dieser Angelegenheit geht's nicht primär um Geld. Mann muss mit äußerstem Fingerspitzengefühl vorgehen. Das richtige Wort zur richtigen Persönlichkeit und zur richtigen Zeit kann die Waagschale so und so beeinflussen.« (01:15:15-01:16:23) Dadurch wird die leicht zu beeinflussende, unwägbare Politik kommentiert, womit der Regisseur seine Kritik an der widersprochenen Politik der Adenauer-Regierung übt. (Abb.24)

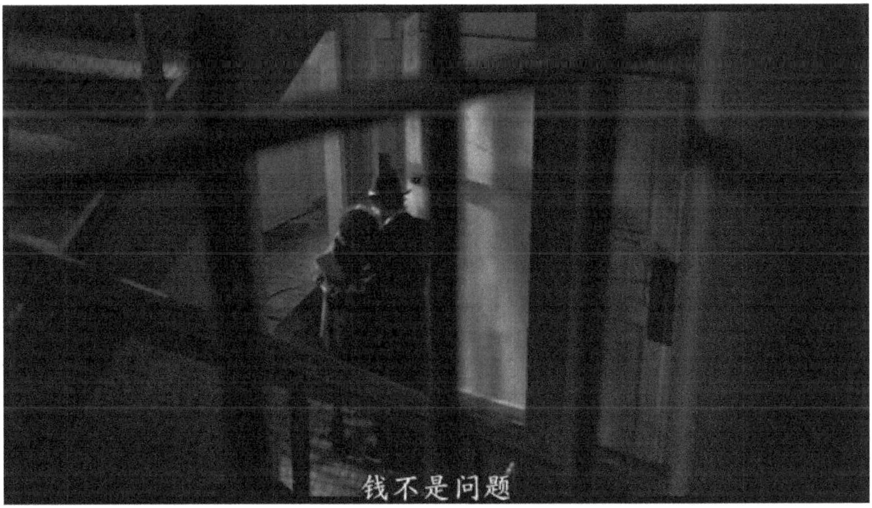

Abb.24

Am Abholtag von Hermann wird das Gittermotiv auf die Spitze getrieben, indem Maria allein am Gitter steht, nachdem sie erfährt, dass Hermann schon weg ist. (Abb.25-26) In der fiktiven Geschichte wird Hermann entlassen, im interpretativen Sinn ist nun umgekehrt Maria gefangen und eingesperrt in einen Käfig, an dem sie selbst mitgebaut hat. Der Kommentar des Wärters vollendet so den Gefängniskreislauf des Films: »Sie kommen zu spät, Frau Braun.«

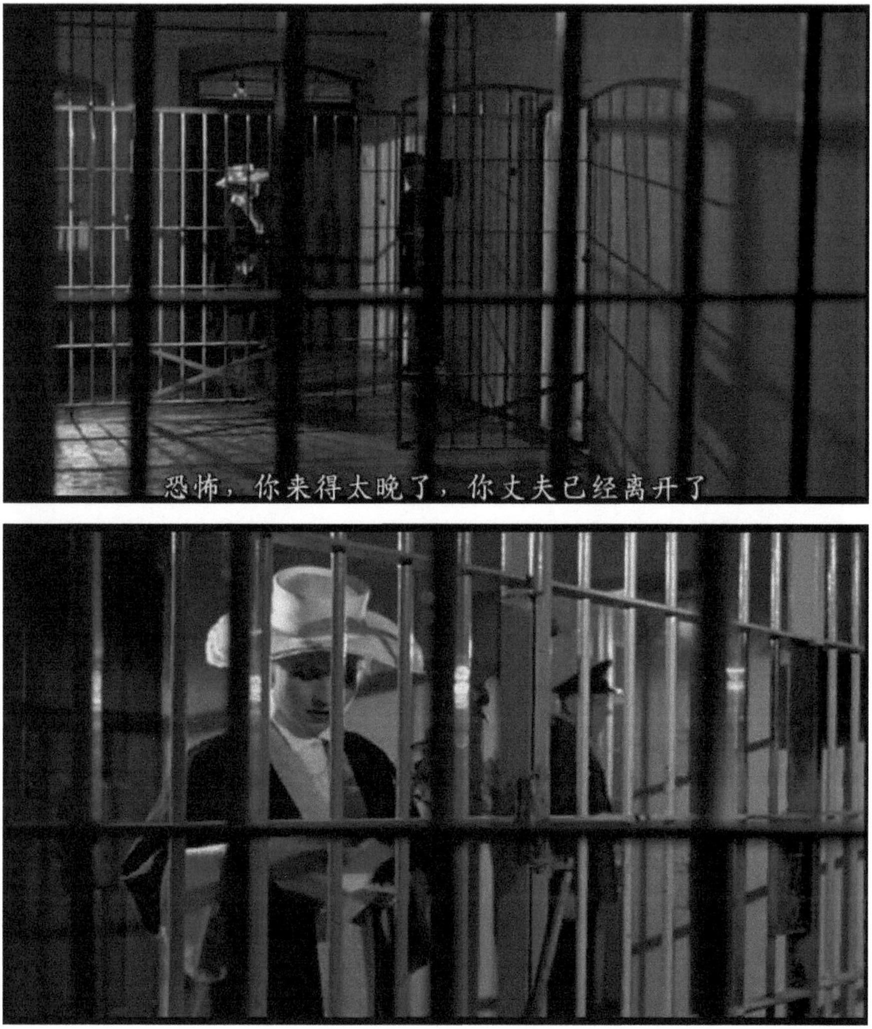

Abb.25-26

Ein besonderes Symbol des Gefängnisses für Maria ist ihr Haus, das sie für ihren Mann und ihre gemeinsame Zukunft gebaut hat, so wie sie es ihm im Gefängnis versprach. Durch das Haus erreicht Fassbinder einen weiteren Höhepunkt seines Gitterleitmotivs. Beim ersten Mal tritt Marias

Haus mit einem Zaun auf, ist also von einem Gitter eingezäunt. (Abb.27)

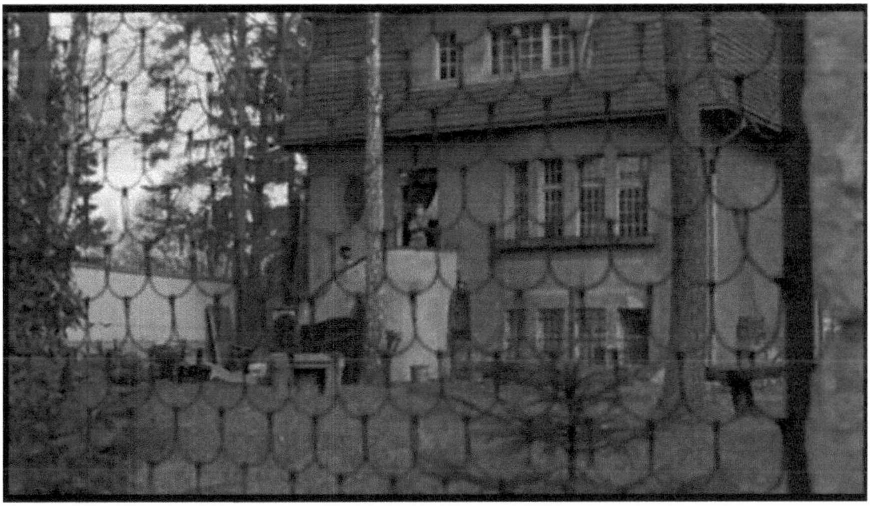

Abb.27

> *»Das Haus, in das Maria sich zurückzieht, ist ein Zeichen von »splendid isolation« oder Luxusgefängnis. Die Bilder um Maria Braun werden immer enger, ein Vorgang, dass die Blicke der Kamera während der Geschichte immer mehr verstellt werden, während sie am Anfang noch ziemlich frei sind. ... In den 50er Jahren spielen die entscheidenden Szenen immer mehr in Innenräumen.«*[210]

An dem Tag, an dem Maria ins Haus einzieht, läuft alles unharmonisch. Sie streitet zuerst mit ihrer Mutter heftig über ihr Leben, das von ihrer Mutter als »ein Gefängnis« beurteilt wird, dann zeigt sie sich so ungeduldig, dass mit der Arbeit des Möbelpackers unzufrieden ist. Aufge-

210 Pflaum (1995): »art-Themenabend-RWF«. TV-Dokumentation. In: Pott (2001): S.41

nommen wird sie durch ein Fenster, das ihren Körper zerteilt. (Abb.28) Der Satz der Mutter drückt direkt die Wirklichkeit von Marias Liebe unverblümt aus: »Du lebst gar nicht. Leben wie in einem Gefängnis. Du mit deinen Rosen, deinem Prokura und deinem Geld. Jeden Monat eine Rose und sonst hört sie nichts von ihm. Das ist, als ob man jeden Monat einmal stirbt« (01:37:45)

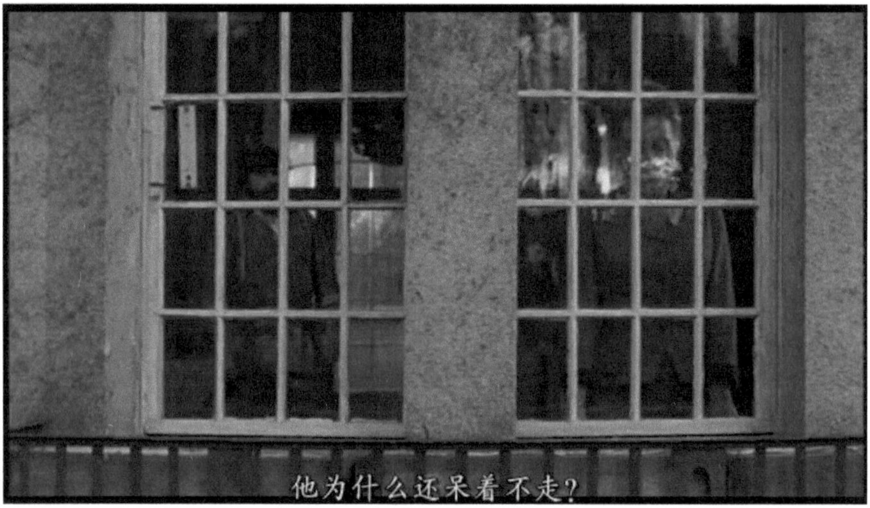

Abb.28

Das Haus, das für Maria das höchste Versprechen in ihrer Ehe und der Beweis ihrer Liebe ist, wird bei Fassbinder als Ausdruck der Gefangenschaft dargestellt, weil Maria die meiste Zeit im Haus allein verbracht hat. Das Haus kann auch als ein Symbol des Wirtschaftswunders der Nachkriegsrepublik betrachtet werden. Durch die Explosion des Hauses am Ende spricht der Regisseur hier im negativen Sinn über die Entwicklung der Bundesrepublik.

Nach Oswalds Tod betrinkt sich Maria allein im Restaurant, wo die beiden zusammen gegessen hatten. Betrunken will sie losgehen und plötzlich erbricht sie sich. In diesem Moment kommt eine Mischung aus innerer Montage und Gittermotiv zum Einsatz, die Gefühlston von Maria ausdrücken mag. In der linken Bildhälfte befindet sich ein Liebespaar: ein Kellner und ein Mädchen, das hinter einer Glastür steht. Das Mädchen befindet sich etwas weiter im Hellen und bietet seinen entblößten Oberköper dem Zuschauer dar. In der rechten Hälfte des Bildes übergibt sich Maria, die jetzt nochmal vom Gitter der Tür eingrenzt wird. Sie gibt den Kellnern stumm ein Trinkgeld und geht aus dem Bild. Ihr Leiden ist somit auf eine ironische Weise dargestellt. (Abb.29)

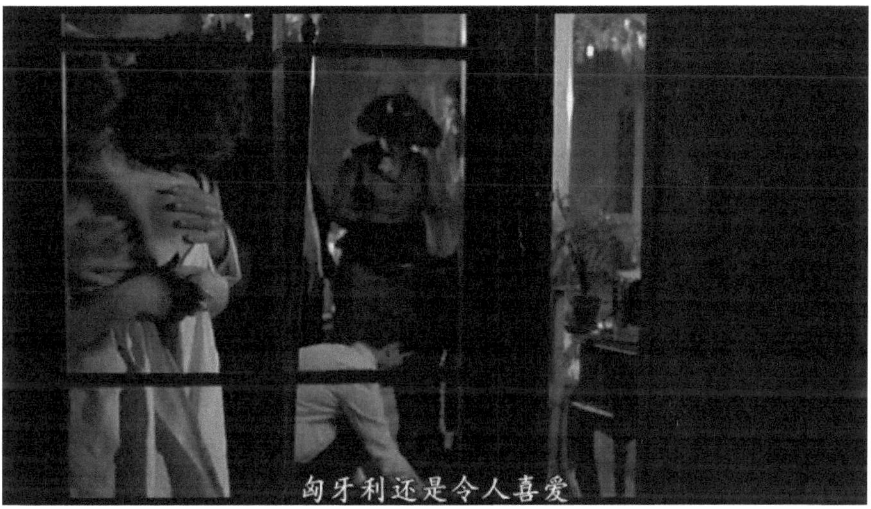

Abb.29

4.2.3.2 Signifizierende Farbgebung

Zhangs visuelle Dramaturgie konstruiert sich auch aus der exquisiten Farbgebung, insbesondere aus der roten Farbe. Durch die symbolische Bedeutung der Farbe zeichnet sich Zhangs eigene Bildsprache aus, was nach Rey Chows Meinung zuerst für »Rückständigkeit«[211] steht. Das Motiv wird schon in »**Rotes Kornfeld**« eingesetzt und erreicht in diesem Kontext mithilfe der symmetrischen Bildkompositionen sowie der detailreichen Mise-en-scène seine letzte Feinheit.

Rote Laternen, als Hauptträger der Sitten und Gebräuche, geraten am ersten Tag der Heirat ins Blickfeld. Songlians Kammer ist von roten Laternen erfüllt, die hoch über dem Bett aufgehängt sind, auf dem Tisch stehen und das Gesicht der Frau in Close-Up für den männlichen voyeuristischen Blick klarer erleuchten. (Abb.30-32) In diesem Moment fungiert die Farbgebung für die symbolische Ebene des Bildes, die sich durch den Träger der Laternen auf die Macht der Unterdrückung bezieht. Im Innenraum wird die eintönige rote Farbe überbetont, die einerseits der erotischen Zeichnung der Frauenfigur, andererseits zur Darstellung der Abgeschlossenheit des Raums dient, der sich von der Wirklichkeit entfernen lässt. Im Außenraum bildet das Rot einen starken Kontrast zur Umgebung, als Yan'er auf dem Steinboden kniet und vor ihr als Strafe ihre Laternen verbrannt werden. (Abb.33) Die Träger ihrer Illusion, eine der Ehefrauen zu werden, brennen aus. In dieser kalten gefühllosen Umgebung stehen die verbrannten Laternen im Zentrum und die rote Farbe ragt hervor, womit die Schicksalstragödie der Frau anschaulich ausgedrückt wird. Nachdem Songlian den Mord an Meishan miterlebt hat, zündet sie alle Laternen in Meishans Kammer an. Der Regisseur verzichtet in dieser Szene fast auf die ganze Farbskala außer auf den Rotton,

---

[211] Vgl. Chow (1995): S.152

der sowohl das vernichtende Feuer als auch das Blut signifizieren soll. (Abb.34) Der diegetische Ton des Plattenspielers steigt in eine hohe Tonlage, in der ein Musikstück des Allegros gespielt wird, das die Untreue eines Mannes in der Liebe zum Thema hat. Songlian ist jetzt sitzend in der Mitte des Bildes zu sehen. Die Kamera bewegt sich mit dem Tempo der Musik in einem zoom-in auf sie zu. Hier ist der Vorwurf von Songlian gegen das grausame patriarchalische Machtsystem zu spüren, der zwar sprachlos ist, aber dennoch übermäßig laut wahrgenommen wird.

Die Farbveränderung der Kleidung Songlians schafft von Anfang bis Ende eine geschlossene Zirkulation, indem sie anfänglich als junge Studentin im weißen Oberteil und schwarzen Rock erscheint und am Ende das Gleiche trägt, obwohl sie sich schon verrückt benimmt und diesbezüglich kaum noch wiederzuerkennen ist. Wir sehen in den letzten Minuten des Films, wie sie das Nachts gespensterhaft in dem eingeschlossenen Gebäudekomplex umhergeht, als ob sie für immer in einem Gefängnis steckte. Durch das Überblenden sind die roten Laternen doppelt sichtbar, sodass sie jetzt im Kontrast zur düsteren morbiden Umgebung stärkere visuelle Wirkung erzeugen. (Abb.35) Diese Kontinuität und Wiederholung der Kleidungsfarbe der Frau symbolisieren das vordefinierte Schicksal von ihr und streichen darüber hinaus die Tragödie der Frau heraus.

In der visuellen Realität von Zhangs Film vollzieht sich durch signifizierende Farbgebung ein Wechsel zwischen der Oberfläche und der Bedeutung, was im Kontext von »Cooperative Orientalism«[212] zu betrachten ist, d.h. der Regisseur stellt durch seine Film die chinesischen Frauenfiguren sowie das China-Image aus, die dem Blick aus dem Westen begegnen und ihn weitgehend befriedigen. Inspiriert von Jean Baudril-

---

212 Vgl. Cui (2003): S.111

lards Theorie der Verführung[213], betrachtet Rey Chow die Zeichen-Welt bei Zhang als einen Akt der Verführung:

> »*The seduction of Zhang's films – the appeal of his visual ethnography – is that they keep crossing boundaries and shifting into new spheres of circulation. The wish to 'liberate' Chinese women, which seems to be 'content,' shifts into the liberation of 'China', which shifts into the liberation of the 'image' of China on film, which shifts into the liberation of 'China' on film in the international culture market, and so on.*"[214]

Die neue Zirkulation des Zeichen macht gerade den besonderen Reiz von Zhangs Films sowie die Spannung seiner visuellen Welt aus.

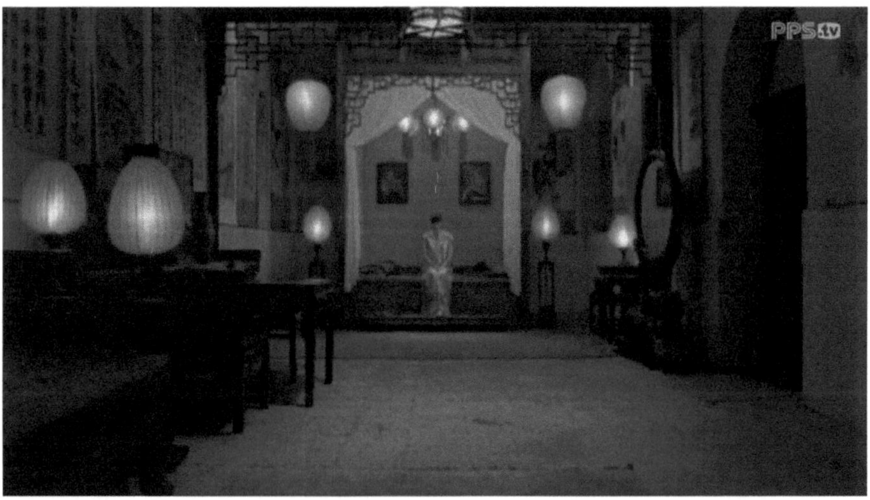

213 »Verführen heißt als Realität sterben, um als Illusion wieder aufzuerstehen.« Baudrillard (1992): S.97f. In: Karl Sierek, Guido Kirsten (Hg.) (2001): S.175

214 Chow (1995): S.152

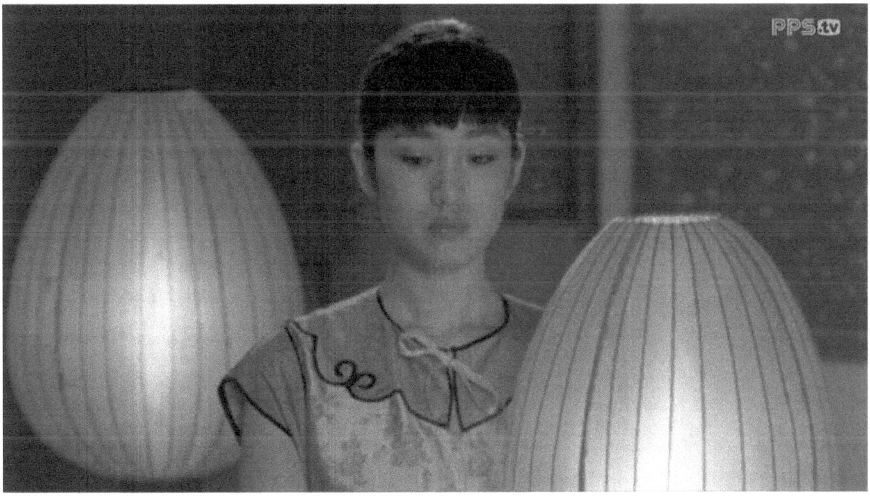

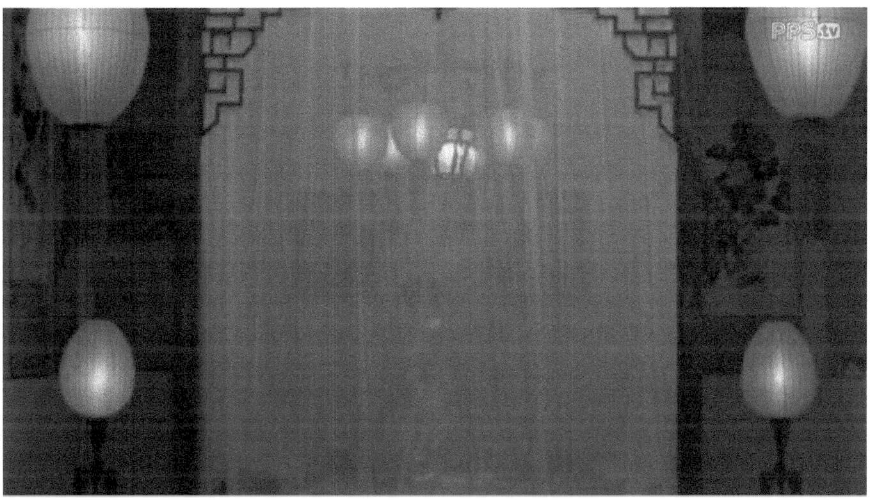

Abb. 30-32

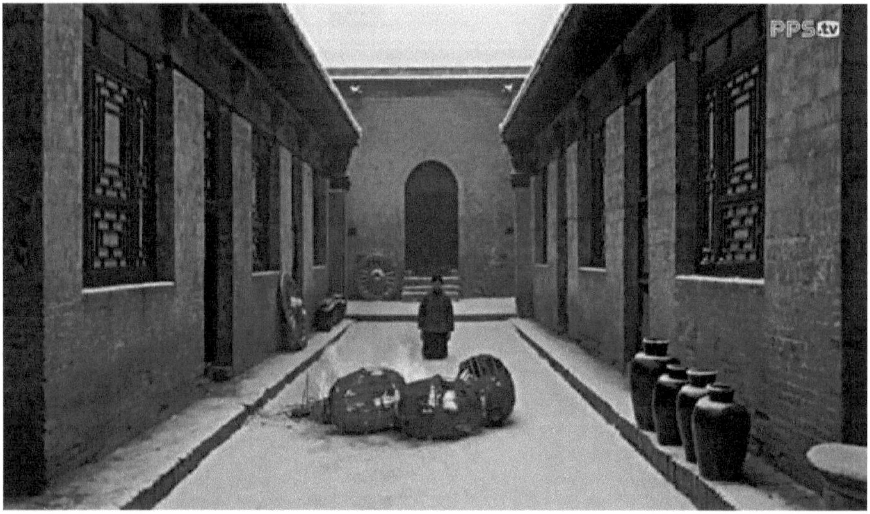

Abb.33

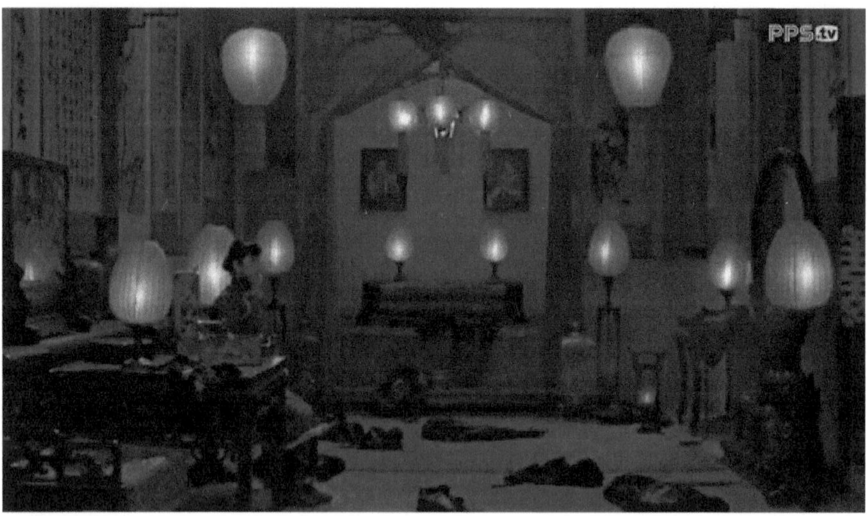

Abb.34

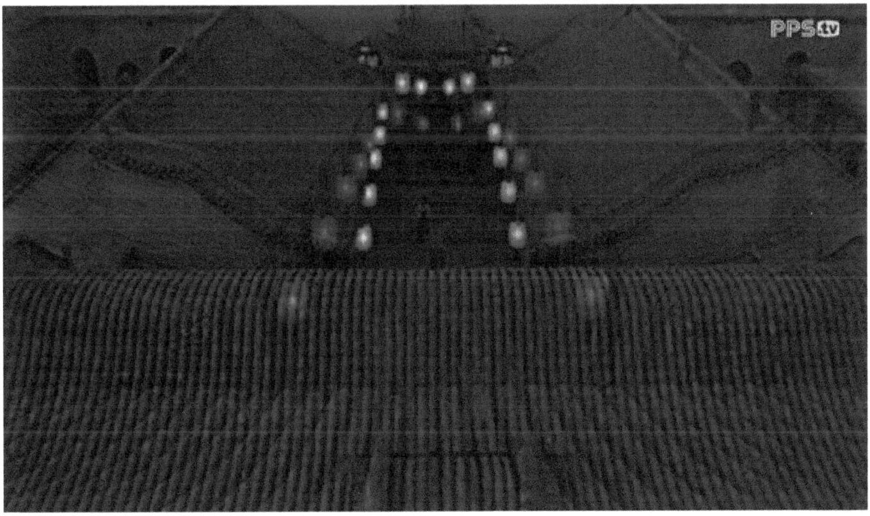

Abb.35

Auch in »**Die Ehe der Maria Braun**« spielt die Farbe eine wichtige Rolle als selbstständige Erzählebene und dient zur Figurenverwandlung Marias. Die Farbwahl der Kleidung von Maria spiegelt ihren Status wider und schafft im Verlauf der Geschichte einen auffallend starken Kontrast.

Ganz am Anfang zuhause bei Maria sind die Bilder warm gefärbt, keine Farbe sticht ins Auge, daher fühlt sich der Zuschauer auf der einen Seite in die Vergangenheit versetzt, als ob er ein altes Fotoalbum durchblättere, auf der anderen Seite zeigt die Farbwahl dem Zuschauer die innerliche Zugehörigkeit Marias zur Familie. Inzwischen kehrt Maria von den äußeren Ruinen zurück und zuhause warten ihre Mutter und ihr Opa. (Abb.36-37) In der zweiten Hälfte des Films verwandelt sich die Figur Maria wegen ihres selbstzerstörerischen Strebens nach Geld in eine distanzierte Geschäftsfrau. Bei der Geburtstagsfeier ihrer Mutter ist das Bild zuerst in kaltes Blau gefärbt. Obwohl genügend Lebensmittel die Familientafel bereichern und das Zuhause prächtig dekoriert ist, wenden die

Menschen ihre Blicke jetzt nicht einander zu, weder küssen sie sich noch kommunizieren sie wahrhaft miteinander. (Abb.38-39) In dieser Szene möchte die Mutter ein Familiefoto machen: »Und jetzt machen wir noch eins mit der ganzen Familie.« Aber Maria schätzt sich als Außenseiterin ein. Die Mutter: »Unsinn, so weit kommt's noch. Die ganze Familie soll darauf sein.« Sie holt Maria zurück und Oswald macht das Foto. Aber Maria steht seitlich außen im Bild. Ihren Bruch mit der Familie sowie der traditionellen Gesellschaft hat sie selbst untermauert, was im Bild visuell repräsentiert wird.

Bei den Begegnungen mit dem amerikanischen Soldaten Bill trägt Maria oft Schwarz, außer in der Picknick-Szene, in der das Verhältnis zwischen Maria und Bill der Familie mitgeteilt wird, hier ist sie bunt gekleidet. Die Farbe Schwarz steht meistens für den Reiz und die Sexualität, was für Maria in dieser Zeit als »Animierdame« in der Off-Limits-Bar zweifellos notwendig ist. Danach zentrieren sich zwei Farbentöne um Maria: Rot und Blau. Wenn sie mit ihrem Liebhaber Oswald oder ihrem Mann Hermann über Geld spricht, kommt die Farbe Rot vor, zuerst nur ein rotes Halstuch oder ein roter Hut, dann auffälliger ein roter Lippenstift, schließlich ein rotes Oberteil. Die rote Farbe verrät Marias Status als »Semi-Prostituierte«, die zwischen dem Arbeitstisch und dem Bett »arbeitet«. Geld nimmt für sie den wichtigsten Stellenwert ein. Während der erfolgreichen geschäftlichen Laufbahn verliert sie jedoch ihre gwünschte Liebe. Das Rot wird diesmal durch kaltes Blau ersetzt. Auf dem Höhepunkt ihres geschäftlichen Lebens trägt sie ein streng geschnittenes grau-blaues Kostüm. Das Gefühl von Kälte und Distanz wird in der Szene auf die Spitze getrieben, in der Maria allein speisend in der »Bastei« sitzt. Sie trägt einen schwarzen Hut mit einer enormen Krempe, der ihre Augen unter dunklen Schatten verbirgt. (Abb.40) Als Oswald ihr schließlich gegenübersitzt, trennt sie ein unangemessen großer Tisch voneinander.

Die wahre Liebe ist für Maria unerreichbar, weil sie immer ans Geld gebunden bleibt, was Maria leider erst in den letzten Minuten ihres Lebens zu erahnen scheint, als Hermann endlich wieder zurückkehrt. Ironischerweise trägt Maria wieder Weiß, als Oswalds Testament eröffnet wird, die Farbe ihres Brautkleids am Anfang des Films. (Abb.41-42) Die Farbwahl der Kleidung von Maria schafft bis hierher einen Zyklus, deutet dennoch ausschließlich die schicksalhafte Tragödie ihrer Liebe an, weil ein himmelweiter Unterschied zwischen ihrer Liebe von heute und der von damals besteht, auf die sie immer vertraut hat. Am Ende des Films hat Maria schließlich erfahren, dass auch die Ehe, an die sie unerschütterlich geglaubt hat, nur ein Vertrag ist.

Über diese signifizierende Farbgebung bringt Fassbinder eine weitere Ebene im Film ein. Er selbst benennt sie so: »Ich versuche zu verstehen, warum die Menschen kaputtgehen.«[215] Im Unterschied zu der auffallend signifizierenden visuellen Welt der intensiv benutzten Farbe belässt Fassbinder die Farbgebung des Films im Unausgesprochenen, der Zuschauer muss deshalb selbst assoziieren. Anhand der Lebensgeschichte der Frauenfigur Maria vermittelt er eine gesellschaftliche Veränderung in Deutschland. Über den veränderten Fabton sowie die miteinander kontrastierende Farbwahl der Kleidung Marias lässt der Regisseur die private Ebene mit der öffentlichen deutschen Geschichte parallel laufen. So signifiziert die Farbveränderung nicht mehr nur den Status der Figur, sondern sie bricht die Grenzen auf und wechselt in eine neue Natur des Zeichens. In diesem Sinne stellt die signifizierende Farbgebung bei Fassbinder ebenso wie bei Zhang einen Akt der Verführung dar, was nach Jean Baudrillard als ein Displacement zu verstehen ist, dessen Bedeutung von seiner konventionellen Natur entfernt ist und in eine neue Zirkulation mündet.[216]

---

215 RWF in P. Buchka (1995): »Es ist nicht gut...«. TV-Dokumentation. In: Pott (2001): S.39

216 Vgl. Chow (1995): S.152f. »With the shifting of attention from ‚message' or 'nature' to the

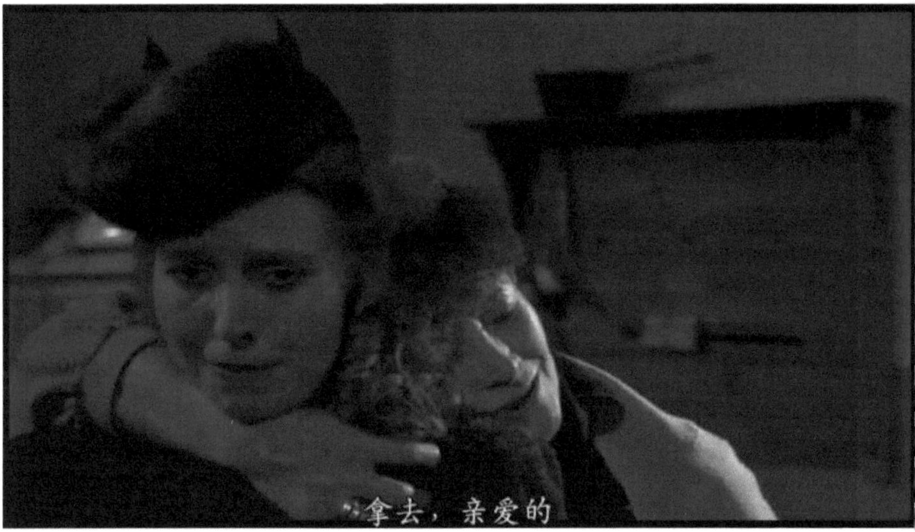

form of utterance and to artifice, meaning – that culturally loaded thing – is displaced onto the level of surface exchange. Such a displacement has the effect of emptying 'meaning' from its conventional space – the core, the depth, or the inside waiting to be seen and articulated – and reconstructing it in a new locus – the locus of the surface, which not only shines but glosses; which looks, stares and speaks."

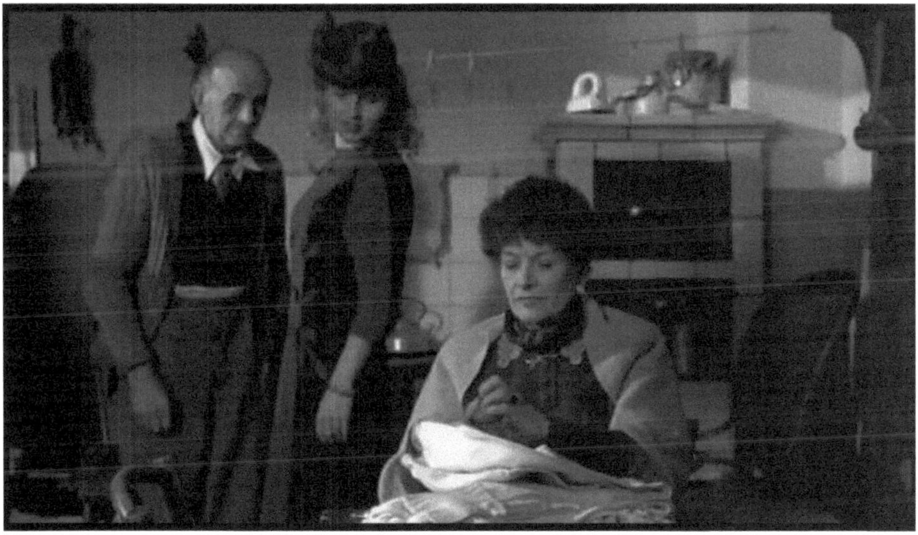

Abb.36-37

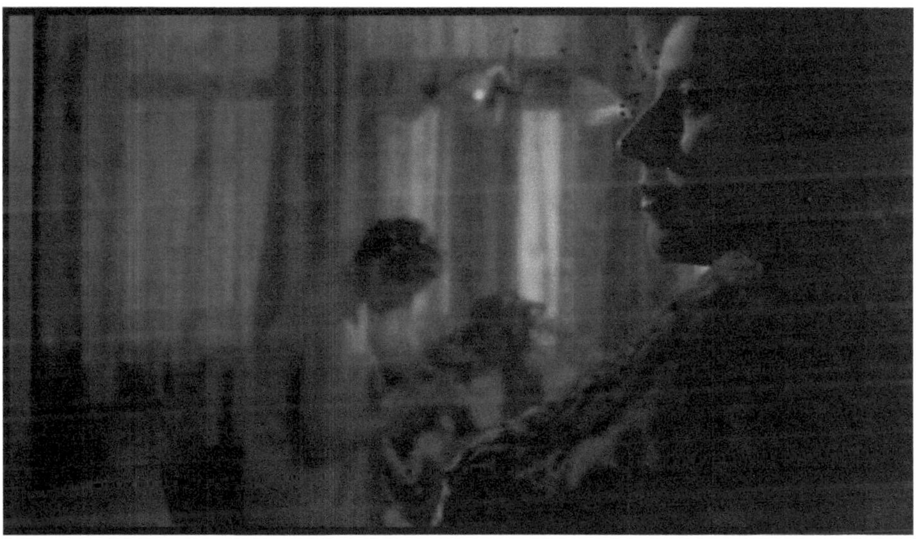

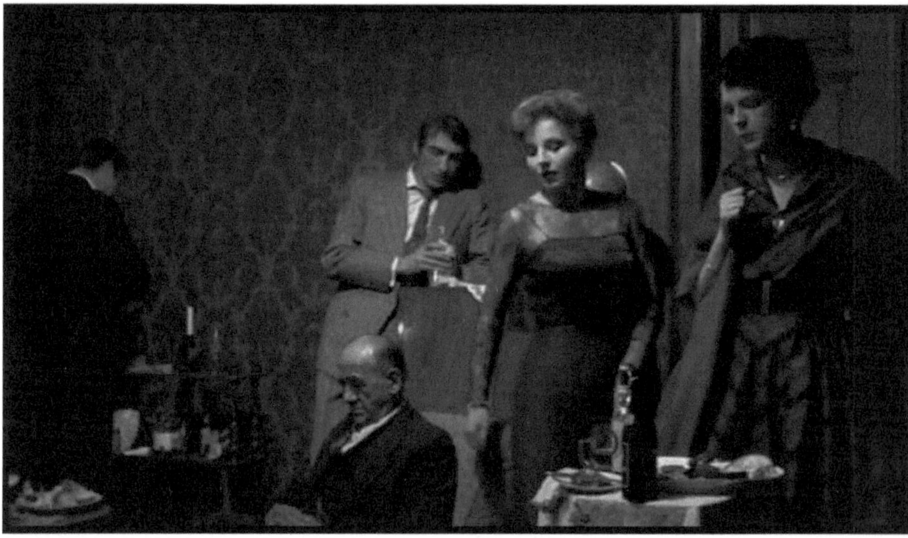

Abb.38-39

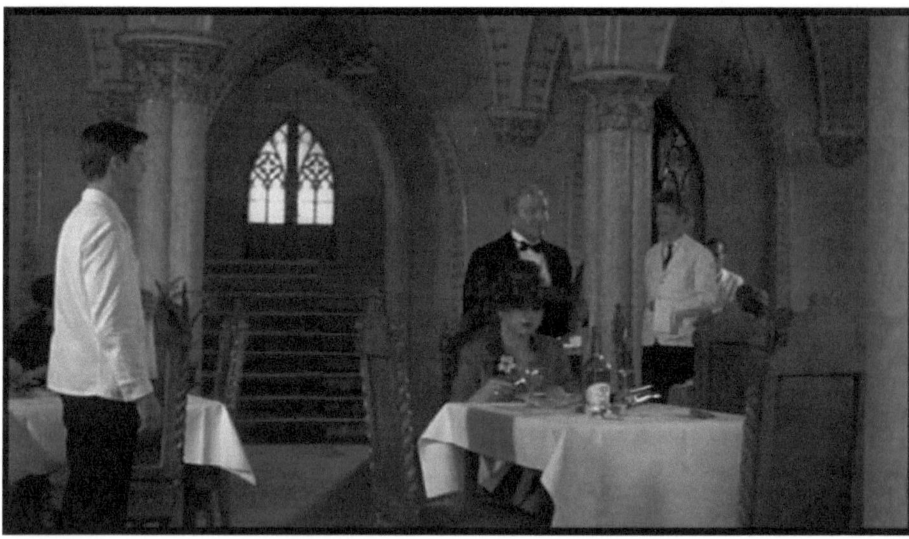

Abb.40

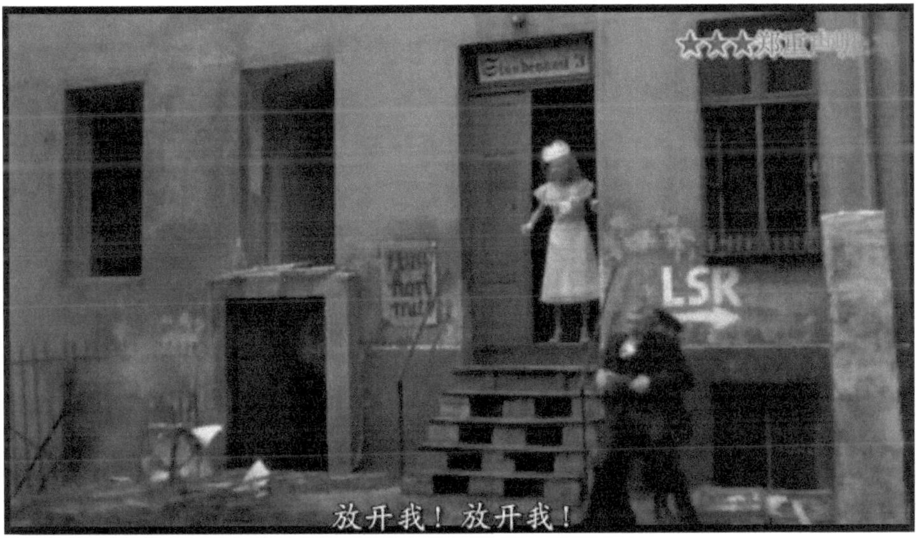

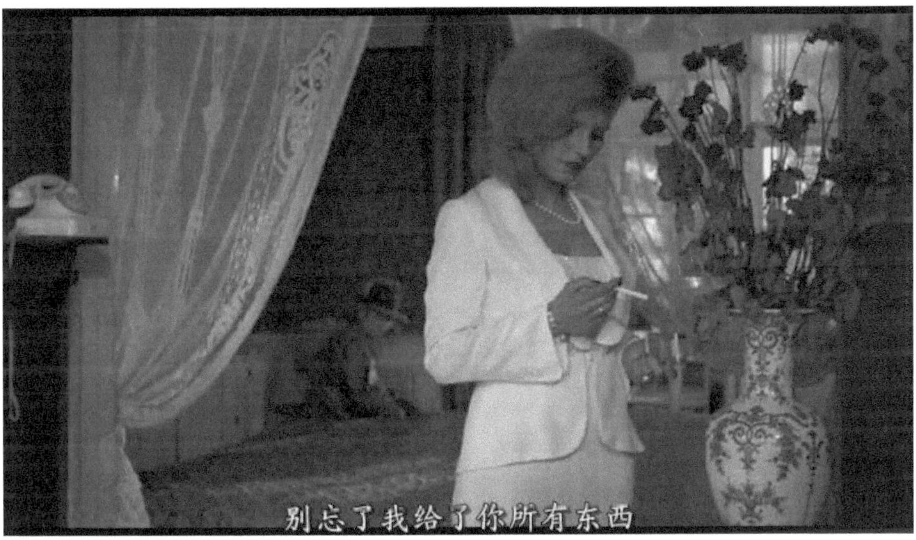

Abb.41-42

4.2.3.3 Mehrdeutlichkeit der Toncollage

Der Ton, der mehr narrative Informationen transportiert, ist in mancher Hinsicht beeindruckender als die Bilder. Nach Lothar Mikos sei der Ton zum Film nicht nur da, damit wir die Schauspieler verstehen. Vielmehr handele es sich um eine eigene Erzählebene. Mit Tönen und Geräuschen können sowohl zwischen den Akteuren in dem Film oder der Fernsehsendung als auch zwischen Film- und Fernsehtext und Zuschauer Nähe und Distanz hergestellt werden. Jeder akustische Kanal steuere ein Signal bei.[217]

Bei Zhang gerät das Ethos meistens durch ein stilisiertes Darstellungsschema als ein zeitloser räumlicher Code ins Blickfeld. Die Zeremonie der Laternen sei Zhang Yiwus Ansicht nach in diesem Kontext vor allem exotisch, eine Voraussetzung sowie Grundlage für das visuelle Spektakel von Zhangs Film.[218] Die Darstellung des Ethos sowie des chinesischen Elementes in »**Rote Laterne**« wird in großem Maße durch den exotisierenden Soundtrack verwirklicht. Der Film beginnt im Vorspann mit einer speziellen lärmenden Anfangsmusik einer Peking-Oper, die verschiedene Schlaginstrumente in lebhaftem Rhythmus spielt. Sofort nachdem die Musik aufhört, erfolgt die erste Einstellung, in der Songlians Gesicht in einem Close-Up ummittelbar auf der Leinwand erscheint. Der Beginn des Films ähnelt dem Beginn einer Peking-Oper, bei dem selbstverständlich erwartet wird, dass der Schauspieler sich zum ersten Mal in der ganzen Aufführung in Positur wirft. Das gleiche Musikstück wird auch in der Szene benutzt, in der zwei Diener eine Reihe roter Laternen in den Innenhof tragen. Dabei werden die Laternen sowie eine Serie von Laternen-Zeremonien als bedeutendste Sinnträger des Films erstmals in die

---

217 Vgl. Mikos (2003): S.191

218 Vgl. Zhang (1993): S.23

Erzählung eingeführt. (00:06:50-00:08:00) Nicht zuletzt ist die Musik in der Szene zu hören, in der alle Ehefrauen an der Tür des jeweiligen Hofs stehen, um auf die Entscheidung des Hausherrn Chen zu warten, nach der durch Abstellung der Laterne vor einer Tür gezeigt wird, mit welcher Frau er die Nacht verbringen will. (00:29:20-00:30:00) Das gleiche Musikstück begleitet die Bilder, die dem Zuschauer das komplizierte Ethos aus dem fernen China nahebringen, somit schafft die Bild-Ton-Collage den Orientalismus mit Zhangs Unterschrift.

In anderer Hinsicht hat die wiederholt benutzte Musik eine syntaktische Funktion in der Struktur der Erzählung, die sowohl der Verdeutlichung der Kontinuität der Handlung als auch dem Leitmotiv dient. Außer dem ironischen Rhythmus der Peking-Oper fallen die Geräusche der Fußmassage mit den Stöckchen auf, die wiederholt eingesetzt werden und bei bestimmten Szenen auf der Ton-Ebene dominieren. Die Fußmassage erhält nur die jeweilige Favoritin des Hausherrn, mit der zu schlafen er jeweils entschieden hat. Dies zeigt die Fremdbestimmung der Frauen in dem Familieclan des patriarchalischen Machtsystems, die sich nur nach dem Willen des einzigen Hausherrn definieren. Die Geräusche vertreten jetzt die Macht des Systems und verursachen unmittelbar die Unterdrückung der Frauen, entweder der vier Ehefrauen oder des Hausmädchens Yan'er. Niemand von ihnen bildet eine Ausnahme. In der Kammer von Yan'er dienen diese Geräusche dazu, ihren Illusionsraum aufzubauen. Sie sitzt in der Pose, als ob sie mit der Fußmassage bedient würde. Die in iher Kammer aufgehängten gebrauchten roten Laternen leuchten und die Geräusche der Fußmassage bei Songlian dominieren in der Szene. Im diesem Moment gibt sich Yan'er ihrer Illusion hin, dass sie trotz des Hierarchieunterschiedes eine Ehefrau wie Songlian wird.

Der Film erzählt von der Tragödie einer Frau, die auf der Ton-Ebene durch die traurige wortlose weibliche Skandierung ohne instrumentale Begleitung mühelos Emphatie erzeugt. Wie der innere monologische Gesang der Frau, die ihre Hoffnungslosigkeit und ihr Selbstmitleid ausdrückt, erlaubt diese Musik dem Zuschauer, sich sofort in die Geschichte einzufühlen. Auch Songlians Hochzeitsnacht ist von dieser Musik begleitet. Diese Szene endet mit einer Panoramaaufnahme des Hofs aus der Vogelperspektive. In diesem Moment spricht der gefängnisähnliche Gebäudekomplex im Zusammenspiel mit der Tonspur von dem tragischen Schicksal Songlians. (00:13:10-40) In der Episode »Winter« breitet sich die tödliche Atmosphäre aus, die von der weiblichen Skandierung verstärkt wird. Songlian verfolgt eine Gruppe von Hausdienern auf der Dachlandschaft, die die dritte Frau Meishan verschleppen und töten. Nachdem die Männer den Ort des Mordes verlassen haben, taucht Songlian auf und geht zu dem Mordhäuschen. Die Kamera wechselt durch Schuss-Gegenschuss zwischen ihr und dem Haus. Aus Songlians privater Perspektive wird das Haus durch die heftig schwankende Handkamera aufgenommen, wobei die weibliche Skandierung in höherem Tempo begleitet, was einen dramatischen Effekt des Suspense hervorruft. Die Musik hört auf, dann nimmt die Kamera eine extreme Totale auf: Es schneit, zu sehen ist alleine Songlian, die sich langsam dem Tatort nähert. Plötzlich wird ein Schrei ausgestoßen: »Mordio!« (01:51:00-01:54:00) Die Bild-Ton-Montage erschafft in dieser Szene erfolgreich die Spannung der Geschichte und erzeugt eine tödliche Atmosphäre.

Der Entstehungshintergrund von Zhangs Werk befindet sich nach Dais Meinung in der globalen postkolonialen Zeit. Seinen Filmen gelinge eine Fusion zwischen der Sexualität und dem nationalen Thema dadurch, dass der Regisseur sich unter den Fokus der gekreuzten Blicke zwischen Westen und Osten stelle. Die exotische Darstellung des Ethos von Zhangs Films wird von Chow Rey als »oriental's Orientalism«[219] und von Cui Shuqing als »cooperative Orientalism«[220] beschrieben. So zei-

[219] Chow (1995): S.170

[220] Cui (2003): S.111

gen seine Filme das spezielle visuelle Spektakel mithilfe der eingesetzten exotischen Musik sowie von Geräuschen der »Doppel-Kultur-Erkennung«[221]. Der ironische Rhythmus der Peking-Oper, das erdichtete Ritual der Fußmassage mit den Stöckchen und die traurige wortlose weibliche Skandierung ohne instrumentale Begleitung signifizieren den Totentanz und die sinnbefreite Zeremonie des alten Chinas, welche die westlichen Zuschauer bewundern.

In »**Die Ehe der Maria Braun**« läuft ab und zu das Radio: Suchmeldungen, Adenauers Reden, Fußballspiel-Reportagen. Auf einer weiteren Tonebene laufen Musik und andere Geräusche. Die Art der Musik, die im Film eingesetzt wird, wandelt sich im Verlauf der Filmhandlung. Dieser Soundtrack enthält die Signatur der Zeit. Auf dem Schwarzmarkt pfeift der Händler den ersten Satz von Beethovens fünfter Symphonie, der die Erkennungsmelodie des deutschen Fernsehsenders ist. Die eingespielte Musik, während Maria sich um Jobs bemüht, verstärken Marias Verfassung und Schicksal. In der Bar wird Glenn Miller gespielt: »Moonlight-Serenade«[222] . Und später kommen die »Capri-Fischer«[223] von Rudi Schuricke. In der Szene auf dem Schwarzmarkt fällt auf, dass die Geschichtsschreibung Fassbinders durch den ironischen Einsatz der ersten Strophe des Deutschlandslieds gekennzeichnet ist.

---

221 Vgl: Dai (2000): S.252

222 "Moonlight Serenade" is an American popular song with original music by Glenn Miller and subsequent lyrics by Mitchell Parish. (Wikipedia: [Online] http://en.wikipedia.org/wiki/Moonlight_Serenade am 15.08.09) »Moonlight Serenade« ist ein amerikanisches populäres Lied, deren originale Musik von Glenn Miller und dessen Text von Mitchell Parich gschrieben wurden. (Eigene Übersetzung der Autorin)

223 Die Capri-Fischer war in den 1940er und 1950er Jahren ein berühmter deutscher Schlager, gesungen unter anderem von Rudi Schuricke, dessen Aufnahme des Titels Anfang der 50er Jahre ein Welterfolg war. (Wikipedia: [Online] http://de.wikipedia.org/wiki/Capri-Fischer am 15.08.09)

Zum Verhältnis von Ton und Bild hat der britische Semiotiker Theo van Leeuwen das Muster von Figur und Grund entwickelt: Darin kann die Tonebene sowohl als Figur im Vordergrund stehen als auch in den Hintergrund treten. Sie kann in den Hintergrund treten, indem sie z.B. über Geräusche und Musik die Handlung unterstützt und eine Stimmung schafft, ohne dass dies immer bewusst wahrgenommen wird. Dann leitet die akustische Ebene die Zuschauer emotional durch den Film[224], wie zum Beispiel in der ersten Bahnhof-Szene. Als Maria sich mit der Rotkreuzschwester unterhält, ist im Hintergrund zu hören, dass jemand eine Melodie pfeift. Das wird zwar nur unbewusst wahrgenommen, spielt aber eine bedeutende Rolle in dieser Szene. Es unterstützt den Dialog zwischen den beiden Frauen und schafft eine traurige Stimmung, deshalb steht die akustische Ebene jetzt im Hintergrund als emotionale Erregung. Die Fiktion des Films wird unterbrochen durch eingesetzte Tondokumente. Sie verleiht der realistischen Erzählung einen doppelten Hintergrund, nämlich einen authentischen und einen interpretativen. Den authentischen Hintergrund bilden beispielsweise die Suchmeldungen und die Adenauer-Reden, die dem Film einen zeitlichen Rahmen geben und die Kehrtwende der Regierung Adenauers in Bezug auf die Wiederbewaffung, den Kalten Krieg und die NATO dokumentieren. Der Zuschauer wird überzeugt, dass sich Maria unter den vielen befindet, die ängstlich auf Neuigkeiten über Väter, Ehemänner und Verwandte warten. Zugleich gelingt Fassbinder eine kommentierte und ironische Darstellung der Regierungszeit Adenauers. Eine Beispielszene leutet: Zu Hause bei Maria läuft gerade eine politische Rundfunkreportage im Radio, während die Familie am Tisch sitzt und sich miteinander unterhält. Als Vorsitzender des Parlamentarischen Rates spricht Adenauer am Mikrophon: »Ich wünsche keineswegs eine Armee ...«, aber sein Originalton lautet anders:

224 vgl: Mikos (2003): S.181-211.

»Wir haben genug Tod gehabt ... Man bedenke, dass auf 160 Frauen 100 Männer kommen.« Über den Tonkanal äußert Fassbinder bittere Kritik an der Regierung Adenauers. Maria hört am Anfang des Films bewusst die Suchmeldung, aber später ignoriert sie alle öffentlichen Meldungen oder Nachrichten. Niemand aus Marias Familie achtet auf die politische Wendung, sie nehmen ausschließlich das spärlich vorbereitete Abendessen wahr. Denn das Essen ist während dieser schwierigen Nachkriegszeit viel wichtiger als die Politik. Dadurch übt der Regisseur Kritik an der öffentlichen Geschichte Deutschlands und dessen egoistischem Wohlstandsdenken. Am Ende des Films wird eine zweite politische Rede Adenauers im Originalton eingesetzt, in der er seine Befürwortung der Wiederbewaffnung klar zum Ausdruck bringt: »[…] [M]eine Freunde, wir haben das Recht, aufzurüsten. Soviel wir können, soviel wir wollen.« Diesmal sitzt Maria nicht mehr bei einem ärmlichen Abendessen, sondern wird im extremen Kontrast dazu in einem Luxusrestaurant von fünf Kellnern bedient, wobei sie nach der Nachricht vom Tod ihres Liebhabers Oswald einen Schock erleidet. Sie wankt und übergibt sich. Zeitgleich wird der Ton Adenauers eingeblendet: »... aufzurüsten, soviel wir können ...« Diese bewusste Zusammenstellungen der politischen Angelegenheiten mit der privaten Geschichte hilft Fassbinder bei seinem Kommentar zur öffentlichen Geschichte. Die eingesetzten Tondokumente wirken mit Fassbinders Türrahmen auf der Bildebene zusammen, um den bitteren emotionalen Zustand von Maria zu zeigen und darüber hinaus den Remilitarisierungswillen Adenauers zu kritisieren. In der Schlusssequenz erreicht Fassbinders Stilisierung der Mehrdeutigkeit ihren Höhepunkt. Nach dem Tod Oswalds empfängt Maria unerwartet ihren Mann Hermann. Aber der Neubeginn dieser Ehe wird unterbrochen von Senkenberg, der das Testament Oswalds eröffnet. Danach erfährt Maria, dass sie nichts anderes als ein Tauschobjekt zwischen ihrem Mann und ihrem Liebhaber war. Sie steht am Gasherd, den sie vergessen hat abzudrehen, um ihre Zigarette anzuzünden, und löst bewusst oder unbewusst eine Explosion aus. Während Marias private Geschichte durch die Explosion ihr melodramatisches Ende nimmt, dringt die simultan ablaufende Reportage vom siegreichen Fussballspiel der deutschen Nationalmannschaft bei der WM 1954 in die Fiktion ein. Diese letzten sieben Minuten des wichtigen Fußballspiels sind im Originalton ungekürzt eingeblendet und werden dem fiktional melodramatischen Schicksal und dem Unhappy-End gegenübergestellt. Im extremen Gegensatz zum Niedergang von Marias Lebens schreit der Fußball-Kommentator: »Aus, aus, aus, aus, aus, Deutschland ist Weltmeister ...« Hier schaffen die Tondokumente einen starken Kontrast zur Wirklichkeit, der Zuschauer wird deshalb stark gefordert und muss sich für eine Lesart entscheiden. Der jubelnde Lärm aus dem Stadion und das Freizeichen des Telefons beherrschen die letzten Szenen, die sowohl für den Niedergang der Karriere Marias als auch einen Neubeginn Nachkriegsdeutschlands stehen. Fassbinder verschränkt die Politik und das Privatleben, Neubeginn und Niedergang in der letztendlichen Explosion. Damit schafft er über die Toncollage seine Stilisierung der Mehrdeutigkeit. Andere Geräusche, wie die Detonation, haben als akustisches Leitmotiv zur visuellen Bedrohung Marias diese im Film stets begleitet. Als Maria und Hermann am Anfang des Films im Standesamt stehen, fallen Teile des Gebäudes wegen des Luftangriffs in sich zusammen. In dieser Szene werden verschiedene Geräusche eingeblendet: das Gequengel von Kindern, heulende Sirenen und pfeifende Bomben. Der unruhige Anfang der Ehe Marias hat schon die Tragödie Marias und die nachkommende Katastrophe prophezeit: Marias Haus fliegt bei einer großen Explosion am Ende in die Luft. Das Geräusch der heulenden Sirenen wurde noch einmal eingesetzt, als Maria den Arzt besuchte. Der Zuschauer sieht den Arzt hinter einer Stellwand und seinen Schatten an der Wand, wie er eine Morphiumspritze aufzieht und sie sich selbst spritzt. Dabei hört der Zuschauer ein gellendes Geräusch und kann dadurch assoziieren, dass ein normaler Bürger wie der Arzt sowohl körperlich als auch seelisch vom

Nationalsozialismus zerstört wurde. Die von Wiederaufbau und Prosperität kündenden Presslufthammergeräusche sind ein Symbol des Wirtschaftswunders nach dem Krieg. Die Verwendung der Geräusche verleiht dem Zeitalter des Wirtschaftswunders eine akustische Konstanz. Sie werden häufig in der Vertonung hinzugefügt, um einen akustischen Raum zu schaffen, in dem man dann die Geräuscheffekte und die Dialoge einbetten kann. Psychologisch betrachtet können die Geräusche ungeheure Emotionen transportieren, die der Zuschauer unbewusst aufnimmt. Zum Beispiel hören wir in der Szene auf dem Bahnhof in der ersten Einstellung die Geräusche von Presslufthämmern. Die nächste Einstellung in einem Restaurant muss ebenfalls am Bahnhof sein, denn wir hören immer noch die gleichen Geräusche, nur etwas leiser. Die Geräusche des Presslufthammers aus dem Off sind in einigen Situationen überlaut, wenn Maria und ihre Freundin Betti mit ihren Suchschildern durch eine Ruine gehen oder Maria in einer Textilfabrik das Verhältnis zu ihrem Chef klarstellt. Es signalisiert hier die wirtschaftliche Prosperität Nachkriegsdeutschlands bzw. die zukünftige Karriere Marias. Gleichzeitig bedeutet es, dass Maria Braun ausweglos ein Teil des wirtschaftlichen Wiederaufbaus ist. Nicht zuletzt bildet das Geräusch der Lufthämmer als Störfaktor eine Distanz zur fiktiven Filmgeschichte beim Zuschauer.

Fassbinder vollendet in diesem Film das, was Balasz schon in den frühen 30er Jahren für den Ton als »akustische Ergänzung« gefordet hat:

> *»Das Akustische soll nicht bloß die Natürlichkeitswirkung ergänzen, sondern mit dem Ton etwas betonen, worauf wir sonst nicht geachtet hätten. Es soll in uns Vorstellungen und Assoziationen wecken, die das stumme Bild allein nicht geweckt hätte. Tonmontage und Bildmontage werden dann kontrapunktisch wie*

zwei Melodien einander zugeordnet.«[225]

4.2.4 Filmische Darstellung der Geschichtsbetrachtung

Zhangs Filme zeichnen ein kritisches Porträt der chinesischen Vergangenheit, in der das Hierarchieprinzip die universale Unterdrückung des chinesischen Volkes reflektiert. In »**Rote Laterne**« zeigt sich der Anspruch auf individuelle Freiheit und Selbstbestimmung der Frauen unter dem diktatorischen patriarchalischen Herrschaftssystem. Anders als in »**Rotes Kornfeld**« geht es darin in »**Rote Laterne**« um kein konkretes historisches Ereignis. In der Tat beschreiben die meisten Filme des Regisseurs lediglich einen groben historischen Hintergrund: die Metropole Shanghai der 30er Jahre (»**Shanghai Serenade**«), das vorrevolutionäre China (»**Judou**« und »**Rote Laterne**«), und die Periode der Herrschaft der KTM der 40er Jahre bis zur Kulturrevolution der 60er Jahre (»**Huozhe**«). Im Unterschied zur Darstellung der Geschichte bei Fassbinder, die jede Wende der Lebensgeschichte der Protagonistin und deren Lebenstragödie als komplexer Kausalnexus verursacht, steht die Geschichte bei Zhang in den meisten Fällen als Kontrapunkt zur Lebensgeschichte der Frau. Wenn wir sagen, dass Fassbinders Realismus wegen seiner hohen Sensibilität für die historische Materialität und seiner deutlich wahrnehmbaren Sicht auf das Heute ein sogenanntr »offener« ist, stellt der Realismus sich bei Zhang vergleichsweise geschlossen dar, denn dessen kritische Reflektion bildet sich normalerweise in einer zeitlich-räumlichen Abgeschlossenheit auf eine etwas zurückhaltende allegorische Weise heraus. Dai beurteilt die historischen Elemente bei Zhang

225 Balazs: Schriften zum Film. S.168. In: Pott (2001): S.84.

folgendermaßen:

> *»[...] In ,Judou' und ,Rote Laterne' lässt die Historie sich als die hoch aufwehende gefärbte Stoffbahn und als die Szene des Vatermordes sowie Sohnmordes visualisieren. Oder als der eingeschlossene chinesische Wohnhof sowie als Rote Laterne, was schließlich zur Mosaikarbeit auf dem exquisiten Paravent wird.«*[226]

Nach dieser Ansicht verkörpert die Historie dabei das visuelle Element, die Stimmung, nicht zuletzt das Sich-Ausstellen in einer zeitlich-räumlichen Abgeschlossenheit. Solches Sich-Ausstellen sollte, Dais Betrachtung zufolge, von dem anderen unterwerfenden kulturellen Gestus abhängig sein. In einem Modus, der durch Frauengestalten widergespiegelt wird, werden die Themen von Geschlecht und Ethnographie erfolgreich in Zhangs Filmen verschmolzen. Die beiden Themen sieht Rey Chow als die zwei wichtigsten Träger, die das primitive China zusammen signifizieren.[227] In der Fokussierung auf die weiblichen Probleme erreicht der Regisseur sein Ziel einer persönlichen Betrachtung sowie kritischen Beurteilung der Kultur und der Geschichte.

Zhangs visualisierte Geschichts- und Kulturschreibung verwirklicht sich in einer unmittelbaren Art der Darstellung spezifischer Rituale, vor allem der Rituale der Fußmassage sowie der Anzündung, Auslöschung und Einhüllung der roten Laternen. Sie machen sich im Zusammenspiel mit der morbiden finsteren Architektur der Gebäude durch wiederholte Darstellungen nachdrücklich geltend. Statt eine realistische Kritik zu üben, verwirklicht eine solche Darstellung ihr kritisches Potential meiner Meinung eher auf geistiger Ebene. Wie die mythische Darstellungsweise in »**Rotes Kornfeld**«, der isolierte und abgeschlossene Raum der Insel in

---

226 Dai (2000): S.271. Eigene Übersetzung der Autorin.

227 Vgl. Chow (2000): S.271.

»**Shanghai Serenade**« oder die legendäre Story seiner späteren Arbeiten wie »**Hero**« (2002) stellt Zhang eine eigentümliche visuelle Welt her, die von der historischen Wirklichkeit Distanz hält und sich eher auf die imaginäre Welt bezieht, dennoch einige Referenzen bezüglich bestimmter Teile des Geschichtsgefüges noch anbietet. »Über die Zeit hinweg«, »für ewig« und »absolut allegorisch« sieht Zhang Yiwu Zhangs Geschichte, in der er einen sich aus dem Diskurs der Moderne heraushaltenden und vollständig abgeschlossenen Raum aufbaut. Er vermittelt seinem Zuschauer nicht eine konkrete Erzählung über China, sondern »China selbst« – ein abstraktes und metaphorisches China.[228] In dieser Erzählung stehen die verarbeiteten Rituale für die unterdrückerische Macht und fungieren als eigenständige Erzählebene, die der Bezeichnenden-Ebene des Films dienen.

Chow analysiert unter dem Aspekt der Ethnographie die Beziehung zwischen Fassbinders Filmen und ihren Zuschauern, die sich in einer »*being stared at*«-Position befinden und in denen deshalb ein spezielles Selbstbewusstsein erzeugt wird.

> »*The power of surfaces is thus the power of confrontation, which ultimately makes us, the spectators, aware of the sensation of being stared at. In other word, the force of surfaces jolts them [the spectators] into a particular kind of self-consciousness, a consciousness of their »ethnicity« in none-too-flattering terms.*«[229]

Chow kombiniert ihre Analyse mit Elsaessers Betrachtung, in der es um den Exhibitionismus bezüglich besonderer Geschichtsereignisse in der deutschen Historie geht. Er erläutert:

> »*The exhibitionism in Fassbinder's films with specific historical happings, such as the German security state during and after the*

228 Zhang (1993): S.21.

229 Chow (2000): S.169

Second World War. Elsaesser suggests, for instance, that the pleasure of fascism for the average German is perhaps less the sadism and brutality of SS officers than the pleasure of being seen, of placing oneself in view of the all-seeing eye if the state.' »[230]

So rufe Fassbinders Film die Schaulust bei inländischen Zuschauern durch die Konstrukion von »*Being seen*« unter dem ethnographischen Aspekt hervor.

Aus der Perspektive der siebziger Jahre wird die deutsche Vergangenheit der fünfziger Jahre in Fassbinders Film in einer übersetzenden sowie etwas überhöhenden Sichtweise betrachtet. Über das Schicksal von unbedeutenden Menschen, besonders von Frauen, vermittelt er einen historischen Zustand Deutschlands. Die intensive Auseinandersetzung mit der westdeuschen Nachkriegsgesellschaft im Sinne der »Geschichtsschreibung« ist in Fassbinder-Interpretationen ein kategorisches Stichwort, was im Gegensatz zur abstrakten und metaphorischen Darstellung von China mit fehlender klarer Referenz zu einer ganz bestimmten Zeit steht.

Maria Braun ist das Wirtschaftswunder »in persona«. Ihre Geschichte ist jedoch die Geschichte der Niederlage einer Ehe, die einen wesentlichen Stellenwert in ihrem Leben einnimmt, obwohl sie nur von kurzer Dauer ist. Deshalb ist ihre Geschichte metaphorisch zu sehen. Über die im Film eingesetzten Explosionen lässt Fassbinder die private Ebene Marias mit der öffentlichen deutschen Geschichte parallel laufen. Bei der ersten Explosion zu Anfang des Films geht sichtbar eine ganze Epoche zu Ende: Das Portrait Hitlers fällt von der Wand. Fassbinder drückt durch die Explosion ein visualisiertes gewaltsames Ende einer Epoche in der deutschen Geschichte aus. Hier beginnt auch Marias private Geschichte, als sie mit Hermann im Standesamt ihre Hochzeit besiegelt. Sie wird von

230 Elsaesser (1986): Primary Identification and the Historical Subject. S.545. In: ebd.

einer Explosion unterbrochen, Papiere wirbeln durch die Luft, Menschen schreien, Hermann muss den Standesbeamten festhalten, um ihre Heiratsurkunde zu unterschreiben. Bei der mittleren Explosion äußert Maria den Wunsch: »Es muss etwas geschehen, es muss sich etwas ändern.« Maria wirft Hermanns Foto unter den Zug und ändert ab jetzt ihr Leben. Das in Trümmern liegende Deutschland ändert sich ebenfalls von diesem Moment an. Der Film endet auch mit einer gewaltigen Explosion, wie ich es im vorigen Kapitel genauer dargestellt habe. Fassbinder hat akustisch auf diese Explosion hingeführt. Über dem Wiedersehen des Ehepaars liegt die Radioreportage des Fußball-WM-Endspiels der deutschen gegen die ungarische Mannschaft, 1954. Als das Haus in Trümmer stürzt, bleibt das Gebrüll des Fußballreporters: »Aus, aus, Deutschland ist Weltmeister«. In der letzten Explosion verschränken sich die private Ebene und die öffentliche Geschichte Nachkriegsdeutschlands.

Im Ablauf der Geschichte Marias kommt auch eine Figur vor, die Fassbinder als ein Rückblick in die Vergangenheit dient. Das ist der alte Arzt, ein Vertrauter von Maria aus Kindertagen. Als Maria ihn zum ersten Mal aufsucht, sieht der Zuschauer ihn hinter einer Stellwand, er zieht eine Morphiumspritze auf und spritzt sie sich selbst. (Abb.43) Dabei wird ein überlauter Ton wie in einem Thriller eingesetzt, wodurch der Zuschauer die Gegenwart mit der durch den Nationalsozialismus zerstörten deutschen Vergangenheit assoziiert.

Was Fassbinder im Film über sein Entstehungsland sagt oder verrät, wurde insbesonders im Ausland als Allegorie auf Westdeutschland interpretiert. So urteilt Elsaesser:

> *»Diese Geschichte einer Frau, die sich aus den Trümmern des Krieges und der nationalen Schande erhebt, um eine moderne, effiziente Geschäftsfrau zu werden, ist eine dramatische Metapher für eine Nation, die eine analoge Veränderung durch-*

macht.«[231]

Durch die Figur Maria versuchte Fassbinder nicht nur den wirtschaftlichen Wiederaufbau Deutschlands zu zeigen, sondern nach feministisch orientierten Interpretationen auch das Schicksal vieler Frauen widerzuspiegeln, die in der Nachkriegszeit eine Form der Freiheit erhalten hatten. Bevor die Männer aus dem Krieg zurückkehrten, klagten die Frauen ihre soziale Position in der Öffentlichkeit aufgrund ihres Engagements beim nationalen Wiederaufbau als sogenannte »Trümmerfrauen« ein, aber den Männern gelang es, ihnen die Freiheit wieder zu nehmen.

> »*Was Mitte der fünfziger Jahre endet, war die Beteiligung der Frauen am Wiederaufbau und auch ihr Einzug in die herrschenden Machtstrukturen ... . Gerade hatten sie für ihre Männer die Trümmer beiseite geräumt, kamen die Männer zurück und besetzen die Machtpositionen.«*[232]

Die Schlusssequenz zeichnet sich auch durch die Tondokumente des Fußball-WM-Finales von 1954 aus. Dieser Endspielsieg lässt den Zuschauer zu einem deutschen Triumph-Gefühl im Nationalsozialismus zurückkehren, als Deutschland sich überschätzt hatte. Durch den Film versucht Fassbinder zu zeigen, dass die politische und öffentliche Geschichte ein fester Bestandteil des Lebens jeder Einzelperson ist. Marias Geschichte hat deshalb einen metaphorischen Sinn.

231 Elsaesser (2001): S.161.

232 Ebd. S.163.

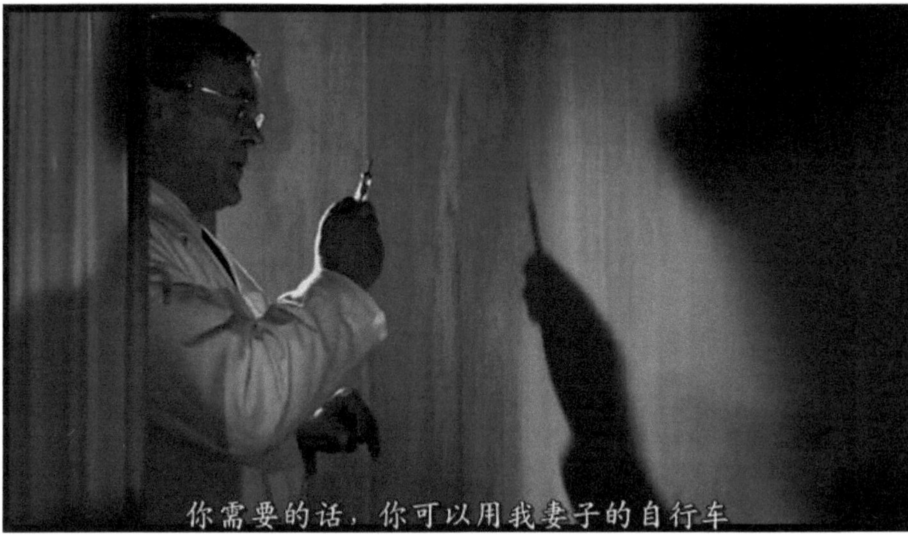

Abb.43

Fazit

Die Frauen in Zhangs »**Rote Laterne**« intrigieren gegeneinander, um die Aufmerksamkeit des Hausherrn Chen zu erlangen, was vornehmlich die fremdbestimmte Sexualität der Frauen und ihren Freiheitsverlust in der Ehe beweist. Im Film werden die fremdbestimmte Sexualität sowie der Freiheitsverlust des weiblichen Geschlechts vor allem durch die visuelle Metapher der eingeschlossenen Architektur des Hauses dargestellt, die sich als der Hauptschauplatz aus Höfen, unendlichen Korridoren und zahlreichen Türen zusammensetzt und mithilfe der starren Kamera und Beleuchtung eine abgeschlossene Räumlichkeit schafft. Die Art der Darstellung der spezifischen Rituale der Fußmassage und der Laternen versinnbildlicht die Unterdrückung sehr eindrücklich. Die akustische Unterstützung der Zeremonie der Fußmassage wird wiederholt eingesetzt und dominiert bei bestimmten Szenen die Tonspur. Sie wird so zu einem Sinnbild für die Fremdbestimmung der Frauen, deren Erhaltung allein von der Bevorzugung des Hausherrn abhängt. Die Geräusche der Fußmassage stehen hier für die Macht des partriarchalischen Systems. Der andere Vertreter der Macht sowie der von ihr hervorgerufenen Unterdrückung auf der visuellen Ebene ist die Laterne. Die wird im Innenraum durch intensive Benutzung der eintönigen roten Farbe überbetont, was einerseits der erotischen Darstellung der Frauenfigur, andererseits der Exklusivität des Raums dient, der sich der umgebenden Wirklichkeit entzieht. Und im Außenraum bildet das Rot der Laterne einen starken Kontrast zur Umgebung. Die Szene, in der Yan'er vor der verbrannten Laterne kniet, lässt sich in diesem Kontext assoziieren, denn in dieser kalten gefühllosen Umgebung ragt die rote Farbe der verbrannten Laterne hervor, wodurch die Schicksaltragödie der Frau anschaulich ausgedrückt wird.

Während Songlian in einem eingeschlossenen Raum und in zirkulierender Zeit gefangen ist, spielt sich Marias Geschichte bei Fassbinder in einem verleichsweise offenen Raum ab, in dem trotzdem auch über das optische Leitmotiv der Gitter und ihrer Schatten der Gefängnis-Effekt hervorgebracht wird. Entlang der Handlungsentwicklung befindet sich Maria immer wieder in eingrenzenden Gittern und Rahmen, die manchmal das vordefinierte Schicksal vorhersagen mögen und manchmal ihre verstrickten ambivalenten Kräfte bei ihr visuell darstellen, mit denen sie auf der einen Seite an ihrer irrationalen Treue zu ihrer Ehe und Liebe festhält, auf der anderen Seite nach materiellem Wohlstand strebt, bloßem Sexualverkehr und körperlicher Freiheit. Und nicht zuletzt übt die Verwendung des Gittermuster in der Ton-Bild-Collage Kritik an Adenauers Rede auf der Tonspur, wenn die widersprüchliche politische Entscheidung der Regierung auch das innere Chaos der Filmfiguren widerspiegeln kann. Zum Schluss zieht Maria in das Haus ein, das als das höchste Versprechen in ihrer Ehe und Beweis für ihre Liebe von Fassbinder als Luxusgefängnis dargestellt wird. Die Verwandlung der Frau lässt sich durch die Farbekontraste ihrer Kleidung im Verlauf der Geschichte veranschaulichen, deren Farbton sich von Weiß über Schwarz bis zu Rot und Blau verändert und zuletzt mit dem Weiß einen Zyklus schafft, was auf ironische Weise eine vordefinierte schicksalhafte Tragödie ihrer Liebe andeutet. Fassbinders Einstellung zur Historiographie zeigt sich in hohem Maße auf der vielschichtigen Tonebene. Die Tondokumente wie Suchmeldungen im Radio und Adenauers Rede kommen als Garanten der historischen Authentizität zum Einsatz und kommentieren zugleich in ironischer Dimension die Geschichte. Der wiederholte Einsatz der Explosionen am Anfang und am Ende des Films vollendet eine geschlossene Erzählung der Lebengeschichte Marias. In das Filmfinale dringt die simultan ablaufende Reportage des Fussballfinales ein. Im extremen Gegensatz zu Marias Niedergang jubelt und schreit der Fußball-Kommentator: »[...] Deutschland ist Weltmeister!« Hier bilden die Tondokumente einen starken Kontrast zu Marias Untergang.

Der starke stilisierten exklusiven Symbolwelt von Zhangs Film und der offenen zeitgeschichtnahen Reflexionswelt des Fassbinder-Films entsprechen selbstverständlich zwei ganz verschiedene Film-Ästhetiken und -Ideologien, die verschiedene Erzählungsweisen und konnotative Sprachen ausbilden. Dennoch zeigen sie gemeinsam eine weibliche Opferfigur in der Ehe, die als Gefängnis dargestellt wird. Die eine, Songlian, ist ohne Entkommen dem männlichen Blick und dem patriarchalischen Machtsystem ausgeliefert; die andere, Maria Braun, zerbricht an zwei gegensätzlichen Prinzipien in sich und wird schließlich zum Opfer des Austausches der Männerwelt. Während Zhangs Frauen als visuelle Spektakel sowohl für den männlichen Blick als auch für den des Orientalisten inszeniert werden, verhält sich die Frau bei Fassbinder selbstbewusst und widmet sich aktiv ihrer wirtschaftlichen Karriere, vermeidet den Opferstatus aber ebenso wenig wie ihre chinesischen Schicksalsgefährtinnen, da sie in die den Menschen zur Ware machende Macht des Showbusiness verstrickt ist. Fassbinder bietet im Film nicht nur reizvoll Melodramatisches an, sondern auch einschneidende Reflexionen zur

Zeitgeschichte, die anhand der privaten Lebensgeschichte einer Frau vorgetragen werden. Im Unterschied dazu konstruiert Zhang in seinem Film eher einen abgeschlossenen, der Gegenwart entrückten Raum, worin seine relativ zurückhaltende Einstellung zur zeitgenössischen Wirklichkeit sowie zur chinesischen Historie zum Ausdruck kommt, weshalb der Zuschauer nicht ernsthaft aufgefordert ist, die filmische Geschichte in realistischer Lesart auf seine eigene Wirklichkeit zu beziehen.

4.3 Emanzipation oder Selbstzerstörung unter der gesellschaftlichen Unterdrückung: »Die Sehnsucht der Veronika Voss« (1982) und »Rotes Kornfeld« (1987)

4.3.1 Einführung des Themas

Fassbinders Realismuskonzept im Film wird durch seine kritische Betrachtung sowie protesthafte Untersuchung der Geschichte umgesetzt, dessen Vorstellung sich immer auf die Unterdrückungsstruktur der Gesellschaft bezieht und von Sang-Joon Bae als *»offener Realismus«* mit Fassbinders persönlicher Unterschrift genannt wird.[233] Der vaterlos aufwachsende Hans wird von seiner lieblosen Mutter dominiert und erhält in seinen Ehen kaum Verständnis oder Trost. (»**Händler der vier Jahreszeiten**«, 1971); Die Putzfrau Emmi lebt isoliert von Familie, Freunden und Nachbarn, als sie sich in den etwa zwanzig Jahre jüngeren Marokkaner Ali verliebt. (»**Angst essen Seele auf**«, 1973); Mutter Küsters leidet einsam unter der Verleumdung durch die Massenmedien, nachdem ihr Mann nach seiner Entlassung erst den Personalchef erschlagen und dann Selbstmord begangen hat. (»**Mutter Küsters' Fahrt**

233 Vgl. Kapitel 3.2 dieser Arbeit

zum Himmel«, 1975); Die durch die Ruinen wandernde Maria muss für den Lebensunterhalt der Familie sorgen, als ihr mitgeteilt wird, dass ihr Mann im Krieg gefallen sei. (»**Die Ehe der Maria Braun**«, 1978); Und natürlich sollte Veronika Voss, ein ehemaliger gefeierter Star des Dritten Reiches und von der modernen Filmindustrie vergessenes »Waisenkind«, erwähnt werden. (»**Die Sehnsucht der Veronika Voss**«, 1982). Fassbinders Figuren sehen sich stets Unterdrückung ausgeliefert, die entweder aus der Familie, der Gesellschaft oder aus Liebe entsteht. Der Regisseur selbst versteht die Wechselwirkung zwischen Sehnsucht, Liebe und gesellschaftlicher Unterdrückung folgendermaßen:

> *»Kann man das so verstehen, daß der Mensch in dieser Gesellschaft nur dann o.k. ist für diese Gesellschaft, wenn er wie ein Hund mit heraushängender Zunge immer hinter etwas herläuft? Solange wird er sich doch an die Normen halten, die ihn brauchbar bleiben lassen. Nach Douglas Sirks Filmen scheint mir die Liebe noch mehr das beste, hinterhältigste und wirksamste Instrument gesellschaftlicher Unterdrückung zu sein.«*[234]

Ähnlich wie bei Fassbinder fokussieren sich die Themen in Zhang Yimous Filmen auch auf den Einzelnen unter gesellschaftlicher Unterdrückung, wenngleich sich sein Realismuskonzept von dem Fassbinders in gewissem Maße unterscheidet. In diesem Zusammhang fallen einem sofort die Figuren Qiu Ju in »**Die Geschichte der Qiu Ju**« (1992) und Fu Gui in »**Leben!**« (1994) ein. Auffälliger in dem Gesamtwerk Zhangs ist die Unterdrückung der Frauenfiguren: die aus der Lebensnot heraus von ihren Eltern verkaufte Jiu'er in »**Rotes Kornfeld**« (1987); Songlian in »**Rote Laterne**« (1991), sowie die von ihrem Mann misshandelte, absolute unfreie Ju Dou in »**Ju Dou**« (1990) usw. Die Schlüsse der Lebensgeschichte der Frauenfiguren sind oberflächlich betrachtet pessimistisch,

---

234 Fassbinder (1984): S.18

z.B. wenn Ju Dou endlich das Haus anzündet, um sich zusammen mit Tian Qings Leiche und ihrem Kind dem Feuer zu überlassen; wenn Songlian in dem grausamen Kampf zwischen den Frauen in dem Hof wahnsinnig wird oder wenn Xiao Jinbao von dem Clan-Paten lebendig begraben wird; Sogar die emanzipierte Jiu'er wird im Krieg gegen die Japaner erschossen. Dennoch sind die Schicksale dieser Frauen nach Zhangs Motivation zur Darstellung des Geistes des Landes nicht pessimistisch zu verstehen, sondern sollen vielmehr die Emanzipation der Frauen von ihren festgelegten Schicksalen und von der Unterdrückung durch eine depressive Gesellschaft zeigen. Zhang selbst drückt es in einem Interview so aus: *»So ist es das Hauptziel des Films [Rotes Kornfeld], diese Stimmung der Liebe und der Leidenschaftlichkeit auszudrücken.«*[235] Eine der Filmkritiken des Films »**Rotes Kornfeld**« lautet wie folgt:

> *»Wir sehen eine mutige, selbstständige, arbeitsame, aufrichtige Frau voller Lebenkraft, keine orientalische Frau aus der Sicht des Orientalismus, weil sie keinen westlichen Mann, nicht einmal selbst einen chinesischen Mann, zu ihrer Rettung braucht, sie kann sich selbst retten. [...] Sie gehört für Orientalisten weder zum ,traditionellen' China, noch zum medeaartigen oder venusartigen ,Westen'. Sie ist eine Frau im weiteren Sinn [...] Bedient die Gestaltung einer solchen Frau zur Gender-Erwartung der Orientalisten beziehungsweise ihren Voyeurismus?«*[236]

Die Antwort ist zweifellos nein.

Die Art, wie die Frauenfiguren in Fassbinders Filmen der Unterdrückung durch die Gesellschaft begegnen, ähnelt äußerlich der bei Zhang. Dennoch weist sie in eine andere Richtung. Fassbinder zeigt in seinen Fil-

235 Zhang (2004): S.35. Eigene Übersetzung der Autorin.

236 Zhu (2006): S.109. Eigene Übersetzung der Autorin.

men schonungslos seine Homosexualität, Drogensucht oder psychische Probleme auf, »*[...], dazu kam die Düsternis seiner Geschichte, in denen der Selbstmord immer noch die humanste Lösung aller Konflikte darstellt.*«[237] In seinem depressiven Zustand trinkt sich Hans konsequent zu Tode, während Maria vermutlich aus Enttäuschung über ihre Liebe ihr Haus explodieren lässt und die hoffnungslose Veronika ihrem Leben mit Tabletten ein Ende setzt. Unter der gesellschaftlichen Unterdrückung gehen die Figuren schließlich den Weg der Selbstzerstörung. Damit legt Regisseur dem Zuschauer einen Realismus dar, der aufgefordert wird, die Vergangenheit des Deutschlandes aus heutiger Sicht kritisch zu betrachten.

»Die Sehnsucht der Veronika Voss« (1982)

> Die ehemals erfolgreiche, gefeierte Schauspielerin der Ufa Veronika Voss ist inzwischen in Vergessenheit geraten. Ihr Glück in der Heirat mit einem Drehbuchautor ist nicht von Dauer. Verloren in der Welt ihrer Vergangenheit wendet sie sich an die Nervenärztin Dr. Katz, die sie mit Morphium versorgt und auf ihr Vermögen aus ist. Der Sportjournalist Robert Krohn lernt Veronika zufällig kennen, und aus Neugier untersuchtet er ihre Vergangenheit. Nachdem er ihr Geheimnis kennt, will er sie mit Hilfe seiner Freundin retten, doch seine Freundin wird bei einem fingierten Unfall ermordet. Eingesperrt allein im Zimmer, ohne Morphium, nimmt Veronika sich schließlich aus enttäuschter Hoffnungen das Leben. Ihr Beschützer Krohn bleibt mit einer geistigen Dumpfheit zurück und begibt sich zurück an seine Arbeit.

Der Film handelt von der gescheiterten Sehnsucht der Veronika Voss,

237 Schröder (2003): S.227.

die sich einerseits auf ihr glamouröses Selbstbild aus der Vergangenheit verlässt und andererseits auf ihre Liebe, die jedoch schon bei der Heirat mit ihrem Drehbuchautor zerbrochen ist. Die Geschichte der Figur Veronika Voss wird von dem Schicksal der Ufa-Schauspielerin Sybille Schmitz (1909-1955) motiviert, die als ehemalige Schauspielerin bei Goebbels im Dritten Reich und nach dem Krieg in Vergessenheit geraten und daraufhin drogenanhängig geworden war und sich schließlich das Leben nahm. Zehn Jahren zuvor hatte Schmitz schon im Film von Fassbinder »**Die bitteren Tränen der Petra von Kant**« (1972) als die Mutter mitgespielt.

Der Film »**Die Sehnsucht der Veronika Voss**« wurde 1982 auf der Berlinale mit dem Goldenen Bären ausgezeichnet. Darüber urteilte Thomsen wie folgt:

> *»Veronika Voss is a pure and painfully consistent film. It entirely lacks the entertaining qualities of the earlier films in the trilogy. It is founded on such a great worldweariness that one is reminded of the early avant-garde films; but, technically, it is as masterfully formulated as a Hollywood film – and with an aesthetic originality typical of Fassbinder.«*[238]

Wie schon in »**Lola**« liegt Fassbinders historiographisches Interesse wieder auf der deutschen Gesellschaft in den Jahren des Wiederaufbaus, Elsaesser zufolge erweise sich, nach der persönlichen Geschichtsergänzung von Fassbinder, der Film in seinem Bezügen zum Faschismus als sensibles und fast schmerzliches Dokument der 50er Jahre. Mithilfe der Figuren (dem jüdischen Paar) versuche Fassbinder, im Film das Thema Nazi-Zeit mit seiner merkwürdigen Nicht-Existenz und damit Allgegenwärtigkeit zu interpretieren.[239]

---

238 Thomsen (2004): S.284

239 Nach Elsaesser (2012): S.174

In der Handlung wird deutlich, dass die Ärztin mit der staatlichen Institution, dem Gesundheitsamt, eng zusammenarbeitet. Das System setzt sich aus der Ärztin und der Behörde zusammen, darin ist der Einzelne machtlos. Der persönliche Verlust der Veronika sowie der Nebenrolle bezieht sich bewusst auf das gemeinsame Vergangenheitstrauma der Deutschen in der Nachkriegszeit, wodurch der Regisseur zu verstehen versucht, *»warum Menschen kaputtgehen«*[240]. Entweder der Täter oder das Opfer verfällt gleichermaßen den Drogen inklusive der Ausbeuterin Dr. Katz, wenn sie auch als eine Marionette ihrer Kollegin Josefa dargestellt wird. Dies erinnert an den Arzt in in »**Die Ehe der Maria Braun**«, der sich erst spritzen lässt, bevor er sich an die bei Maria vorzunehmende Abtreibung begibt. Jede Figur wird ausgenutzt und somit zersört von den Erfahrung und Folgen des Kriegs, wodurch *»[der Film] ein krasses Licht auf Leid und Selbstmitleid der Deutschen in den Adenauer-Jahren [wirft].«*[241]

Mithilfe der Stilisierung der privaten Realismusvorstellung beschäftigt sich Fassbinder im Film mit dem Vergangenheitstrauma im Nachkriegsdeutschland für die Assoziation mit der Gegenwart, in der seiner Ansicht nach die Vergangenheit nur als *»Sich-Nicht-Zurechtfinden«*[242] gelte. Seine Filme sind nicht nur gegenwärtig, sondern auch persönlich, weil es nicht sonderlich schwer ist, einen Fassbinder-Film an seinen Bildern zu erkennen. So schreibt Eckhardt:

> *»Die Sehnsucht der Veronika Voss war zugleich auch die Sehnsucht des Rainer Werner Fassbinder, und wenn Fassbinder vor einer 'heiligen Nutte' warnte, dann meinte er damit den Film überhaupt, der zerstören kann, und acht Stunden, der kein Tag*

240 Fassbinder (1985): S. 187

241 Elsaesser (2012): S.175

242 Bae (2005): S.341

sind, waren auch für ihn keiner, wenn es um tägliche Arbeitszeit ging.«[243]

Am Anfang des Films, als Veronika sich im Kino setzt, um den Film anzuschauen, in dem sie sich selbst spielst, ist sie in dieser Szene nicht allein. Tatsächlich ist der Regisseur hinter ihr zu sehen, als einer der Zuschauer des Films. Diese Anwesenheit des Regisseurs im selben Film hat einerseits im Wesentlichen den Film-im-Film-Effekt noch verstärkt, andererseits lässt sich diese Szene mit seinem persönlichen Leben in Drogenabhängigkeit in Verbindung bringen, das den vermeintlichen Grund seines frühen Todes im selben Jahr verkündet.

Ein unterschwellig verlaufendes Todesthema zieht sich durch den ganzen Film. Die Protagonistin verliert sich in ihrem Selbstbild der glanzvollen Vergangenheit, statt die Gegenwart zu akzeptieren, ihre Sehnsucht nach dem Sich-Selbst ist deshalb weder erfüllt noch erfüllbar. Veronika ist Opfer der Vergangenheit und zugleich kein perfekter Mensch. Der Regisseur beschreibt die Opfer-Figur in seinen Filmen wie folgt:

> *»Das ist genau das, was man mir vorgeworfen hat, nämlich dass ich die Opfer nicht als perfekte Menschen gezeigt habe – dass ich sie dargestellt habe, so wie sich Frauen eben heute oft verhalten, die sich gegen die Männer verteidigen müssen, oft mit sehr ungewöhnlichen Methoden, manchmal mit widerlichen Mitteln. Aber dadurch wird sehr viel klarer, wie sehr sich die männlich beherrschte Gesellschaft verschanzt hat, als wenn ich sie nur als leidende Heilige zeigen würde.«*[244]

Die sehr ungewöhnlichen Methoden oder widerlichen Mittel zeigen sich meistens im Selbstmord, der immer noch die humanste Lösung aller Konflikte bei Fassbinder darstellt.

---

243 Eckhardt (1982): S.17

244 Fassbinder (1980): In: Ginsburg, Ina: Jedermanns Feind. In: Fischer (2004): S.479

»Man kann VERONIKA VOSS als Film über Drogen verstehen. [...] Man kan ihn aber auch als einen Film über das Kino lesen, insbesondere über den brisanten Übergang vom alten Ufa-Film zur westdeutschen Nachkriegsfilmindustrie und – später – den Übergang von Papas Kino zum Neuen Deutschen Film.«[245]

»Rotes Kornfeld« (1987)

Die Figur Jiu'er wird von ihren Eltern für eine arrangierte Ehe verkauft, sie soll den ihr unbekannten und erheblich älteren Besitzer einer Schnapsbrennerei Li Datou heiraten, der an Lepra erkrankt ist. Auf dem Weg zur Hochzeit entwickeln Jiu'er und der Sänftenträger Yu Zuneigung für einander. Li wird mit unklarem Motiv ermordet. Nach seinem Tod verwirklicht Jiu'er endlich ihr Streben nach einer befreiten sexuellen sowie ökonomischen Identität. Sie übernimmt die geschäftliche Führung der Schnapsbrennerei und heiratet Yu aus eigenem Wunsch. Wegen des Einmarsches der japanischen Armee fordert sie ihre Arbeiter auf, den Tod ihres vertrautesten Vorarbeiters Luohan durch den Angriff auf ein japanisches Militärfahrzeug zu rächen. Während der heroischen Racheaktion wird sie erschossen.

Als Debütfilm wurde der Film mit vielen internationalen sowie nationalen Preisen ausgezeichnet, darunter 1988 auf der Berlinale mit dem Goldenen Bären und inländisch mit dem Goldenen Hahn. Ebenfalls erhielt der Film große Anerkennung auf dem Kinomarkt, allein in China erreichte er bis zu 500 Millionen Zuschauer. Zhang Yimou wird seither als Star gefeiert, erhält dennoch auch bei der chinesischen Film-Zensur hohe Aufmerksamkeit.

Diese erste Regiearbeit von Zhang, die auf Mo Yans Roman basiert,

---

245 Elsaesser (2012): S.174

handelt von der Lebensgeschichte der aus ärmlichen Verhältnissen stammenden Jiu'er, die ihre weibliche Sexualität aus den etablierten Strukturen des patriarchalischen Systems befreit und sich von der veralteten feudalistischen Heiratspolitik vor der Gründung der Volksrepublik China emanzipiert.

Ihr Tod am Ende des Films steht bei Stefanie Rauscher für den negativen Niedergang der kollektiven Autonomie des chinesischen Volkes:

> *»Als die Kamera Jiu'ers mit Schnaps gefüllten zu Boden stürzenden Krug einfängt, etabliert sich der blutrote Farbton in einer dualen Funktion als Sinnbild für das Leben und Sterben der freien Gesellschaft. Als Jiu'er im Schein der aufgehenden roten Sonne zusammensinkt, symbolisiert ihr Tod den endgültigen Niedergang von Autonomie und Selbstbestimmung des chinesischen Volkes vor dem Erstarken der sozialistischen Ideologie.«*[246]

Als die einzigen Überlebenden gehen ihr Mann Yu und ihr Sohn im Krieg gegen Japan voran, was nach Dai Jinhua ein Sinnbild für einen bedeutenden Auftritt der Fünften Generation entweder auf dem inländischen oder ausländischen Filmmarkt gelte:

> *»With its son-cum father nationalist hero and the insolent and violent story of patricide, the film completes the coming of age for the Fifth Generation as well as the ritual of entering the symbolic realm. By castrating the castrator/foreign invader, the film consoles a nation that is leaden with anxiety and in danger of losing its memory.«*[247]

Die oben zitierten Texte illustrieren lediglich zwei verschiedene Lesarten von Zhangs Filmen. Das erzeugt manchmal Verwirrung, legt aber gleichzeitig das Untersuchungsziel offen. Wenn die Figur Jiu'er zum

246 Rauscher (2009): S.49

247 Dai (2002): S.33

ersten Mals als weibliche Figur im Zentrum des Handlungsgefüges steht, wo doch die ersten Filmemacher nach Ende der Kulturrevolution ihre Erfolge zuerst mit männlichen Protagonisten hatten, kommt die Frauenfigur wieder im richtigen Sinn in das männliche Spektrum herein. Mit ihrer Gestaltung der Frauenfiguren ist es der Fünften Generation gelungen, wieder an der Geschichte, der Kultur und der Narration teilzunehmen.[248] Nach Rey Chows Untersuchung auf dem Gebiet der Ethnografie gibt es in Zhangs Filmen zwei Hauptelemente der neuen Ethnografie – die dominanten Despoten und die unterdrückten Frauen. Die erste Gruppe bezieht sich normalerweise auf eine ältere männliche Figur, wie Jiu'ers leprakranken Ehemann (Rotes Kornfeld), Ju Dous alten Mann Yang (Ju Dou) und den visuell abwesenden Grundbesitzer Chen Zuoqian (Rote Laterne). In der zweiten Gruppe hingegen wird die physisch oder psychisch leidende Frau gezeigt. Entweder als studierte Songlian (Rote Laterne) oder die ungebildete Bäuerin Ju Dou (Ju Dou), als Jiu'er (Rotes Kornfeld) oder als Tanzfrau Xiao Jinbao (Shanghai Serenade) *»[erscheinen] Frauen [...] in Zhangs Filmen vor allem als sexualisierte Körper, die von den Fesseln sozialer Unterdrückung befreit werden müssen.«*[249] In diesem Kontext ist das Untersuchungsobjekt dieses Kapitels »**Rotes Kornfeld**« eher als eine Geschichte über die Emanzipation der Frau anzusehen – eine Selbstrettung aus der Unterdrückung der Gesellschaft mit Klassenunterschieden und zahlreichen alten Sitten. In Zhangs Gesamtwerk wird die Geschichte der Auflehnung gegen die Unterdrückung erzählt, die bei »**Rotes Kornfeld**« einerseits von der Heiratspolitk des feudalen Chinas und andererseits von der japanischen Besatzungsarmee ausgeht. Der Tod der Protagonistin ist deshalb in diesem Sinne ein völlig anderer Fall als der selbstzerstörerische und vorde-

---

248 Vgl: Dai (1994): S.41

249 Chow (2001): In: Sierek: S.175

finierte Tod der Veronika Voss.

4.3.2 Die Gestaltung der Frauenfigur

4.3.2.1 Die Verwandlung der Frauenfigur

Der Debütfilm von Zhang Yimou bietet die Lebensgeschichte von Jiu'er dar, die aus ärmlichen Verhältnissen stammt und von ihrem Vater an einen alten Schnapsbrenner verkauft wird. Die persönliche Geschichte ist mit den geschichtlichen Ereignissen der japanischen Besatzung Chinas vermischt und wird durch diese Umstände beendet, als Jiu'er während des Widerstandskriegs gegen Japan erschossen wird.

Zu Beginn des Films erscheinen keine Bilder im Aktionsraum, stattdessen erfolgt ein Monolog des Erzählers aus dem Off: »Ich erzähle dir die Geschichte meiner Oma und meines Opas. […] [Diese Geschichte] glauben manche Leute, und manche nicht, wenn die Zeit vorbei geht.« Dann wird das Gesicht von Jiu'er eingeblendet, auf dem man kaum Freude über die bevorstehende Hochzeit erkennen kann. Sie blickt nur direkt in die Richtung der Kamera und es scheint, als sähe sie ihr ganzes Leben vorher. (Abb.1)

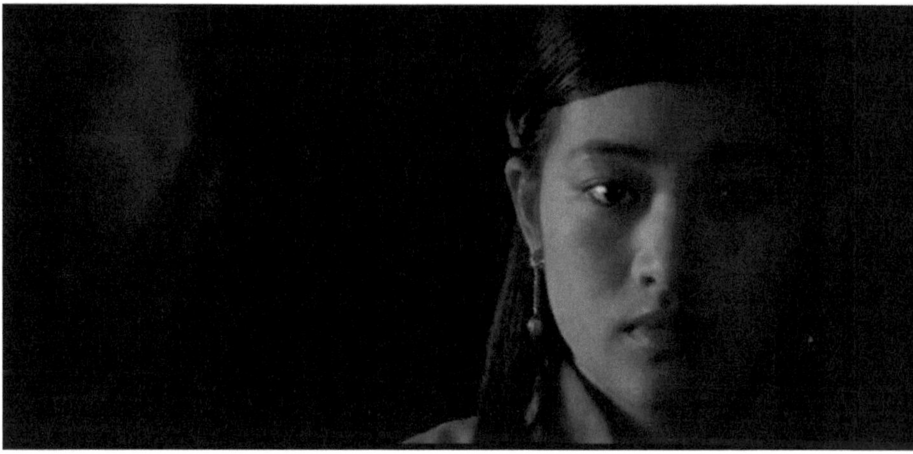

Abb.1

In vielen anschließenden Close-Up-Einstellungen wird ein Porträt einer selbstsicheren Frau entworfen, welche, Dais Ansichts nach, die Frau vor allem im Blickfeld der männlichen Begierde präsentieren. Im Hochzeitszug, der auf dem ganzen Weg mit heiterer Musik begleitet werden soll, wird Jiu'er von vier Männern auf einer roten Sänfte getragen. Entgegen der traditionellen Sitten legt die Braut das Brauttuch ab und sieht neugierig durch eine Lücke des Vorhangs nach draußen. Ihr interessierter Blick fällt auf den nackten Oberkörper des Sänftenträgers Yu. Diese Kombination der Schuss-Gegenschuss-Einstellungen zwischen dem Gesicht der Protagonistin und dem Fokussierungsobjekt ihres Blicks wird als die Verschiebung der Begierde gelesen, wenn die Kamera die rein männliche Körperlichkeit einfängt. Die visualisierte Begierde der Frau sei nach Dai ein stillschweigendes Einverständnis und der Antrieb für die nachfolgende Aktion des »*Vatermordes*«.[250] Das Verhältnis zwischen Jiu'er und Yu wird in dieser Szene in sensibler und metaphorischer Wei-

250 Vgl: Dai (2002): S.50-54

se gezeigt: Zuerst durch den Blickwechsel der beiden, als der Hochzeitszug von einem Unbekannten überfallen wird, der Jiu'er auffordert, ihm in das Kornfeld zu folgen. Es wird hier kein Dialog für die Darstellung der Absicht gebraucht, hat Yu doch scheinbar von Jiu'ers Augen das Signal erhalten und den unbekannten Räuber ergriffen. Zudem spricht die erotische Konnotation des Fußes von Jiu'er für sich, den sie absichtlich oder unabsichtlich, bei ihrer Rückkehr nicht vollständig in die Sänfte zurückgezogen hat. Yu nimmt diesen an die Hand, nachdem er den Unbekannten getötet hat. Gemeinsam mit den fokussierten Kameraeinstellungen auf die Gesichter der beiden wird die Intensivierung des emotionalen Verhältnisses zwischen den zwei Protagonisten angedeutet. (Abb.2-3)

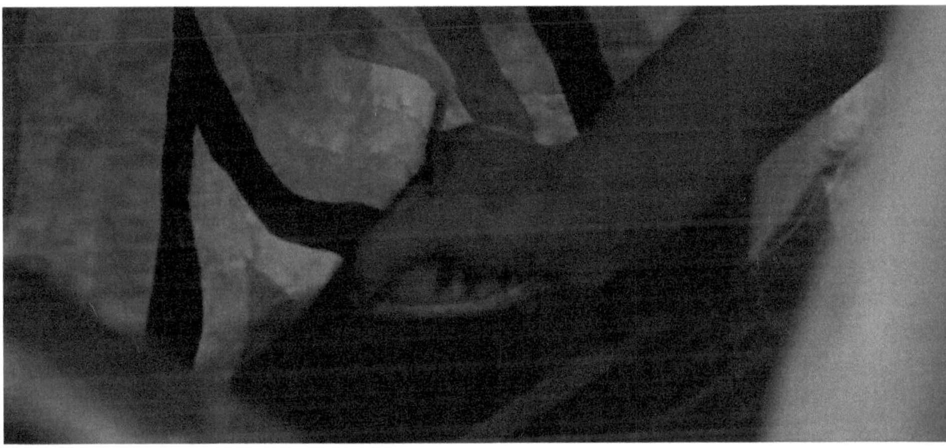

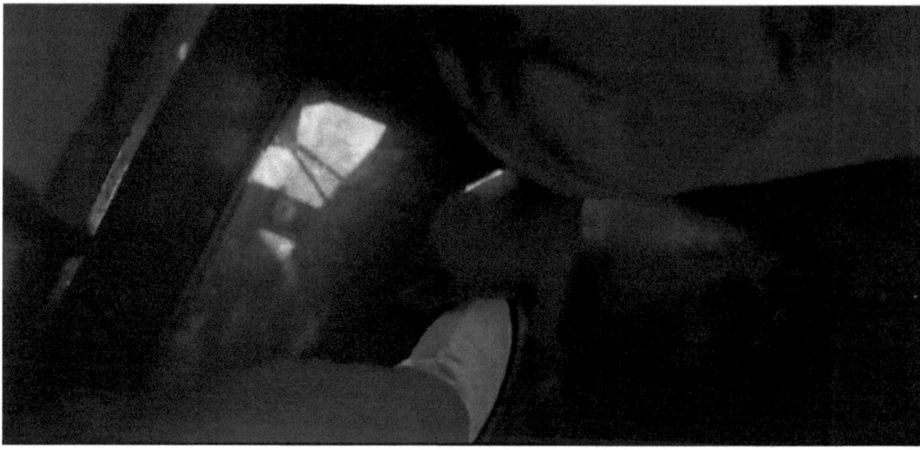

Abb.2-3

Die wesentliche Entwicklung des Verhältnisses der beiden Protagonisten findet vor allem im Kornfeld statt, das den wichtigsten Schauplatz von Jiu'ers Unabhängigkeitskampf gegen die Unterdrückung in einer patriarchalisch geprägten Gesellschaft symbolisiert. Gemäß eines alten Brauchs wird Jiu'er drei Tage nach der Hochzeit von ihrem Vater nach Hause geholt. Der Belehrung ihres Vaters ist sie müde: »Du musst zurückkommen. [...] Du must zurück zu Li kommen.« (0:17:30), deshalb lässt Jiu'er ihr Maultier in das Kornfeld beschleunigen. Allein im riesigen Kornfeld kann sie nur die im Wind wiegenden Getreideähren sehen und deren Rauschen hören, aber wir können durch das Close-Up auf ihr Gesicht eine anmutige junge Frau mit festem Willen sehen, die sich der bevorstehenden Gefahr bewusst ist und ihr wahrscheinlich mit Neugier entgegenblickt und zugleich offensichtlich ihre Freiheit der Selbstbestimmung suchen möchte. Im Folgenden kommt es zur ersten sexuellen Begegnung zwischen Jiu'er und Yu, wenn er sie wie der unbekannte Räuber in die Tiefe des Kornfeldes entführt. Ob sie von ihm vergewaltigt wird oder freiwillig mit ihm schläft, bleibt offen. Im Bild sehen wir nur, dass die Frau auf der wie zu einem Bett niedergestrampelten Hirse liegt und der Mann vor ihr kniet (Abb.4). Der sexuelle Akt stilisiert sich als eine ästhetische Wechselwirkung zwischen den sich rhythmisch wiegenden Kornähren und dem begleitenden Trommelschlag sowie den Klängen der Suona (ein wichtiges Musikinstrument der nordchinesischen Volksmusik). Diese Szene wird nach feministischer Betrachtung offenkundig als »*male fantasy of female desire*« angesehen. »*A Seduction scene can often be read as male fantasy of female desire, always wanting arousal and happy to be satisfied, or as essentially (from the feminist point of view) a rape scene.*«[251] Dazu nennt Dai es »*ein filmisches Spektakel*«, das zuerst »*den großartigen Heros und die nationale primitive Lebenskraft*«[252] ausdrückt, statt nur die Begierde oder deren Zufriedenheit darzustellen.

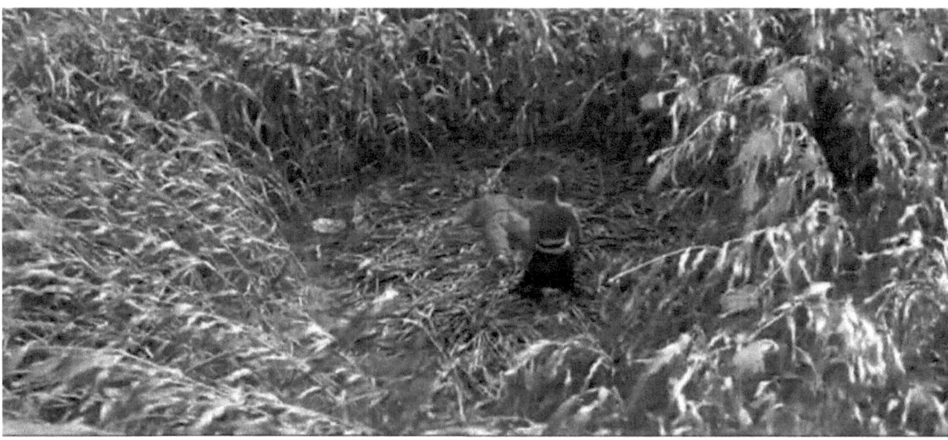

Abb.4

Jiu'ers tatsächliche Befreiung der weiblichen Sexualität aus der etablier-

251 Cornelius (2001): S.76

252 Dai (2000): S.50ff. Eigene Übersetzung der Autorin.

ten Heiratspolitik der patriarchalischen Gesellschaft wird im Wesentlichen nach dem Tod ihres Gatten verwirklicht, dessen unklarer Grund vom Erzähler aus dem Off vermittelt wird. Jiu'er gewinnt sowohl die sexuelle Emanzipation als auch eine ökonomische Unabhängigkeit, da sie nach dem Tod des Schnapsbrenners die Geschäfte übernimmt. Sie spricht zu den Angestellten und überzeugt sie zu bleiben: »Von nun an nennen sie mich nicht Chef. Es gibt keine Unterschiede in unserer Schnapsbrennerei. Ich wurde auch in einer armen Familie geboren.« (0:30:14) So eröffnet Jiu'er eine neue Epoche, in der die lange bestehende Machtstruktur imgesellschaftlichen und familiären Ordnungssystem zerbricht, damit sie ihre gesellschaftliche Position neu definieren kann.

Mithilfe des Off-Erzählers vollzieht sich in der Handlung eine sanfte Ellipse von neun Jahren. Der Film handelt von dem historischen Ereignis der japanischen Invasion und Aggression im China der 1940er Jahre, deswegen begegnet die einzelne Existenz einer nationalen Krise. Die private Emanzipation der Frau wird durch den Widerstandskrieg gegen äußere Eingdringlinge ein höherer Sinn verliehen. Der Racheakt liegt in dem gerausamen Mord an dem Angestellten der Schnapsbrennerei Luohan begründet, der von Japanern als Kommunist identifiziert und lebendig gehäutet wird. Jiu'er wird in diesem Akt zwischen den Chinesen und der japanischen Armee getötet, die mit dramaturgischen Gestaltungsmitteln wie Slow-Motion und übertriebener Farbgebung inszeniert wird, sodass der Regisseur hier nicht einfach eine menschliche Tragödie, sondern die nationale Emanzipation mit der unbeugsamen Natur des Lebens ausdrückt. Jiu'ers Tod ist in diesem Sinne wie die chinesische Legende »die Wiedergeburt des Phönix«, die zwar im filmischen Universum stirbt, im außerfilmischen Raum aber zeigt sich ihre geistige Emanzipation und Wiedergeburt. Darauf werde ich im folgenden Kapitel konkreter eingehen.

Im Vergleich zu Jiu'ers schrittweiser sowie kontinuierlicher Selbstbefreiung scheint die Selbstzerstörung bei Veronika Voss von Anfang an unhaltbar, denn ihr Leben besteht aus nichts als Verwirrtheit und Chaos. In der Einleitungssequenz befindet sich Veronika im Kino und schaut den Film an, in dem sie selbst mitspielt. Die eigentliche Filmhandlung nimmt die kommende Entwicklung ihres Lebens vorweg – sie verkauft ihrer Ärztin ihr Vermögen für die Morphiumspritzen. (Abb.5-6) Der Film-im-Film-Effekt verbindet sowohl die Vergangenheit Veronikas als ein Ufa-Filmstar mit ihrer gegenwärtigen Situation und thematisiert erstmals das Abhängigkeitsverhältnis zwischen ihr und der Ärztin. In dieser Sequenz findet die erste Rückblende statt, die die Dreharbeiten des betreffenden Films zeigt, bei denen Veronikas schauspielerische Leistung von dem Regiesseur beklatscht wurde. Der Höhepunkt ihrer Karriere hing von ihrem Mann, einem Drehbuchautor, ab. Dieses Abhängigkeitsverhältnis wird schon in der ersten Rückblende verdeutlicht. Über die wahre Beziehung zwischen Veronika und Dr. Katz erfährt der Sportjounarlist Krohn erst bei deren Ex-Mann, bis darin ist diese »*Frau mit Licht- und Schattenseiten*«[253] für ihn schlicht ein schöner Mythos, wie gerade von der Leinwand heruntergefallen. Veronikas Gesicht wird aus der Perspektive Krohns erzählt, nachdem sie sich im Park von Geiselgasteig zufällig begegnet sind. Bei ihrem ersten Treffen mit Krohn im Café »Privileg« erzählt sie von ihrer großen Vergangenheit und ihrem äußerst sorgfältigen Augenmerk auf Licht und Schatten, die ihr mystischen Glamour verleihen sollten.

> »Licht und Schatten, das sind die beiden Geheimnisse des Films. Wussten Sie das? […] Sie können es an mir studieren« (Veronika, 00:11:30-00:11:47)

253 So nennt Veronika sich selbst beim Treffen mit Krohn im Café.

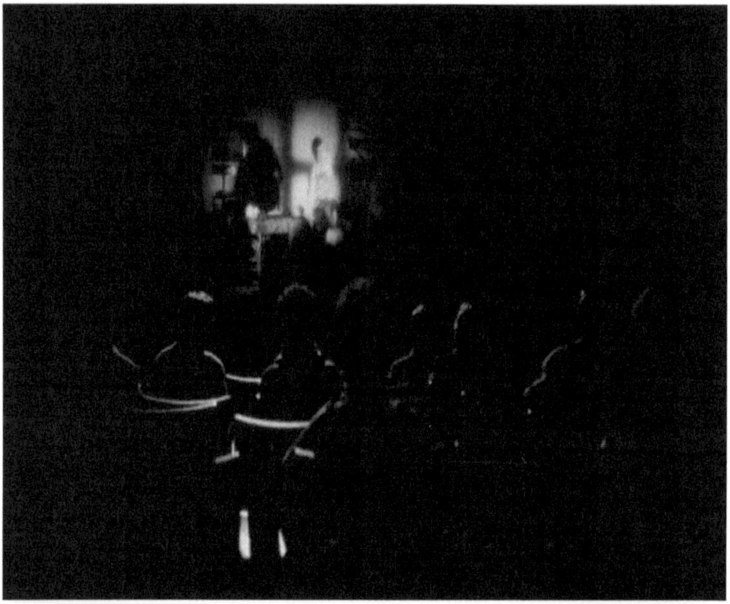

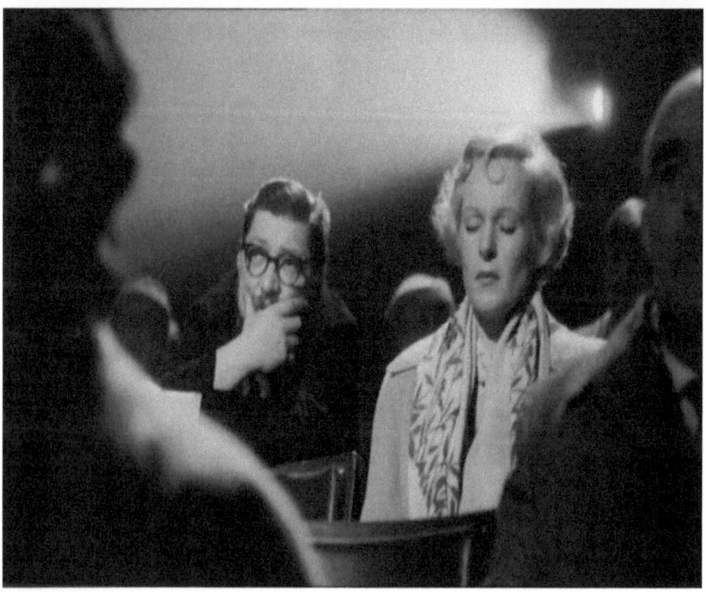

Abb.5-6

Seit diesem Treffen interessiert sich Krohn für Veronika und fängt an, ihre Geschichte zu untersuchen. Veronika lädt ihn in ihr ehemaliges Haus ein, wo die zweite Rückblende stattfindet. Als sie sich in einer gleichen Situation mit ihrem Mann befand, verfällt sie plötzlich in ihre Erinnerung. Krohn erfährt dort bei Veronika einen starken Realitätsverlust und geistige Verwirrtheit, und das merkwürdige Vorkommnis mit Herrn Treibel wird jetzt automatisch damit assoziiert. Am Drehort, als Veronika eine Nebenfigur spielt, wird Krohn von dem Ex-Mann Veronikas die Tatsache mitgeteilt, dass sie medikamentensüchtig ist und Dr. Katz einen Handel mit ihr macht, sodass das Haus der Patientin nach deren Tod ihr zufällt. Krohn wendet sich zusammen mit seiner Freundin an das Gesundheitsamt, sie richten dabei aber nichts Hilfreiches aus. Um Dr. Katz' Mordabsicht zu beweisen, gibt sich Krohns Freundin als reiche und einsame Frau aus, sie wird aber in einem vorgetäuschten Unfall getötet. Als Krohn in Begleitung der Polizei Dr. Katz besucht und Veronika aus deren Machenschaften zu befreien versucht, spielt diese bei Dr. Katz' Selbstinszenierung von Freundschaft mit, woraufhin Krohn den Ort enttäuscht verlässt. Daher geht der Weg der Selbstzerstörung bei Veronika reibungslos weiter.

Dr. Katz organisiert einen großen Abgang bzw. eine Abschiedparty für Veronika, sodass sie den ehemaligen Star folgerichtig von der Bildfläche verschwinden lassen kann. Auf dem Abschiedsfest singt Veronika den Dean-Martin-Song »Memories are made of this« und steht jetzt wieder im Fokus der Aufmerksamkeit wie in ihren alten Zeiten als berühmter Filmstar. Ihr Traum von der glänzenden Vergangenheit wird endlich verwirklicht. Es gibt dann einen harten Schnitt zurück zur Klinik, dort liegt Veronika im Bett und bedankt sich bei Dr. Katz .

Veronika: »Marianne, du hast mir sehr viel Glück geschenkt.«

Dr. Katz: »Nein, ich habe es dir verkauft.«

V: »Ja, ich habe immer gewusst, woran ich bin.«

...

V: »Jetzt gehöre ich Ihnen, jetzt kann ich Ihnen nur meinen Tod schenken« (01:31:25-01:32:00)
(Abb.7)

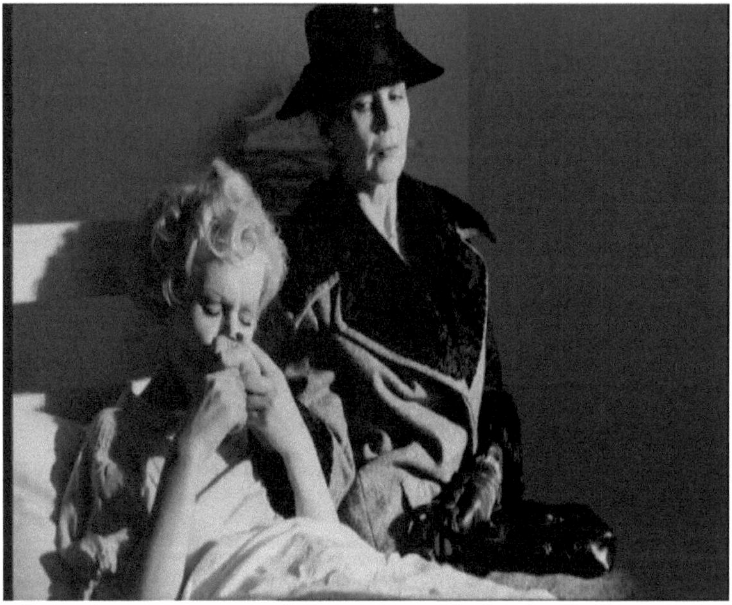

Abb.7

Mit diesem Satz aus ihrem alten Film zitiert sie in diesem Moment, als ob sie ihrüber kommendes Schicksal entweder klar ist oder sie noch in ihrem Vergangenheitstraum versunken ist. Das Bild wechselt zurück zur Party, wo Veronika sich gegenüber der Presse äußert: »Wissen Sie, wie das da drüben heißt? Traumfabrik! Eine Fabrik, in der Träume gemacht werden! Nicht Geld. Das müssen Sie sich mal vorstellen: Dass man Träume machen kann, ganz einfach machen ...« (01:33:30-01:33:44)
Wegen ihrer Verluste in der Realität bleibt Veronika lieber in der Vergangenheit, in der sie kurzzeitig Glück empfindet. Sie befindet sich in einem verwirrten Zustand, in dem sich Vergangenheitstraum und unter-

drückte Wirklichkeit vermischten. »Das Verharren in der Vergangenheit kann als Kompensationsversuch für den Verlust ihres Erfolges angesehen werden.«[254] Arbeiten und Morphium sind die Mittel, mit denen sie zeitweilig der Realität entkommen, die dennoch niemals die Lösung sind.

> *»Whether Veronika Voss immerses herself in the floodlight of the film studio or in the blinding inner light of the morphine hit, both are illusions. But, then, what is 'real' in this system of Chinese boxes?«*[255]

Unter der gesellschaftlichen Unterdrückung und in der ausbeutenden Systemordnung richtet Veronika ihren Widerstand gegen sich selbst, wie die meisten von Fassbinders Figuren. Selbstzerstörerisch versucht sie durch Abtauchen in der Vergangenheit und Morphium ihrem Schicksal zu entkommen und beschädigt dabei nur ihre eigene Seele und ihren Körper. Als ihre Suche nach Identität verloren ist, kann sie sich nur noch im Tod auflösen, so interpretiert es Fassbinder selbst.[256] Am Karfreitag nimmt Veronika Schlaftabletten und bringt sich damit um. Zum Schluss des Films geht Krohn hoffnungslos und verwirrt zurück nach München an die Arbeit ins Fußballstadion des TSV 1860.

4.3.2.2 Tod als Schluss

Die Todeslinie von Veronika verläuft unterschwellig entlang der Entwicklung der Geschichte auf einen vordefinierten Schluss hin. Veronika geht mit enttäuschter Hoffnung und aussichtloser Sehnsucht zugrunde. In

254 Sabine (2001): S.193

255 Thomsen (2004): S.286

256 Vgl. Fassbinder (1986): S.187

der zweiten Rückblende ist ihr Mann müde von ihrem affektierten Bedürfnis nach Stimmung und beschwert sich: »[...] Können wir einfach so sein, wie wir sind?« Veronika antwortet: »Warum verstehst du mich denn nicht? Wenn eine Schauspielerin eine Frau spielt, die einem Mann gefallen will, dann versucht sie natürlich alle Frauen dieser Welt in einer zu sein. (Lachen...) Und dann braucht sie Musik und Licht.« »Und Schnaps und Tabletten.« Er unterbricht ihre monologische Behauptung. »Ja, warum nicht? Auch Schnaps und Tabletten.« So sagt Veronika die Lösung aller ihrer Konflikte voraus. (00:34:33-00:35:05) Selbstverständlich kennt Veronika sich mit Selbstinszenierung gut aus. Jeder ihrer Auftritte muss mit guter Beleuchtung, schöner Musik oder einer geeigneten Position ausgestaltet werden, entweder beim ersten Treffen mit Krohn im Café oder bei ihrer unerwarteten Erscheinung im Treppenhaus von Krohns Haus oder sogar mit ihrem Mann zuhause: Jede Erscheinung im Leben stellt sie dar wie eine Schauspielerin im Film. Sie ist sich der Tatsache bewusst, dass sie eine Frau im Showbusiness ist und deshalb als solche gesehen werden will. Selbstbewusst gibt sie der Besitzerin des Schmuckladens ein Autogramm auf ihr Foto; selbstbewusst verführt sie Krohn und glaubt, dass es klappen wird; selbstbewusst liefert sie das wirkliche Leben eher im Film ab. In diesem Sinne ist Veronika Elsaessers Ansicht nach eine *»starke«* Frau mit dem Selbstbewusstsein des Gesehen-Werdens im Showbusiness.[257] Als ihre Sehnsucht nach Erfolg wie in der glänzenden Vergangenheit aussichtlos scheint, hilft nur noch das Morphium, das sie kurzzeitig aus der Realität entkommen und Glück fühlen lässt. Thomsen beschreibt es so:

> *»She loves her work as the addict loves morphine, because her work gave her dreams and fulfillment of dreams beyond harsh*

257 Elsaesser (2012): S.183

reality."[258]

Zwischen dem »Wahr« und dem »Nicht Wahr« bleibt Veronika verwirrt zurück, wie ihre wiederholte rhetorische Frage zeigt, mit der sie ihre Worte so oft beendet: »Nicht wahr?«. Wie jede einzelne Figur in Fassbinders Film ist sie gegenüber einem riesigen System machtlos, sodass sie schließlich ihre eigene Identität verliert und in eine ewige Verwirrtheit stürzt. Am Ende des Films bei der Abschiedsparty wird Veronika, die im Bett liegt, von Leuten eingekreist und singt hoffnungslos das Lied »Memories are made of this«. Diese Einstellung ist aus Krohns subjektiver Perspektive aufgenommen, der nichts mehr gegen Veronikas unaufhörlichen Verfall tun kann und dem nur bleibt, sie zu verlassen. Die Komposition des Bildes veranschaulicht Veronikas Tod als das einzige und endgüldige Ergebnis der gedrängten Verflechtung der verschiedenen Machtsysteme: der Nervenärztin der Kriegszeit, dem nationalen Gesundheitsamt und dem Kapitalismus aus den USA, aus dem es ihr unmöglich ist, zu entkommen. (Abb.8)

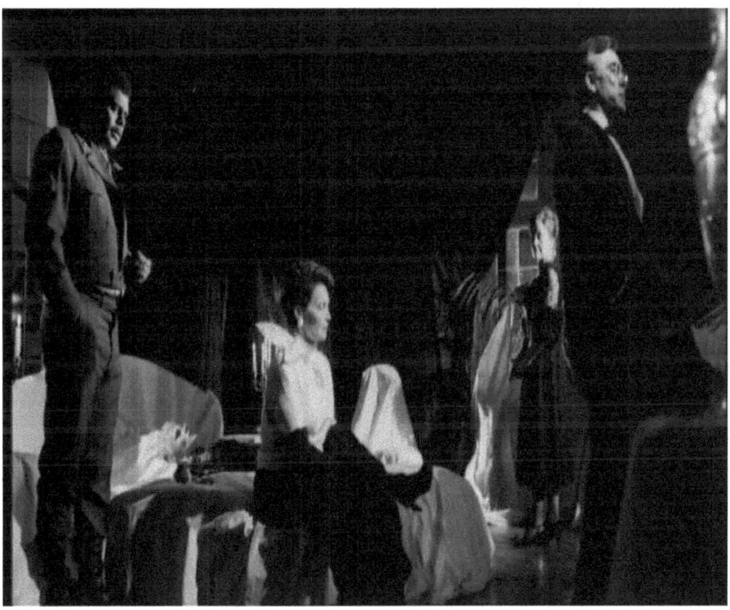

Abb.8

In dieser Szene sagt Veronika: »Aber Robert [Krohns Vorname], Sie verwechseln mich doch nicht etwa mit einem Lamm?«
Krohn: »Ich habe nur gesagt, daß morgen Karfreitag ist.«
Veronika: »Und das Kreuz, glauben Sie, dass ich das Kreuz selbst tragen werde?«
Krohn: »Sie tragen es doch schon die ganze Zeit, da werden Sie es auch die paar Meter noch schaffen. [...] Man muss seine Sache zu Ende bringen können.«
(01:34:00-01:35:20)
Nach der Unterhaltung mit Krohn summt sie dann wieder das Lied »Memories are made of this«. Das Bild springt zurück zu Veronikas Sterbezimmer in der Klinik, dabei sind laut das Läuten der Osterglocken und die Ansprache des Papstes aus dem Radio zu hören ist. Ihr Sterben wird hierdurch Teil der Passionsgeschichte. Sie stellt sich in der Unterhaltung mit Krohn als ein Lamm dar, als eine Opfergabe, wenngleich sie nicht unschuldig ist. Trotzdem ist sich Veronika ihres Zustands, ihrer Sehnsucht und ihrem Verfall bewusst, sie gibt sich ausschließlich Illusion und Traum hin, statt sich zu befreien. Zum Schluss als Teil der Ordnung hilft sie, das Machtsystem zu bewahren.
Das Thema Tod wird auch bei anderen Figuren im Film zum Ausdruck gebracht. Die Figuren um Veronika sind ebenfalls von einer Lebensmüdigkeit ergriffen, die letztendlich in den Tod führt. Das alte Ehepaar Treibels erleidet das Trauma wegen des Konzentrationlagers in der Nazi-Zeit und begeht auch Selbstmord. Der Sportjournalist Krohn wird ebenfalls von dem Gefühl der Lebensmüdigkeit heimgesucht. Auf Veronikas Frage über das Zusammenleben mit seiner Freundin Henriette, ob er sie liebe, antwortet er: »Wir tragen uns.« Er erlaubt Henriette nicht einmal, sein Gedicht zu lesen.

Nachts hören, was nie gehört wurde,
Den letzten Namen Allahs,

Nicht mehr aufgeschriebene Paukentöne eines Mozartstücks,
Im Mutterleib vernommene Gespräche.

Diese Lebensmüdigkeit ist Krohn wahrscheinlich nicht bewusst. Nach seinem Treffen mit Veronika schreibt er:

Entleert von Gedächtnis,
Ich warf fünf Glaskugeln,
Ohne Laub, ohne Ausblicke,
Gestern wäre ein guter Tag
zum Sterben gewesen.
Heute beißen den Letzten die Hunde.

Seitdem begleitet ihn eine tödliche Stimmung. Am Ende kehrt er mit großer Enttäuschung und einem Gefühl der Machtlosigkeit an seine Arbeit zurück, wie eine lebende Leiche mit entleertem Geist. Das ist auch eine Art von Tod.

Im Vergleich zu Krohns Fall, der als lebendiges Gespenst mit enttäuschten Erwartungen dargestellt wird, meint Elsaesser, der Tod Veronikas sei für sie keine Niederlage, sondern Ort des Gedenkens an einen Sieg, der noch ausstehe. Veronika lebe bewusst innerhalb der Ausbeutungsverhältnisse. Erst wenn sie sich der Selbstidentität, dem Ich oder der Fetische entledige, könne sie zu einer Selbstakzeptanz gelangen. In diesem Sinne sei Selbstmord die einzige gute Lösung für die Figur, die einzige Fluchtmöglichkeit vor der Unterdrückung in der ausbeuterischen Gesellschaft.[259]

Wie die anderen Frauenfiguren in Zhangs Filmen wird Jiu'ers Schönheit im Bildrahmen seit der anfänglichen Einstellung unterstrichen, aber sie

259 Vgl. Elsaesser (2012): S.168ff

dürfte für Orientalisten beziehungsweise deren Vojeurismus nicht zur traditionellen Gender-Erwartung gehören, was in der obengenannten Einführung behandelt wird. (vgl. Kapitel 4.3.1) Wir sehen eine mutige und selbstständige Frau mit emanzipatorischem Selbstbewusstsein im Film, die weder eine simple fetischisierte Frau aus Sicht des Feminismus noch eine typisch orientalische Frau aus Sicht des Orientalismus ist. Deshalb wird Jiu'ers Tod im Kontrast zu Veronikas Selbstmord mit einer ganz anderen visuell-akustischen Ästhetik dargestellt.

In dem Racheakt gegen die Japaner wird Jiu'er erschossen, die erstmals aus der Normalsicht begriffen wird. Als die Männer aus Mut, Angst und Trauer einen Gegenangriff durchführen, wird Jiu'er in der Parallelmontage wieder aufgenommen, die aus der extremen Aufsicht in der Slow-Motion mit beiden Armen ausholt und nach hinten stürzt. (Abb.9) Nach einer heftigen Explosion kommt gibt es dann in der nächsten Szene eine Art Gedenkfeier, in der Vater und Sohn als die einzigen Überlebenden auf der Ruine stehen, die aus einer leichten Untersicht aufgenommen werden, wie auf einer Altarplatte, während Jiu'er in diesem Moment unter dem Altar liegt, wie eine Opfergabe in dieser Feier. (Abb.10) Die Leinwand ist rot überfärbt. Die Bilder wechseln zwischen dem überfärbten Gesicht von Yu, einer Sonnenfinsternis und einem Panorama des Kornfelds. (Abb.11-13) Zum Abschied für seine Mutter brüllt der kleine Junge ein Lied, das sich mit dem Schlag der Trommel und dem Chor der traditionellen Schalmeienkapelle vermischt sind. (Abb.14)

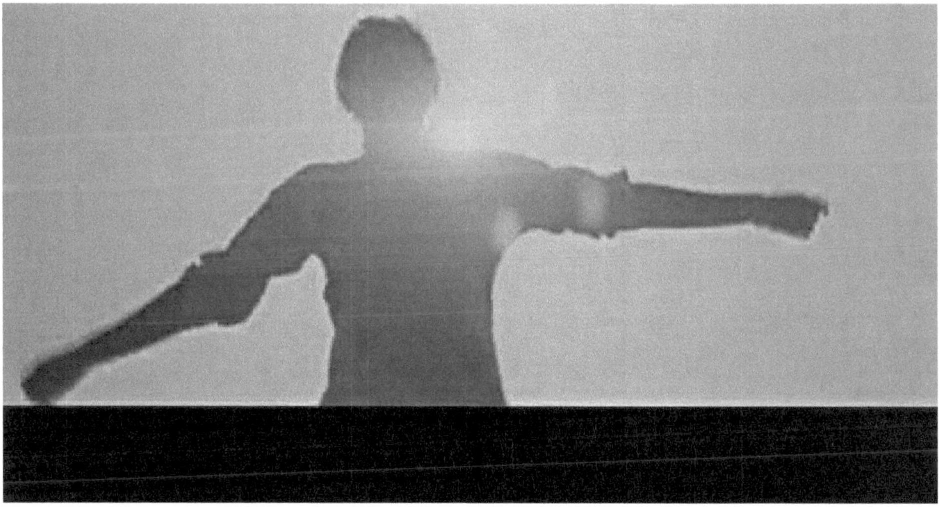

Abb.9

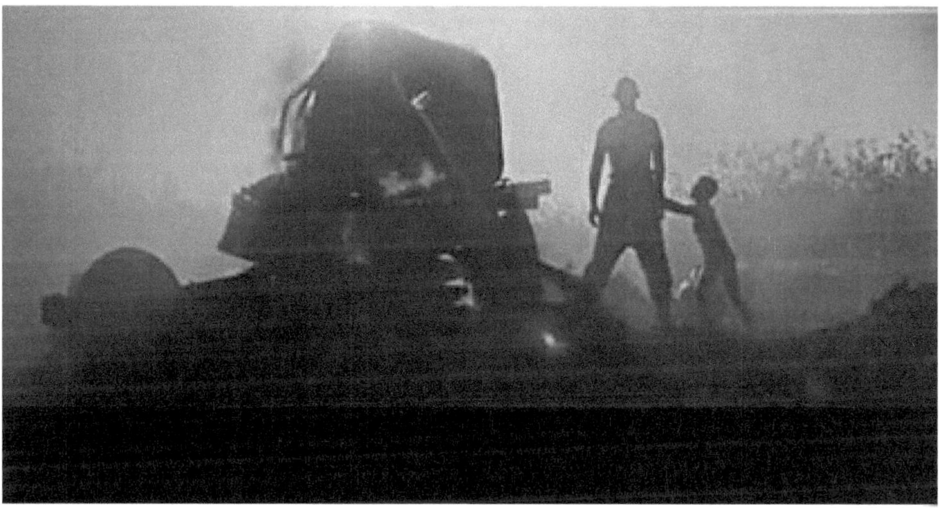

Abb.10

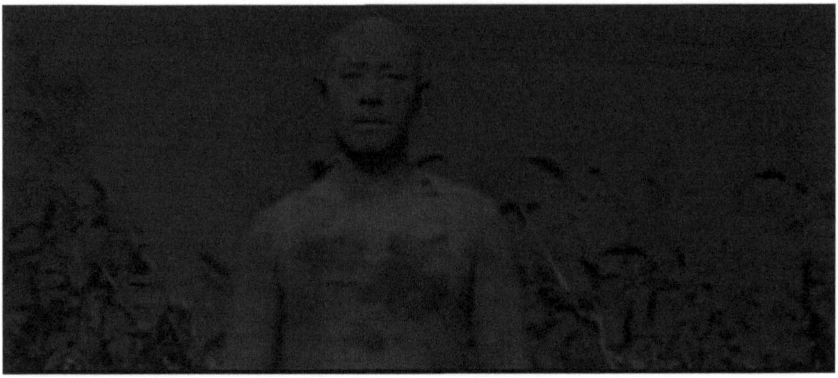

Abb.11

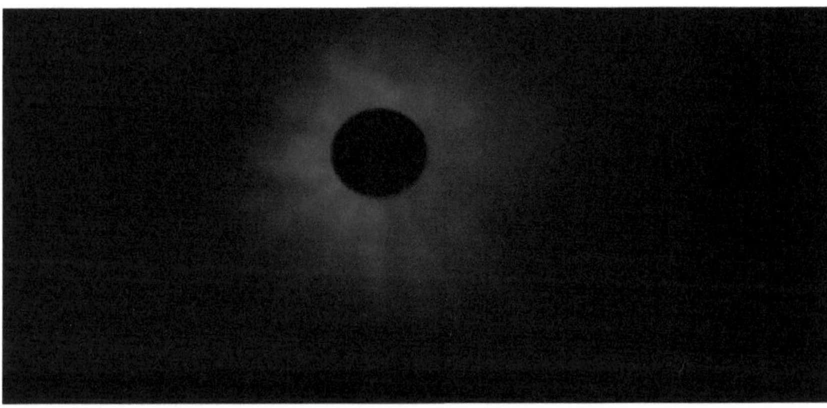

Abb.12

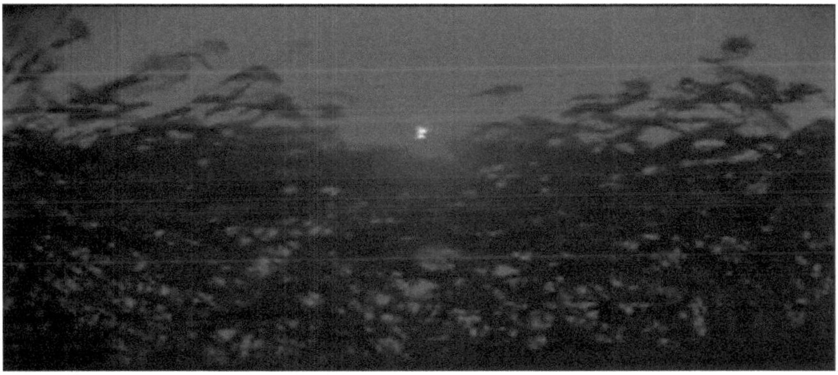

Abb.13

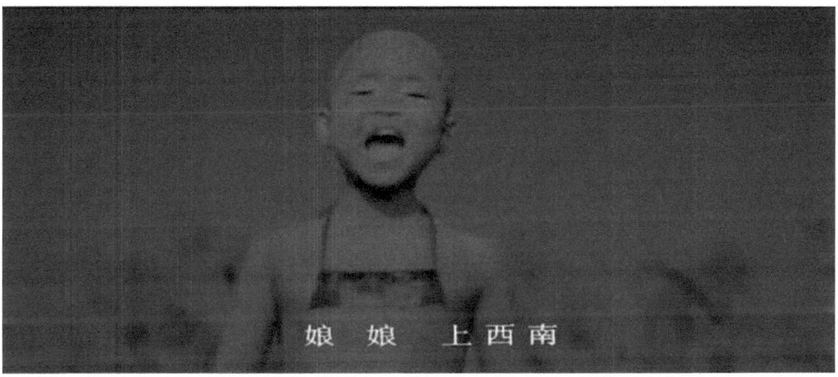

Abb.14

Stefanie Rauscher betrachtet Jiu'ers Tod in Zusammenhang mit der Geschichte Chinas in der Mao-Zeit als einen negativen Niedergang der kollektiven Autonomie des chinesischen Volkes, was jedoch kein Schwerpunkt dieser Arbeit ist. Aufgrund der Ästhetik der Gestaltung mit dem übertriebenen blutroten Farbton und der konkreten Pose der Frauenfigur bei ihrem Tod lässt die Todeszene der Frau sich mit dem buddhistischen Mythos »Phönix Nirvana« assoziieren, der von einer Geschichte des Phönix erzählt, der sich wegen des irdischen Unglücks und der allseits feindlichen Stimmung dem Feuer hingibt, dessen Opfer Harmonie und

Glück auf der Erde wiedererlangen. Sein Körper wird nach dieser großen Qual mit einem schöneren Aussehen wiedergeboren. Demzufolge muss Jiu'ers körperlicher Tod nicht als Niederlage, nicht als Verlust ihres Lebens betrachtet werden, sondern die Figur lässt sich nach ihrer schrittweisen Selbstbefreiung unter dem Gesellschaftsdruck weiter differenzieren, sodass ihre eigene Existenz am Ende ihres Lebens wieder hervorscheint und ihre Emanzipation durch ihr Opfer vollendet wird. Als eine nationale Allegorie steht die Frau hier in tragischer Weise für den Wiederaufstieg einer Nation dadurch, dass die weibliche Einzelne sich nicht nur aus der partriarchalischen Ordnung des alten Chinas befreit, sondern auch durch Veranlassung sowie Teilnahme an dem Racheakt den ausländischen Angreifer kastriert. Es ist nicht schwer, sich vorzustellen, dass dieser Film dem gemeinsamen Nationalbewusstsein des chinesischen Publikums sowie dessen nationaler Leidenschaftlichkeit Nahrung gibt.

Aus Sicht des Feminismus hat das Ende des Films jedoch eine andere Bedeutung. Wenn Vater und Sohn als die einzigen Überlebenden aus der Konfrontation mit den Japanern hervorgehen und gemeinsam zwischen den blutgetränkten Kornfeldern stehen, die in einen dunkelroten Himmel und eine blutrote Sonne blicken, werden sie zweifellos als die Helden der Nation dargestellt. Sie übernehmen die Stellung der geoperten Frau und stehen am Ende für den Wiederaufstieg einer ganzen Nation.

> *»Im Krieg gegen die Japaner, in der imaginären Kastration des Menschen, der die Kastration durchführt [wie der Besitzer der Schnapsbrennerei Li Datou] und der ausländischen Angreifer, wird Jiu'er getötet als eine der ersten Serie von Opfern, zugleich ein Opfer, zugleich ist sie ein Opfer, das mit übertriebener visueller Sprache hervorgehoben wird. [...] Sie stürtzt auf den Altar der Geschichte, sodass sie eine schöne Opfergabe für eine Initia-*

tion der Männer wird.«[260]
So beschreibt Dai Jinhua die verlorene Herrschaft der Sprache der Frau in »**Rotes Kornfeld**«. In diesem Sinne wird die emanzipatorische Frauenfigur auch noch durch die männliche Herrschaft der Sprache auf der Leinwand dargeboten, statt sich durch eine selbstständige Herrschaft der Sprache auszudrücken. Als der Signifikant für das männliche andere wird die Frau von einer symbolischen Ordnung der Männer gefesselt. Mulveys Ansicht nach steht die Frau im Film als der Sinnträger (nicht Sinnproduzent), der die Projektion der männlichen Fantasie und Angst repräsentiert.[261] Obwohl die weibliche Figur Jiu'er nicht radikal fetischisiert wird wie andere Frauen bei Zhang, bleibt die Frau sowohl für die männliche Skopophilie als auch für eine Selbstexotisierung nach dem Interesse aus dem Westen, auch noch außerhalb der Herrschaft der Sprache, als ein schöner Mythos oder ein kastrierter Phönix.

4.3.3 Die Gestaltungsmittel

4.3.3.1 Die farbliche Stilisierung

Die farbliche Stilisierung der beiden Filmen unterscheidet sich deutlich. Der Film »**Die Sehnsucht der Veronika Voss**« arbeitet mit höchst artifizieller Beleuchtung und streng komponierten Schwarzweißbildern, wodurch eine tödliche Atmosphäre entsteht. Der Tod als Thema taucht bei Fassbinder bevorzugt auf. Der Film »**Die Ehe der Maria Braun**« stecke, Elsaessers Ansicht nach, voller Gespenster und sei eine veritable Zeitkapsel der »Ungleichzeitigkeit«, wo nicht nur verschiedene Zeit-

260 Dai (2000): S.61. Eigene Übersetzung der Autorin

261 Vgl. Mulvey (1973): S.390

lichkeiten koexistierten, sondern Lebende und Tote, Wiedergänger und Zombies der Gegenwart mit jenen kämpften.[262] Wie etwa der Arzt, der Marias Abtreibung vornimmt, so depressiv, dass er sich zuvor Drogen spritzt, um weiter arbeiten zu können. Und Maria selbst bezeichnet sich als »Spezialistin für die Zukunft«. In »**Die Sehnsucht der Veronika Voss**« fällt in diesem Zusammenhang zuerst das alte Ehepaar auf, das wie Leichen unter den Lebenden und Untoten erscheint, die nicht zur Ruhe kommen. Veronika selbst versteckt sich in ihrem Traum der Vergangenheit.

Bei Krohns erster Begegnung mit Veronika im tiefsten Dunkel des nächtlichen Waldes wird das Stilmotiv des Expressionismus inszeniert. Als *»[S]omething-more-than-night-Lichtdramaturgie«*[263] so betrachtet Sang-Joon Bae diese Szene. Auf der verregneten Straße steigen Veronika und Krohn in die Straßenbahn ein, hier wird eine Film-noir-Atmosphäre hervorgerufen. Unangemeldet wartet Veronika nachts auf Krohn im dunklen Treppenhaus, um ihn nach der Fahrt zu ihrem Haus zu verführen. Diese Schattenmotivik im expressionistischen Low-Key-Beleuchtungsstil sowie der extreme Kamerawinkel lassen sich selbstverständlich mit den Schatten in »**Das Cabinet des Dr. Caligari**« (1920) assoziieren. (Abb.15-18)

---

262 Vgl. Elsaesser (2012): S.167

263 Bae (2005): S.348

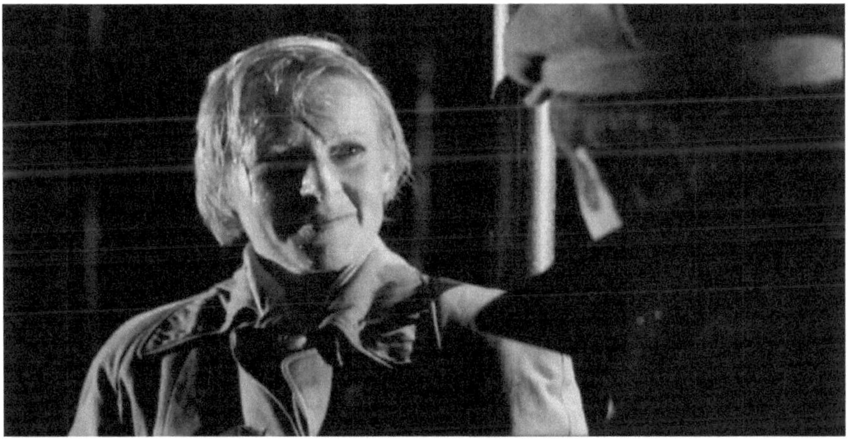

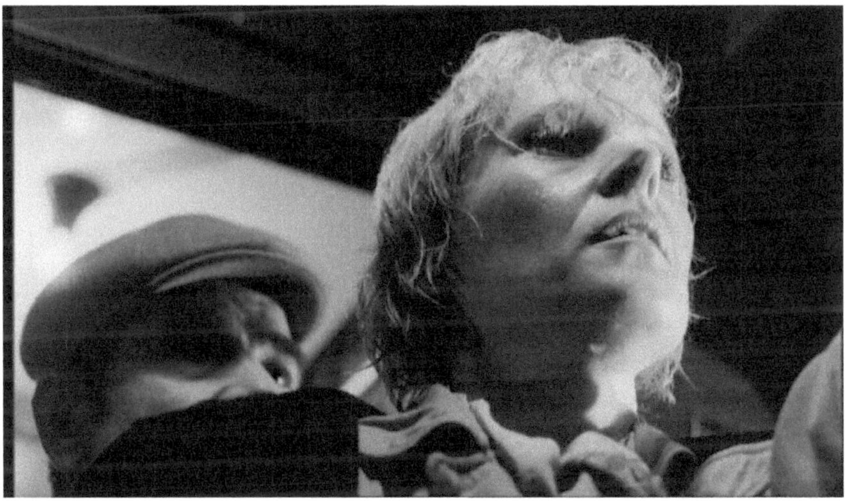

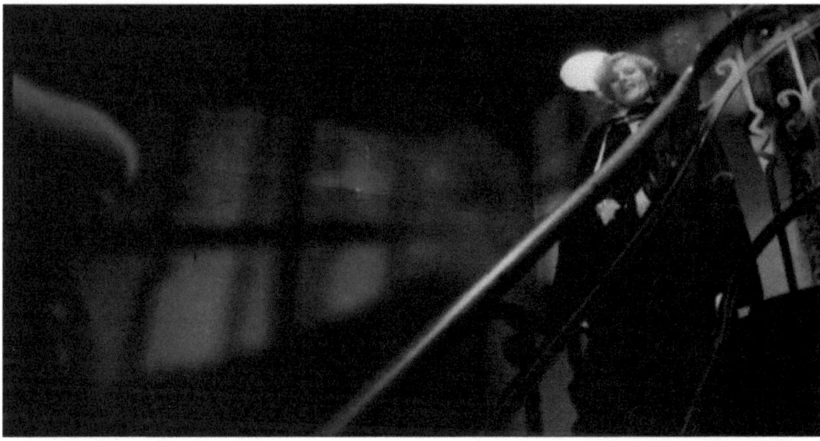

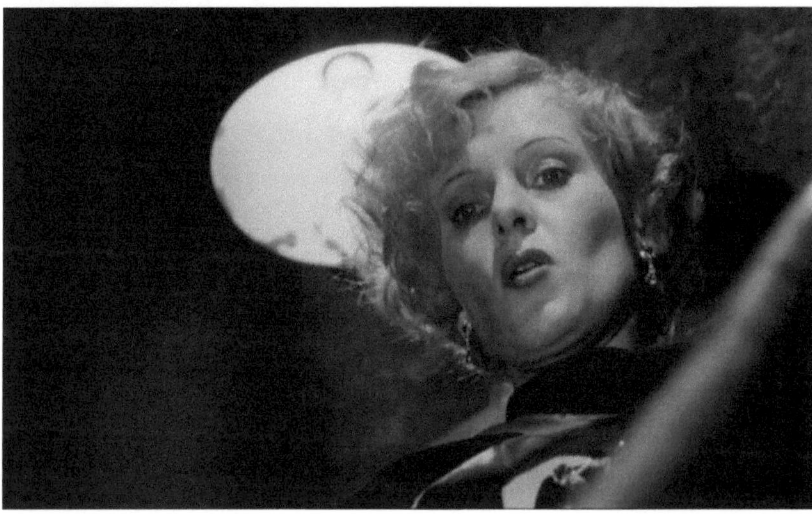

Abb.15-18

»Auf diese Weise bewegt sich VERONIKA VOSS ohne große Schwierigkeiten in Richtung Thriller, Straßenfilm und film noir. [...] Diese dreifache Resonanz Weimar-Nazikino-Hollywood könnte eine Erklärung dafür sein, warum VERONIKA VOSS so viel erfolgreicher als LOLA war: Man

erkennt das Neue über die Vertrautheit mit dem Alten, als kaum wahrnehmbare Verschiebung und Nachhall.«[264] So beurteilt Elsaesser die Genrevermischung im Film sowie deren bezeichnenden Vorteil für die Wahrnehmungsebene. Anders als in allen anderen Fällen wirkt das Weiß hier tödlich und bedrohlich. Der unendliche weiße Korridor, die Wände, und die Inneneinrichtung des Hauses erschaffen zusammen mit den Gittermustern der Fenster ein Gefängnis und Grab für Veronika. (Abb.19-20) *»Die unnatürlich weißen Dekors in Dr. Katz' Wohnung lassen an die abstrakte Seelenlosigkeit klinischer Apparate und die Präsenz des Todes denken, wodurch der Raum, in die Privatsphähre transferiert, seine schlimmste Pervertierung erfährt: Er wandelt sich in ein Testlabor für menschliche Grausamkeit.«*[265] Insofern bezeichnet Elsaesser den Film nicht als *film noir*, sondern eher einen *film blanc*, da das Weiß so stark auf dem Bild hervortritt.

264 Elsaesser (2012): S.172

265 Ebd. S.173

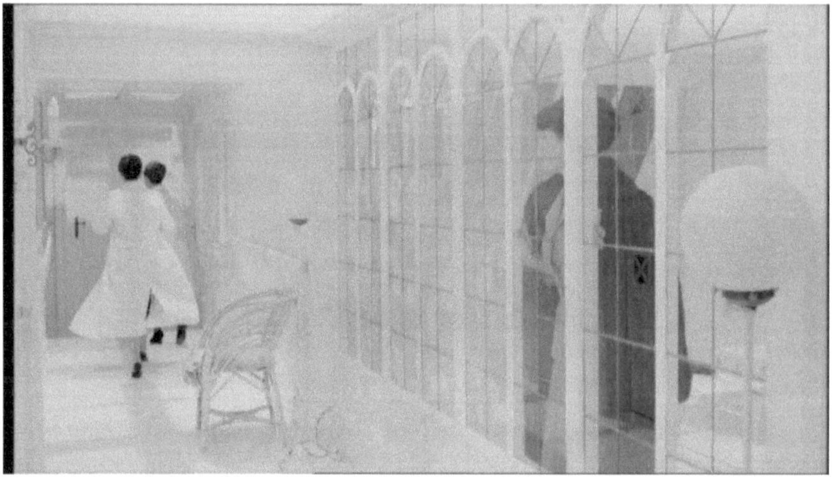

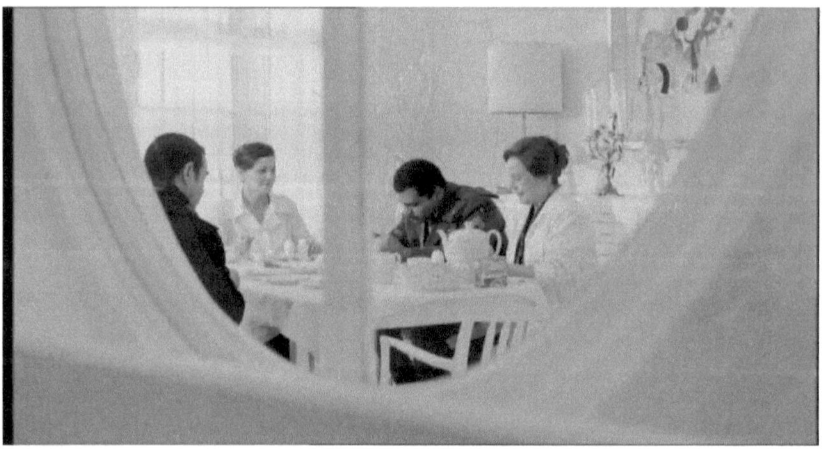

Abb.19-20

Fassbinder wählt diese farbliche Stilisierung, mehr oder weniger von dem Verwendungszweck des deutschen Expressionismus motiviert, dessen Begriffsinhalt von Ian Roberts folgendermaßen zusammengefasst wird:

»An artistic movement which had flourished in Germany in the

first years of the twentieth century, but which was already losing its vitality and influence by the end of World War one. The impact of Expressionism on the cinema of the Weimar Republic cannot be underestimated. The use of artificial light and shadows, the atmosphere of unease, exaggerated acting styles, themes of psychological expression and a pervading sense of horror and the supernatural, *can all be traced back to Expressionism in its literary, artistic or theatrical manifestations.«*[266]

Der deutsche expressionistische Film wurde nach Donald Spoto zu einem Spiegelbild des gesellschaftlichen Chaos, welches sich in der Weimar Republik durch Inflation und soziale Unruhen zeigte. Die stilistischen Elemente des deutschen expressionistischen Films können nach seiner Auffassung so beschrieben werden:

»Stilistische Elemente des expressionistischen Films waren die High-Key-Lichtführung mit ihren hohen Kontrastunterschieden und langen Schatten, der beschleunigte Schnitt und die ausgefallenen Kamerawinkel, die schrägen und schiefen Ebenen der Dekoration, die der morbiden Psychologie eines Landes im gesellschaftlichen Chaos entsprachen.«[267]

Anders als das konventionelle Kontrastspiel des expressionistischen Films legt der Film »**Die Sehnsucht der Veronika Voss**« mehr Wert auf das ausgeleuchtete Weiß, weshalb sich in diesem Film eine Neubearbeitung zentraler Motive des expressionistischen Films erkennen lassen. Im filmischen Kontext symbolisiert die Farbe Weiß auf der semantischen Ebene unausweichlich die Drogen.

»Together with his congenial cameraman Xaver Schwarzenberger, he created a film whose black-and-white images burn themselves

266 Roberts (2008): S.10

267 Spoto (1999): S.21

on to the retina like a radiant, distant and cold jewel. The use of chalk-white light and black shadows is a concise visual expression for the white drug and its dark consequences. The light also conveys another feeling: we find ourselves in limbo, in the antechamber of death.«[268]

Das eindrückliche Weiß und die helle Ausleuchtung verleihen der ganzen Mise-en-Scène ein leeres Gefühl, die wie eine kalte Schlange alle Liebe und Energie raffgierig aufsaugt. In dieser begrenzten Räumlichkeit bewegt sich die Protagonistin unterschwellig in Richtung Verwirrung und schließlich Selbstzerstörung.

Durch die Genreauswahl und einige konkrete Techniken erschafft Fassbinder einen »alten« Film, zum Beispiel durch Iris- oder Schwarzblenden, die die Filmzeit mit der vergangenen Zeit verbinden und dadurch den Zuschauer in die deutsche Vergangenheit führen. So erzielt die Schwarzweiß-Dramaturgie ihre Aussage im Heute. Auf dieser neu-verarbeiteten expressionistischen Weise bearbeitet Fassbinder den Zeitgeist Deutschlands in der Nachkriegszeit und das gesellschaftliche sowie psychische Chaos.

Im Vergleich mit der energielosen farblichen Stilisierung bei »**Veronika Voss**« ist die Farbe in »**Rotes Kornfeld**« voller Energie, die aus der starken Lebenskraft und primitiven Leidenschaft des Landes hervorgeht. Die drei roten fetten Schriftzeichen »Hong Gao Liang« (Rotes Kornfeld) im Vorspann (Abb.21) zeigen schon ein enges Zusammenspiel zwischen der Farbeebene und dem visuellen Symbol des Kornfeldes, das hier den wichtigsten Aktionsraum von Jiu'ers Selbstbefreiung sowohl im privaten Leben als auch hinsichtlich des nationalen Schicksals darstellt.

268 Thomsen (2004): S.285

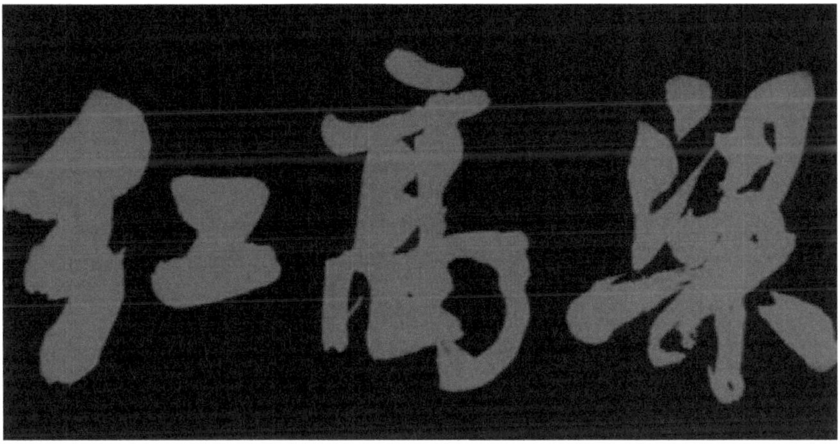

Abb.21

Als Bildsprache hat die Farbe hier eine viel kulturelle Bedeutung, die stark von Zhangs persönlichem Geschmack und seiner Erzählungsintention geprägt ist. Die anfänglichen Panoramaaufnahmen der Landschaft in der nördlichen Provinz Shandong bieten uns Bilder an, die hauptsächlich aus Rot und Gold zusammengesetzt sind. Dürres Land und aufwirbelter Staub drücken die raue Lebensumgebung sowie die Rückständigkeit des Landes aus. Diese aber weist eben auf die Lebenskraft der Leute hin, die auf dem Land leben, sich verlieben und kämpfen. (Abb.22) Jiu'er trägt eine rote wattierte Jacke, eine rote Hose, rote Schuhe und ein rotes Tuch auf dem Kopf, die allen nicht nur ihre Persönlichkeit andeuten, sondern auch die folgende Handlung ankündigen, in der die Braut Jiu'er mit dem Sänftenträger Yu ihre erste sexuelle Begegnung zwischen den Getreideähren erlebt, die ganz und gar gegen die Sitten und die Tradition ist.

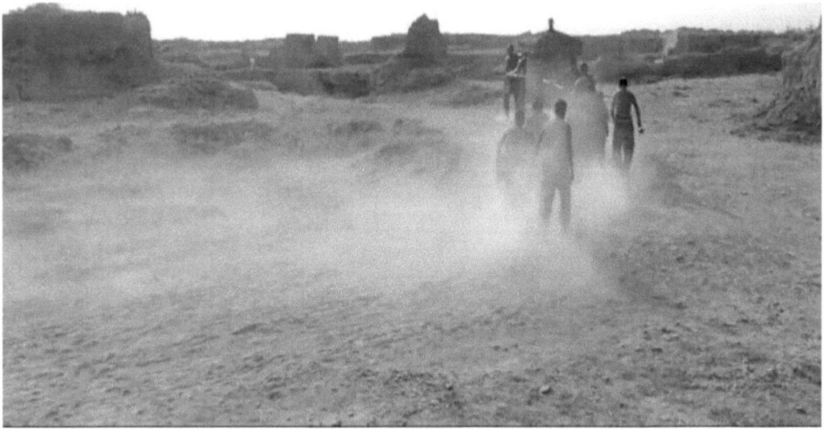

Abb.22

> *»Der Film ,Rotes Kornfeld' besteht aus rotem Tuch, roter Sänfte, roter Schürze, rotem Kornfeld, rotem Schnaps, aus Abendsonne, Blut, Feuer und der in ,meines Vatesr' Augen subjektivierten blutroten Sonne sowie der im Wind wiegenden roten Hirse. Mit dem übertreibenden roten Grundton verleiht Zhang Yimou allem eine sehr starke kulturelle Bedeutung. Das Rot steht nicht nur für Lebenskraft und Freiheit, sondern auch für den dazu führenden blutigen Wind und Regen im Kampf. «*[269]

So drückt es Cui Ying in ihrem Artikel über die Farbe und deren Bedeutung in Zhangs Filmen aus. Zhangs Intention durch Film setzt in diesem Fall nicht auf die Erzählung und möchte anscheinend auch bewusst nicht eine geschichtliche Bedeutung vertiefen. Vielmehr soll der Zuschauer durch die faszinierende Sprache der Farbe erreicht werden. Eine umfangreiche und gewandte Verwendung der Farbe Rot kommt auch in

269 Cui : S.148. Eigene Übersetzung der Autorin

»**Rote Laterne**« vor, die jedoch von der Bedeutung »*JingQiShen*«[270] (der Geist und die Lebenskraft) weit entfernt ist. Stattdessen symbolisiert sie die verfallende Schönheit, die verfaulte Stimmung und die brutale Katastrophe der Frauen. Die Schlussszene beschreibt Dai folgendermaßen:

> *»Nur ‚Mein Großvater' steht in der Aufsichtsaufnahme, schlammig am ganzen Körper, der von der Abendsonne beleuchtet wird, wie eine Statue eines Nationalhelden. In einer sinnbildlichen Finsternis schwingen ausschließlich die blutroten annähernd schwarzen Ähren der Hirse heftig. [...] Zugleich hören plötzlich die Geräusche des Maschinegewehrs und des Motors des japanischen Militärfahrzeugs auf. Eher als einen gemeinsamen Tod nach dem blutigen Krieg lässt sich dieses Geschehnis ein Kampf zwischen nationalem Geist/nationaler Kultur und der ausländischen Kultur bezeichnen. Es ist eine Unterwerfungszeremonie der Kultur.«*[271]

4.3.3.2 Die visuellen Symbole

Zusammenfassend lässt sich sagen, dass die beiden genannten Frauenfiguren unter der gesellschaftlichen Unterdrückung stehen, die vornehmlich aus der Ordnung des Systems besteht. In den unterschiedlichen kulturellen Kontexten und den geschichtlichen Hintergründen gehen sie ihren Weg sehr unterschiedlich. Die eine vollzieht erfolgreich eine schrittweise Selbstbefreiung aus der veralteten patriarchalischen Gesellschaftsordnung, bezahlt dies aber mit ihrem Leben. Die andere verfällt in dem ausbeutenden System dem Wahnsinn und beendet ihr aussichtsloses

---

270 Vgl. Zhang Yimou (2002): In: Ni. S.40

271 Dai (2000): S.61 Eigene Übersetzung der Autorin

Leben selbst. Die verschiedenen Leben werden in beiden Filmen durch auf der visuellen Ebene konkretisierte Mittel symbolisiert.

In »**Rotes Kornfeld**« besitzt das schon im Filmtitel konkretisierte Kornfeld die Rolle eines eigenständigen Protagonisten im Handlungsgefüge. Die im Wind wiegenden Getreideähren sind nicht nur der wichtigste Schauplatz, an dem sich die Handlung entwickelt, sondern bilden auch für die Handlung eine unabhängige Erzählebene. In mehreren Szenen verleiht Zhang dem Kornfeld eine höchst ästhetisierte und idealisierte Bedeutung, wodurch ein Unabhängigkeitskampf von Jiu'er gegen das patriarchalische Gesellschaftssystem symbolisert wird. Im Kornfeld findet die erste sexuelle Begegnung zwischen Jiu'er und Yu statt, deren emotionales Verhältnis sich schon auf dem Weg zur Hochzeit entsponnen hat. In dieser Szene wird auf eine traditionelle Aufnahme der Körperlichkeit verzichtet, stattdessen wird das Geschehen mit Close-up-Einstellungen der wiegenden Kornähren und auf akustischer Ebene mithilfe von Trommelschlägen und dem Chor der traditionellen Schalmeienkapelle inszeniert. Die Filmbilder zeigen zu Beginn durch Panoramaaufnahmen eine karge Landschaft, aber gerade in dieser schwerigen Naturumgebung entwickeln sich die Ähren gesund und stark, was die Lebenskraft der örtlichen Völker symbolisiert. Das Sorghum ernährt die Leute, spendet ihnen Essen und Trinken, und sie respektieren dieses Kornfeld. Nach erstmaliger Fertigstellung des Schnapses wird eine Zeremonie abgehalten, bei der die Angestellten der Schnapsbrennerei ein Loblied auf die befreiende und kraftspendende Wirkung des Korns singen. In diesem isolierten Landstrich wachsen das vitale Kornfeld, das Leben und der Geist eng zusammen. Durch den Einmarsch der japanischen Armee wird jedoch der primitive Raum gebrochen. Die Chinesen werden mit dem Maschinengewehr gezwungen, die Ähren niederzutreten. Die nationale Ehre wird hier analogisch unterworfen und geht verloren. Der Racheakt findet ebenfalls im Kornfeld statt, wobei Jiu'er erschossen wird und sich opfert. In diesem Moment steht das

Kornfeld sinnbildlich für den selbstbefreienden Kampf gegen die ausländische Macht. Dies wird dadurch illustriert, dass die heftig im Wind wiegenden Kornähren in einer Panoramaaufnahme von der blutroten Abendsonne erleuchtet und völlig eingefärbt werden. Die Überlebenden, der Vater und Sohn, stehen in der Ruine. Damit schafft Zhang einen Lobgesang auf den nationalen Wiederaufstieg. Die Frau ist bei dieser Zeremonie kein Sinnproduzent, sondern lediglich ein Sinnträger, durch deren Opfer sich die männliche Herrschaft über die Sprache zeigt. So wird die Frauenfigur in der Betrachtung des Regisseurs über die Geschichte sowie den Zeitgeist als der Signifikant entleert. Ihre Sprache wird in den sich rhythmisch wiegenden Kornähren ausgeblendet.

Wenn das Kornfeld bei Zhang die vitale Energie der Nation symbolisiert, dann steht bei Fassbinder das Morphium für ein wichtiges Symbol der individuellen Abhängigkeit vom System der Gesellschaft. In »**Die Sehnsucht der Veronika Voss**« fallen vornehmlich die mit der gerellen weißen Farbe assoziierten Drogen auf.

In der gesamten BRD-Trilogie werden die Probleme meistens mithilfe von Drogen verdrängt. Um der schweren Last unter dem gesellschaftlichen Druck zu entkommen, wenden die Frauen sich anästhesierenden Mitteln zu, die bei den beiden Vorläufern der Trilogie bevorzugt die in Deutschland legalisierte Droge Alkohol waren. Im Kontrast zum Schnaps in »**Rotes Kornfeld**«, der für eine ermutigende Selbstbefreiung von den patriarchalisch geprägten gesellschaftlichen Sitten und Gebräuchen steht, symbolisiert der Alkohol bei Fassbinder die passive Abhängigkeit der privaten Personen und den morbiden Zeitgeist der Nation in der Nachkriegszeit.

Im dritten Teil der Trilogie wird das schmerzlindernde Mittel Morphium behandelt, das eine sehr starke Abhängigkeit und einen schnellen Verfall der Persönlichkeit erzeugen kann. Statt Aufnahmen in einer weiten Naturumgebung wie dem Kornfeld befindet sich der Aktionsraum des Films hauptsächlich im Innenraum, d.h. in Dr.Katz' Praxis, in Krohns Büro, im

Antikladen des alten Ehepaars und in Veronikas Haus. Die wenigen Außenaufnahmen zeigen jedoch eine depressive Atmosphäre, wie etwa im nächtlichen Wald am Anfang des Films. Die begrenzte Räumlichkeit funktioniert im Zusammenspiel mit der Farbdramaturgie, der Gittermotivik und verwirrender Kamerawinkel und -führung, um den Niedergang von Veronikas Leben auf der Wahrnehmungsebene sicherzustellen und zu beschleunigen. Die Abhängigkeitsverhältnisse bestehen überall, auch in der Zusammenarbeit zwischen dem staatlichen Gesundheitsamt und Dr. Katz' privater Praxis sowie im gegenseitigen Abhängigkeitsverhältnis zwischen Dr. Katz und ihrer Mithelferin Josepa. Unter diesen streicht Fassbinder Veronikas Abhängigkeitsverhältnis heraus. Für den Erfolg ihrer Karriere ist sie von ihrem Mann, dem Drehbuchautor, und für ein kurzzeitiges Glück von Dr. Katz, also dem Morphium, abhängig. Ihre mögliche Selbstrettung dürfte von Krohn abhängen, dessen Anwesenheit sie als »Schirm und Schütz« in der anfänglichen Szene im Wald bezeichnet. Trotz Krohns guter Absicht ihr gegenüber geht Veronika ihren unweigerlich selbstzerstörerischen Weg. Auf dem Weg zum »Kapputtgehen« zerstören die Drogen das Selbstbewusstsein der Frau, die immer passiver und aussichtloser vom System kontrolliert wird. In diesem Sinne ist Veronika kein Opfer, sondern Teil des Systems. Das visualierte Symbol für die Abhängigkeit der Frauenfigur spricht für die wesentliche Eigenschaft des Systems, in dem das Individuum kein Entkommen in seine Freiheit finden kann.

4.3.3.3 Realismuskonzepte der beiden Regisseure

> *»[Der Realitätseindruck im Film] ist nicht nur abhängig von den spezifischen Eigenschaften des menschlichen Wahrnehmungsapparates, sondern auch vom gezielten Einsatz filmischer Technik – von der Lichtsetzung, der Mise en Scène, der Kamera- und Tonarbeit und dem Schnitt. Mit all diesen Mitteln lässt sich der Rea-*

litätseindruck verstärken oder abschwächen.«[272]
So beschreibt Guido Kirsten die Beziehung zwischen dem Realitätseindruck und der filmischen Technik. Auf diesem Gebiet behalten die beiden Regisseure ihre eigene spezifische Eigenart.
Der Film »**Die Sehnsucht der Veronika Voss**« bietet im Vergleich zu den beiden Trilogievorläufern mehr Möglichkeiten an, den Verwirrungseffekt beim Zuschauer dadurch zu evozieren, dass sowohl die Licht-Schatten-Wirkung hoch artifiziell ist, oder die künstliche Mise-en-Scène Raum und Zeit im Film vermischt, als auch die Kameraposition und -führung so subtil zur Verwirrtheit beitragen und die Bild-Ton-Montage den Zuschauer zum Nachdenken anregen mag. Die anfängliche Film-im-Film-Szene eröffnet eine Tür zur Verwirrtheit, wenn das Schicksal der von Veronika gespielten Figur ihr reales Leben ankündigt. Die Licht-Schatten-Wirkung zeichnet sich dadurch aus, dass sie einerseits Veronikas Sehnsucht auf der visuellen Ebene ausdrückt, die lieber in das Leben in der beleuchteten Fokussierung eintaucht, und sie andererseits der Protagonistin eine übernatürliche Aura verleiht, sodass um sie herum eine tödliche Atmosphäre erzeugt wird. Zum Beispiel in der Szene, in der Veronika in Krohns Treppenhaus unangemeldet auf ihn wartet: Die Szene ist aus extremer Untersicht hochgeschnitten, und hinter Veronikas Kopf leuchtet die runde Lampe so hell in der dunklen Umgebung, die sich in diesem Moment wegen der ungünstigen Beleuchtung des Treppenhauses beschwert. (Abb.17) Dr. Katz' Praxis ist immer hell erleuchtet. Besonders auffallend ist die große Lichtkugel, die sich über Veronikas Kopf ununterbrochen dreht und in einem hellen Weiß erstrahlt. Das lässt sich mit der Discokugel der 1970er Jahre assoziieren, und dadurch zerfließt Veronikas zeitliche Wahrnehmung, die noch wie ein Superstar in der Nachkriegszeit arbeitet und wirken möchte.

272 Kirsten (2013): S.82

(Abb.23) Außerdem könnte der Einsatz der auffälligen Raumdekoration, wie von Sabine Pott interpretiert, mit den 70er Jahren assoziiert werden. In dieser Zeit, in der Fassbinder selbst lebte, wurde nicht selten nach psychedelischer Bewusstseinserweiterung mithilfe von Drogen gesucht.[273] Zu der zeitlichen sowie räumlichen Vermischung tragen auch die beiden Rückblenden bei, die den Erzählfluss der Geschichte unterbrechen, um die verschiedenen Zeiten und Orte zu verbinden, sodass der Zuschauer durch Verwirrung entfremdet und zum Nachdenken angeregt wird. Wie die in der Bildkomposition auffällige Lichtkugel findet noch eine Sache ihresgleichen: die in Deutschland legitimierte Droge Alkohol, die auch in der »inneren Montage« des Bildes eine dramaturgische Rolle spielt. (Abb.24-26) Wir sehen in den Abbildungen eine Weinkaraffe, Gläser und eine Weinflasche, die entweder im Vordergrund oder in der Mitte der Bilder stehen. Der Alkohol hilft, wie Veronikas Mann im Film beurteilt, Leute »abzuschreiten«. Aus diesem Abschnitt der Handlung könnte eine Lebensmüdigkeit bei Krohn herausgelesen werden, der sich aber am Ende des Films auch mit Hilfe des Alkohol »wieder gut« fühlt, nachdem er ein Glas Schnaps gelerrt hat. Bazins Theorie zufolge habe diese innere Montage eine analytische Bedeutung. Deswegen meint Guido Kirsten, dass die künstlich komponierten Filmbilder den realistischen Eindruck verringern würden.

> *»Die dramaturgisch entscheidenden Elemente wurden in einem Bild arrangiert, wie es sonst konsekutiv – in der analytischen Découpage – geschieht.«*[274]
>
> *»Gerade die durchkomponierte Struktur des Bildes wirkt hier weniger realistisch als in vielen ‚konventionelleren' Einstellun-*

---

273 Vgl. Pott (2001): S.182

274 Bazin: Was ist Film. In: Guido (2013): S.102

gen.«[275]

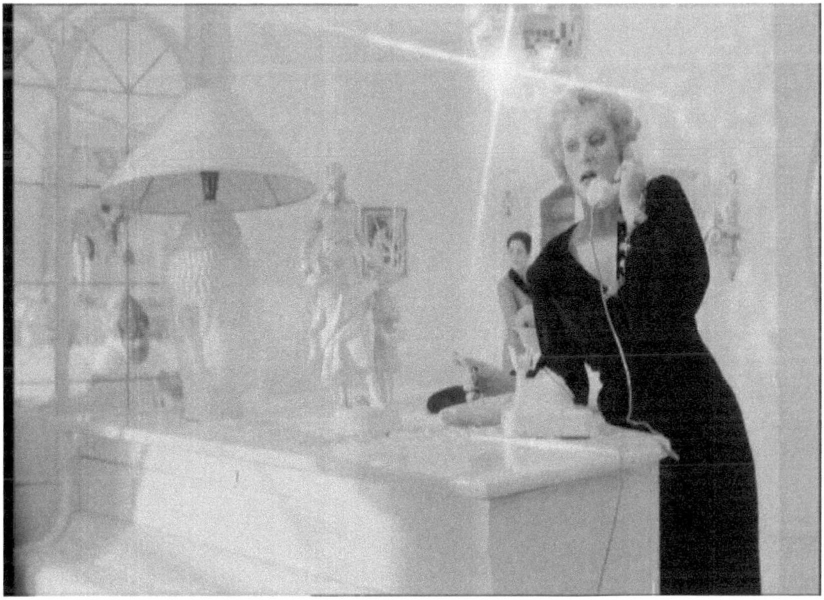

Abb.23

275 Kirsten (2013): S.102

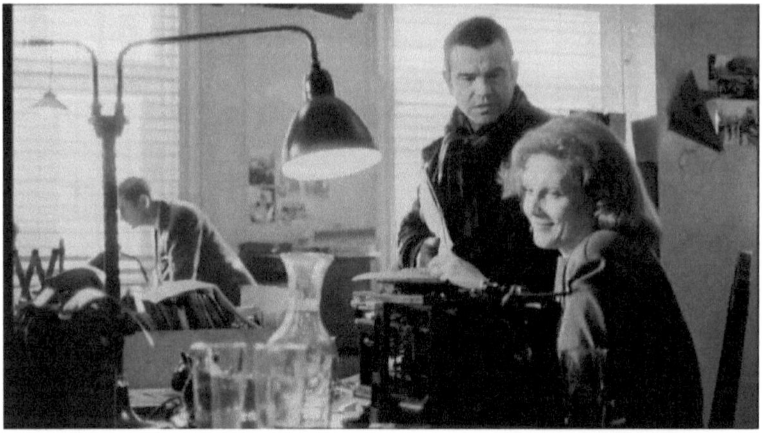

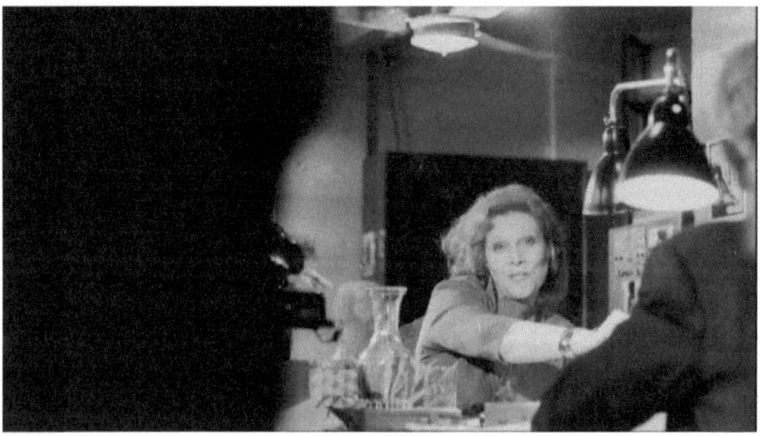

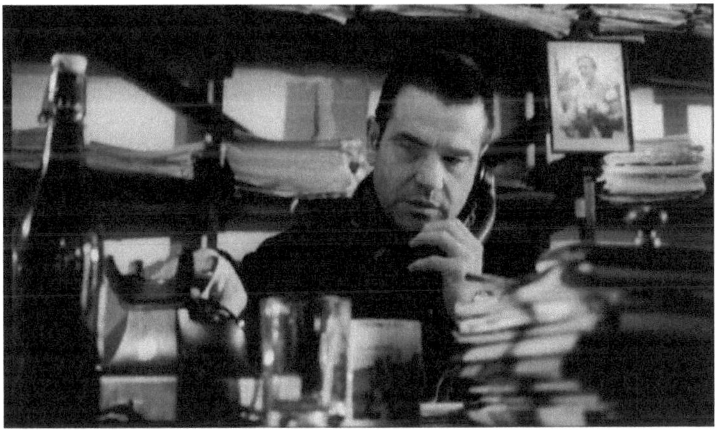

Abb.24-26

Diese Zusammenwirkung verschiedener Gestaltungsmittel fordert den Zuschauer auf, sich nicht einfach mit den Figuren im Film zu identifizieren, sondern sich Fragen zu stellen. Daneben spielt die Kameraposition sowie -bewegung eine große Rolle. Um die Figuren distanziet zu lassen, befindet sich die Kamera häufig hinter der Scheibe. Als Veronika in die Straßenbahn einsteigt, wird sie durch das regennasse Wagenfenster aufgenommen, so erscheint sie für Krohn in diesem Moment als Frau mit Geheimnis. (Abb.27) Mit diesem Mittel wird der Frauenfigur eine mystische Aura verliehen. In der Szene bei im Schmuckladen stellt Veronika sich etwas hysterisch und ungbereiflich dar, als sie sich das Geld von Krohn für eine Brosche leiht und das bezahlt, das aber nach dem Abschied mit ihm sofort vom Verkäufer zu zurückerstattet auffordert. Hier wird sie auch ebenfalls durch eine Scheibe aus der Untersicht erfasst. (Abb.28) Bei anderen Figuren sind ähnliche Situationen zu erfahren. Die Dialogeszene zwischen Krohn und seiner Freundin im Wagen wird auch durch die Autoscheibe gefilmt, und zwar durch eine beschlagene Scheibe, sodass eine sehr unnatürliche Atmosphäre entsteht. (Abb.29-30) Diese passt auf der einen Seite zu der momentanen Beziehung der beiden und lässt den Zuschauer auf der anderen Seite überlegen, was sich hinter der erzählten Geschichte berbirgt.. Die verwirrende Kamerafahrt und ihr Schwenk sorgen für weitere Entfremdung, die eine illusionistische Welt aufbaut, in der der Zuschauer besonders bei Krohns erstem Auftritt in der Praxis wieder Verwirrtheit erfährt. Um seine inneren Fragen nach Veronikas Geheimnis zu beantworten, besucht Krohn die Praxis. Er wird zuerst von der Assistentin Josepha ins Wartezimmer geführt, wo er auf Dr. Katz wartet. Hierüber ist ein Protokoll zu führen:

- Halbnahaufnahme auf Krohn, der jetzt durch einer Glasscheibe erfasst wird, die wieder vom Gittermuster geprägt ist. Er dreht sich um und sieht eine wartende Patientin.
- Schnitt zu dieser wartenden Frau, subjektive Kamera aus Krohns Perspektive.
- Schnitt zurück in die Nahaufnahme auf Krohn, der zurück durchs Fenster blickt.
- Schnitt zurück auf die Frau, die in die andere Richtung blickt.
- Krohn wird wieder durch die Scheibe in Nahaufnahme aufgenommen.
- Die Kamera filmt zuerst über Krohns Schulter einen Amerikaner, der einmal zurück zu Krohn blickt. Dann verfolgt die Kamera hinter dem Fenster den Amerikaner, der auf dem Flur vorbeigeht, jetzt aus der Perspektive Krohns.
- Halbnah auf Krohn, der sich hinter der Scheibe befindet. Im Hintergrund der Einstellung sind Josepha und Dr. Katz zu sehen. Krohn wird hineingelassen. Josepha schließt die Tür und verlässt dann das Wartezimmer.

Die in ausgeleuchtetem Weiß ausgestattete Praxis stellt sich wie eine illusionistische Welt dar, in der sich wechselnde Kameraperspektive und das schnelle Schnitttempo sowie die veränderte Einstellungsgröße die innerliche Verwirrung der Figur leicht empfinden lässt. Nach Kirstens Auffassung biete die verwirrende Kamerabewegung kaum Empathisie-

rungspotenzial, da sie eine emotionale Einführung verhindere.[276]
Darüber hinaus leistet die für Fassbinder typische und von ihm geprägte Bild-Ton-Montage auch ihren Beitrag zur Verwirrung. Bevorzugt werden entweder Radiogeräusche von der Fußballberichterstattung oder die Adenauers Rede sowie eindringlicher Lärm eines Presslufthammers eingesetzt, die zumeist als Kontrapunkt gegen die tragische Atmosphäre der Geschichte ausgestaltet werden oder als interpretative Folie der realistischen Erzählung fungieren. Dadurch werden die Machtlosigkeit und seelische Verwirrtheit in der gesellschaftlichen Umgebung hervorgehoben. Die oben genannten entfremdeten Einsätze der Techniken laden den Zuschauer gemeinsam in Fassbinders spezifischen Raum des Nachdenkens ein.

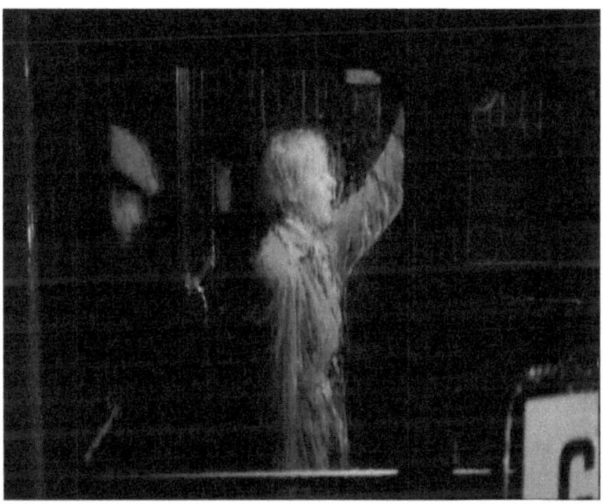

276 Vgl. Kirsten (2013): S.275f

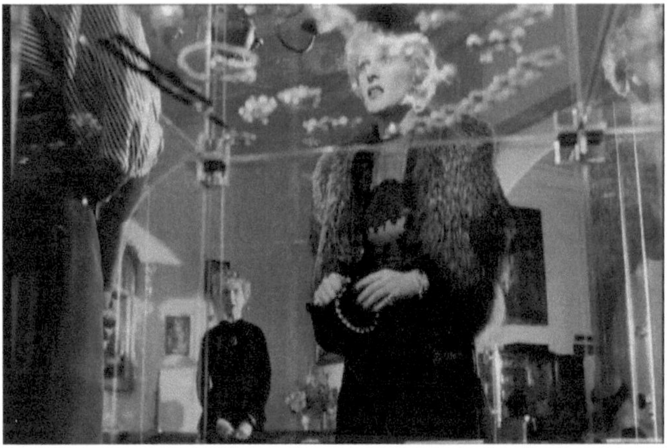

Abb.27-28

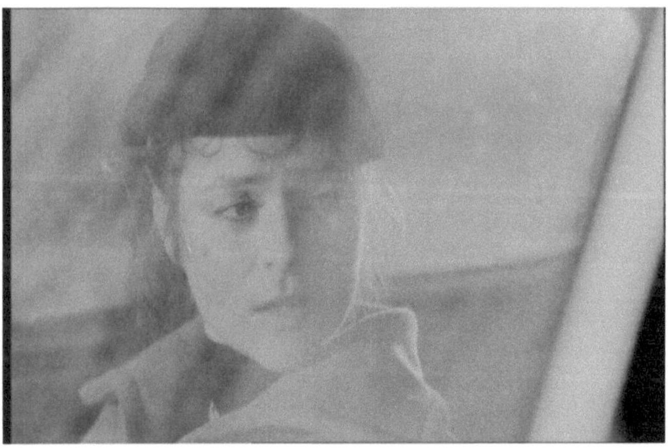

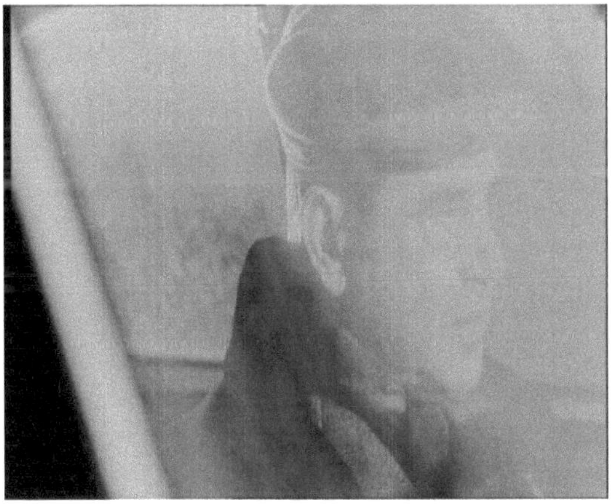

Abb.29-30

Wenn wir sagen, dass Fassbinder durch die filmische Technik einen entfremdeten Raum zum Nachdenken und zur Assoziation mit abgeschwächtem Realitätseindruck aufbaut, dann führt das Melodram von Zhang Yimou den Zuschauer in die Welt eines prächtigen Mythos, der vom Kampf der Frau für die Freiheit in der patriarchalischen Gesellschaft sowie von der Wiederbelebung des nationalen Geistes erzählt. Zhang beschäftigte sich beständig mit dem isolierten und eingeschlossenen Raum, also mit einer *»[...] unbekannten ,spektakulären' Welt, einer nebulösen Welt«*, so beschreibt Zhang Yiwu, *»in der der ,zeitliche' Code meistens von Zhang Yimou entwertet wird. Das ,China' in seinem Film ist überzeitlich und ewig, deshalb ist es auch mythologisch und allegorisch.«*[277] Zhangs Filmbeispiele »**Rotes Kornfeld**«, »**Ju Dou**« und »**Rote Laterne**« haben weiterhin Gemeinsamkeit, dass ihre Geschichte keinen konkreten Raum in der konkreten Zeit ausdrücken, sondern rein allegorische Geschichten des Ostens seien. Sie beziehen sich darauf, die

277 Zhang (1993): S21. Eigene Übersetzung der Autorin

nationalen charakteristischen Merkmale herauszuheben und auszustellen. Schlussendlich seien sie die vom ‚modernen' Diskurs ausgeschlossenene, absolut geschlossene Räume. In einem Interview erzählt Zhang selbst, dass im Film der zeitliche Hintergrund sowie die Region bewusst im Unklaren gelassen werden. Das hilft zur Verstärkung der mythologischen Atmosphäre des Films, sodass der Zuschauer empfinden würde, dass sich das Geschehen in der fernen Vergangenheit auf dem Land im Norden Chinas ereignet.[278]

Das im Film mit starker Lebenskraft ausgestattete Kornfeld wurde vom Filmstab absichtlich gepflanzt, um einen vom allgemeinen Leben entfernten Raum herzustellen, in dem sich der Mythos von Zhang verwirklichen lässt. Die geschlossene Raum- und Zeitstruktur wird beim Erscheinen der Japaner plötzlich unterbrochen, was nach Dais Betrachtung die wirtschaftliche Strömung bzw. das Eindringen der ausländischen Kultur 1987 auf dem Festland Chinas symbolisiere. Der große Unterschied zwischen den beiden Teilen der Erzählung, wovon es in der ersten um das leidenschaftliche und wilde Streben nach primitiver Liebe und Freiheit geht, während die zweite Schock und Panik darstellt, verleiht der Filmgeschichte eine stärkere symbolische Bedeutung. Die Szene im zweiten Teil, in der Luohan von den Japanern lebendig gehäutet wird, stellt sinnbildlich die grausame Ankunft einer neuen geschichtlichen Kastrationsmacht dar.[279] Auf der Ebene der Farbe und Belichtung zeigt sich dies durch die übertriebende Verwendung des roten Farbtons, besonders bei der Szene des Rachekampfs, das im vorherigen Kapitel über die farbliche Stilisierung anhand von dieser und anderer Beispielszenen schon behandelt wurde. Der Kameramann Gu ChangWei bemüht sich durch vielfältige Lichtaufnahmen um eine möglichst reale Lichtverän-

278 Vgl. Zhang (2004): S.53

279 Vgl. Dai (2000): S.58

derung vornehmlich im Kornfeld. Bei der von einer symbolischen Bedeutung geprägten Finsternis führt er jedoch mit dem Regisseur mithilfe eines Modells die Aufnahme durch, sodass die realen Abläufe und Effekte der Finsternis nachgebildet werden. Durch die Fülle der Landschaftsaufnahmen wird die karge und rückständige Lebensumgebung so real wie möglich gezeigt. Bei den Aufnahmen der Pflanzen wurde versucht, eine reale, lebendige Bewegung der Kornähren zu beobachten, deshalb steht die Kamera meistens ortsfest und in ihren Augen wiegen sich die Ähren heftig im Wind. Die Naturaufnahmen am Ende des Kampfes im Panorama auf dem Kornfeld, die unter dem Einfluss des hellen Mondschein steht, sowie die Aufnahme des runden Esstischs voller Gerichten, an den niemand vom Krieg zurückgekehrt ist, sehen oberflächlich betrachtet realistisch aus, wirken zugleich aber eher symbolhaft. Die leidenschaftliche Liebe zwischen Jiu'er und Yu endet hier. Die tragische Atmosphäre wird bei Jiu'ers Tod auch durch die künstlerische Verarbeitung der filmischen Zeit bzw. Slow-Motion verstärkt, welche von Jean Epstein als vorteilhafte Technik für die filmische Dramaturgie betrachtet wird.

> *»[...] Slow-motion really brings a new set of possibilities to dramaturgy. Its ability to dismantle feelings, to enhance drama, to infallibly represent the sincere movements of the soul is such that it obviously surpasses all the other known tragic modes.«*[280]

Die Entwicklung der Handlung wird durch den Ich-Erzähler aus dem Off weiterführt, der sich zweifellos dem mythologischen Filmstil anpasst, weil wir die Geschichte des Großvaters und der Großmutter von dem »Ich« durch die subjcktive Perspektive des »Ichs« erfahren. Inmitten der geschichtlichen »Realität« und der subjektiv interpretierten »Fiktion« wird eine Spannung erzeugt. So zum Beispiel erzählt das »Ich« nach

280 Epstein (2012): In: Cortade: S.168

dem Tod des Schnapsbrennereibesitzers Li: »Li wurde von jemandem ermordet. […] Ich habe immer das Gefühl, dass mein Großvater diese Sache getan hat. Aber bis er starb, habe ich ihn nie gefragt.« Darüber hinaus beurteilt der Erzähler das Geschehen, was im Vergleich weniger Aufmerksamkeit erhalten kann: »In jenem Jahr, als ich zurückkehrte, war die Brücke am QingShaKou noch da, nur war keine Hirse mehr zu sehen.« Das sieht Zhang Yiwu als eine realistische Beurteilung aus Unzufriedenheit und Kummer gegen den seelisch müden und matten Zustand der heutigen Chinesen an.[281]

Abgesehen von den oben genannten Gestaltungsmitteln sind die erfundenen Elemente der Handlung in diesem Kontext des Realismuskonzepts des Regisseurs erwähnenswert, zum Beispiel die imaginäre Verarbeitung des Gebrauchs von »Sänfte-schwanken« und einige von der literarischen Vorlage entfernten Handlungsabschnitte. Besonders auffallend ist der zeremonieartige Gesang für den Weingott nach der Fertigstellung des neuen Schnapses, der nach Zhangs Absicht dazu dient, sowohl den wilden und ungezähmten Charakter der allgemeinen Arbeiter herauszuheben, als auch die leidenschaftliche Atmosphäre des ganzen Films zu schaffen.

4.3.4 Filmische Darstellung der Geschichtsbetrachtung

In der thematischen Einführung wurde darauf hingewiesen, dass die von Zhang erzählte Geschichte von der Auflehnung gegen die Unterdrückung der Gesellschaft handelt. Im Kontext des untersuchten Objekts dieses Kapitels geht diese Unterdrückung einerseits von der repressiven arrangierten Ehe aus, deren Hintergrund die traditionellen Sitten und Gebräuche des feudalistischen Chinas bilden, denen zufolge die Tochter dem

281 Vgl. Zhang (1993): S.54. Eigene Übersetzung der Autorin

elterlichen Verkauf ausgesetzt ist, andererseits von der japanischen Besatzungsarmee. In der Darstellung des spezifischen geschichtlichen Ereignisses zeichnet das Filmbild eine äußerst unmenschliche japanische Armee, die barbarisch das Land erobert und einfache Leute rücksichtslos überwacht und sogar einen von ihnen lebendig häutet. Trotzdem wird kein einziger der Japaner mit einem individualisierten Bild oder einer klaren Identität konkretisiert. Sie warden als gesichtslose Feinde skizziert, die plötzlich in eine unberührte Naturlandschaft und in den Lebensraum der einfachen Bewohner eindringen. Die isolierte und in sich geschlossene Filmzeit- und raumstruktur werden dadurch gebrochen und dann im konkreten Zeitraum liegen gelassen. Trotzdem bezieht der Film sich nicht auf eine Geschichtsschreibung des Kriegs zwischen Nationen, sondern auf den Ausdruck der Lebenskraft im allgemeinen Sinn. Der Regisseur selbst hat in Interviews wiederholt betont, dass der Film nicht von einem Ausschnitt der Geschichte handelt, sondern vom Geist der Nation und ihrer Lebenskraft. Der Filmkritiker Zhang Yiwu beschreibt die Strategie des filmischen Ausdrucks folgendermaßen:

> »*Zhang hat keine Intention, die Kontinüität unserer eigenen Kultur zu untersuchen, sondern ‚China' als einen spezifischen Code auszudrücken. Er kümmert sich nicht um die konkreten zeitlichen Veränderungen sowie Wechsel, sondern um die gesammelte Metapher der Gesellschaft und der Nation. [...] Unter diesem Aspekt ist Zhang ein 'internationaler' Regisseur, weil er von Raumlichkeit ausgeht und sein Thema dadurch zum Ausdruck bringt. Er gibt seinem Zuschauer keine Erklärung der konkreten Geschichte Chinas, sondern ‚China selbst' – ein abstraktes und symbolhaftes China.* «[282]

So ist der alte und leprakranke Besitzer der Schnapsbrennerei Li als

282 Zhang (1993): S.21. Eigene Übersetzung der Autorin

symbolischer Vertreter für den feudalistischen Machthaber im Film von Anfang bis Ende lediglich ein Abwesender in der visuell-akustischen Welt, dessen Existenz nur durch den einmaligen Aufschrei Jiu'ers in der Hochzeitsnacht bewiesen wird. Die feudalistische Macht zeige, Dais Ansicht nach, im Film ihre gespenstische Existenz und ihre vordefinierte Gebrechlichkeit in der geschichtlichen Strömung, ausgedrückt in Lis Schicksal.[283]

Das Schicksal der Protagonistin Jiu'er fungiert als Sinnträger, der den allgemeinen Freiheitsverlust unter der determinierten gesellschaftlichen Unterdrückung widerspiegelt. Durch Jiu'ers Auflehnung und besonders ihren opferartigen Tod werden die Männer angeregt und ermutigt, Widerstand sowohl gegen den versteckten Räuber als auch gegen die eindringende Macht aus dem Ausland zu leisten.

Im Kontrast zu Zhangs methaphorischer oder etwas gewundener Gestaltung der Geschichte übt Fassbinder schonungslos Kritik an der bestimmten Epoche der deutschen Geschichte bzw. der Adenauer-Zeit, indem er sich einmal vehement gegen, dann folglich wieder energisch für die Wiederaufrüstung und das auf deren Basis hervorgerufene Wirtschaftswunder ausspricht. Bei Fassbinder gibt es keinen nationalen Mythos, eher ein kollektives Trauma des Landes, das durch die persönliche Geschichte der Veronika erklärt wird. So verbinden sich das Private und das Politische. Durch die im Bild zweimal eingesetzten Adenauer-Rahmen bei Dr. Edel und im Chefbüro des Zeitungsverlages (Abb.31-32) oder mithilfe einer offentlichen Radioansprache Adenauers ergänzt Fassbinders die Darstellung der politischen Färbung dieser Ära.

In der Nebenhandlung stellt das Ehepaar Treibel als ein »*schmerzliches*

283 Vgl. Dai (2000): S.50ff

Dokument«[284] der Geschichte der Konzentrationslager in der Nazi-Zeit dar, das in der Gegenwart weiter ausgebeutet wird, nun von der Nervenärztin. So beurteilt Bae die Stilisierung der Historiographie bei Fassbinder:

> *»Die beiden Patienten von Dr. Katz, Veronika Voss und Herr Treibel, um sie hinsichtlich Fassbinders Stilisierung der Historiographie des ‚aus-seiner-Sicht-überhöhens' und ‚ins-heutige Gefühl-übersetzens' umzubenennen, Ufa und Treblinka, sind Opfer der Vergangenheit.«*[285]

Veronika und die Treibels werden alle als Opfer der deutschen Vergangenheit dargestellt, die eine als Opfer der politischen Propaganda, die anderen als Opfer der systematischen Vernichtung. Zusammen bilden sie das kollektive Trauma der deutschen Gesellschaft.

Fassbinder selbst betrachtet die politische Bedeutung durch die Geschichte einer Drogensüchtigen, die von ihm als Parallele für die Siebzigerjahre angesehen wird, wie folgt.

> *»Ich glaube, daß jemand, der so weit getrieben wird oder so weit kommt wie diese Veronika Voss, daß dessen ganzer Kontakt zum Leben nur noch über Drogen geht. Das ist nicht nur Privates, sondern etwas Allgemeingültiges. Daß es in den 50er Jahren schon mal so eine Drogenwelle gegeben hat, daß das eben nicht erst jetzt, seit der Heroinwelle der Fall ist, dies ist schon eine interessante Parallele. [...] Ich halte diese Geschichte da für politisch, wo eine Gesellschaft den Menschen nicht die Möglichkeit gibt, die Schmerzen abzutöten und die Leute, die das nötig haben, gleich wie Aussätzige oder wie Kriminelle behandelt. Dies halte ich schon für eine gesellschaftliche, also politische Angelegenheit.*

284 Elsaesser (2012): S.175

285 Bae (2005): S.347

[...] Ich glaube tatsächlich, daß man erst durch die Kriminalisierung dann auf die Art und Weise süchtig wird, bei der man nicht mehr man selbst ist, sondern so ein Spielball von irgendjemandem und irgendwas.«[286]

Der Realismusaspekt steht deswegen nicht nur für die Wechselbeziehung zwischen Privatem und Politischem, sondern betrachtet auch das Vergangene und das Heutige, also die Perspektive, unter der die 70er Jahre in den 50er Jahre betrachtet werden. Nach Elsaessers Betrachtung ließ Fassbinder die vergangene Epoche auf die repräsentative Weise der typischen Ikonen, Kunstwerke und Darstellungen für die heutige Zeit authentifizieren, was zum kollektiven Medien-Gedächtnis gehören sollte.[287] Und die Tragik der Frau zeigt den allgemeinen Freiheitsverlust des Einzelnen unter der gesellschaftlichen Unterdrückung. In dieser auf eine Frauenfigur fokussierten Geschichte kommen weder Männerparolen noch eine Explosion oder eine Hochzeit vor. Mit unklarem Ausgang steigt Krohn ins Taxi und kehrt resigniert zu seiner Fußballreportage zurück, nachdem er sich schon angesichts seines hilflosen Kampfes gegen das verschwörerische System zwischen Dr. Katz und Dr. Edel aussichtslos gefühlt hat. Damit drückt Fassbinder den persönlichen Seufzer angesichts des ‚vaterlosen' Umstandes Deutschlandes und der Machtlosigkeit des Einzelnes gegenüber dem genau determinierten System aus.

---

286 Pflaum (1982): S.6

287 Vgl. Elsaesser (2012): S.167

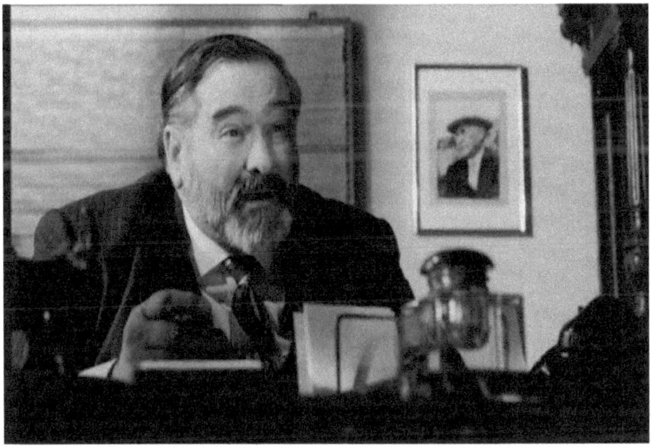

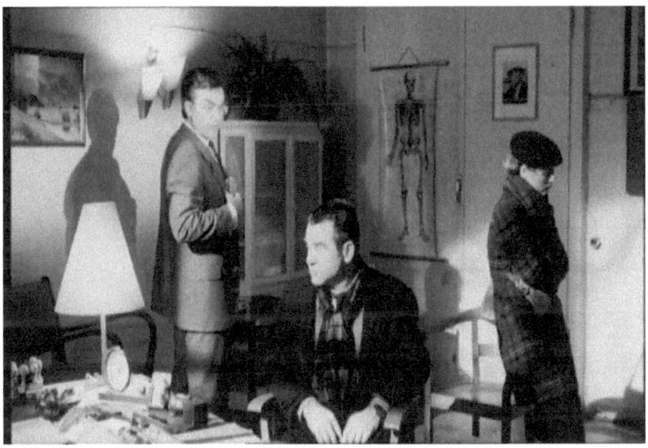

Abb. 31-32

Fazit

Die gesellschaftliche Unterdrückung als Thema der beiden untersuchten Filme besteht in verschiedenen kulturellen und geschichtlichen Kontexten, die aber gleichermaßen den allgemeinen Freiheitsverlust des Einzelnen verursachen. Der Unterschied besteht darin, dass die beiden Protagonistinnen ganz verschiedene Wege gehen. Bei Zhang wird die repressive Macht von einer Vielzahl traditioneller Sitten und Gebräuche visuell konkretisiert. Als unerlässliche Teile der Geschichte lassen sich die Sitten und Gebräuche konsumieren und treten damit als der Signifikant in Funktion. Zum Beispiel hat Jiu'er den Gebräuchen zufolge vor der Hochzeit ihren Mann gar nicht kennengerlernt, sondern wird wie eine Ware aus der wirtschaftlichen Not der Familie heraus von ihren Eltern verkauft. Am dritten Tag nach der Hochzeit muss die Frau nach Hause zurückkehren. Die dazwischenliegende imaginäre Handlung des »Sänfterschwenkens« könnte als Freilassung der primitiven Leidenschaft und wilde Eigenheit der Menschen angesehen werden. Ähnliche Elemente erscheinen in »**Ju Dou**« und »**Rote Laterne**«. Wenn bei ersterem während der Trauerfeier die beiden Protagonisten wiederholt schreiend und weinend mit dem eigenem Körper den Zug des Sargs aufzuhalten versuchen, erhalten die Gebräuche eher eine ironische Bedeutung. Bei letzterem Film entsteht die Unterdrückung der Frauen direkt aus einer Reihe von Sitten und Gebräuche, weil das Anzünden der Laterne ankündigt, welche Frau mit dem einzigen Herrn des Hauses jene Nacht verbringen darf, während die restlichen Frauen allein bleiben. In diesem Fall stehen die Sitten und Gebräuche als ein mystisches Zeichen des Ostens und fungieren als einer der wichtigsten Lesarten von Zhangs Werken bzw. dem Orientalismus zufolge als ein Mythos der kargen Landschaft, der selbstexotisierenden Zeremonie und der unterdrückten weiblichen

Sexualität.[288] Die Figur Jiu'er jedoch wird nicht in Sinne dieser Tradition dargestellt, sondern sie übernimmt aktiv alle Geschäfte der Schnapsbrennerei ihres verstorbenen Mannes und ändert dies von einem privaten Eingentum in ein gemeinschaftliches Geschäft. Weiterhin nimmt sie als eine Witwe einen neuen Mann an, was ganz und gar gegen die Moralprinzipien des alten Chinas spricht. Bei ihrem Tod wird sie wie eine Opfergabe in einer Messe gezeigt, was nach feministischer Betrachtung die männliche Herrschaft der Sprache verwirklicht und einen schönen Mythos einer Nation erzeugt. Im Prozess der weiblichen Selbstbefreiung steht die Liebe für eine Quelle der Energie sowie der Emanzipation. Zhang erschafft durch das visuell-akustische Spektakel des Orientalismus eine leidenschaftliche Geschichte der weiblichen Selbstbefreiung und einen Lobgesang auf den nationalen Geist, die sich in einem symbolhaften und von der Historie isolierten geschlossenen Raum vollziehen. Mit der heldenhaften Schlussszene der Männer entlässt Zhang Yimou seinen Zuschauer aus dem Film.

Bei Fassbinder verursachen das Trauma aus der Vergangenheit und das ausbeuterische System der Gegenwart die Unterdrückung. Der Einzelne wird schlicht machtlos dargestellt. Als Opfer der faschistischen Showbusiness-Industrie Ufa kann Veronika der Gesellschaft nicht mehr entsprechen, nicht so wie die Lola. Sie besitzt durch ihre Morphium-Abhängikeit kein widerstandsfähiges Selbstbild, sondern taucht in den Glanz der Vergangenheit ein, sodass sie schlussendlich zur Komplizin ihrer Mörderin Dr. Katz wird. Für Veronika ist die Liebe ein Instrument der Unterdrückung, das sie zu Fall bringt. In der ausgeleuchteten schwarz-weißen Dramaturgie prägt Fassbinder durch den repräsentativen Ausdruck mit einem typischen Gestaltungsmodul der Vergangenheit das kollektive Mediengedächtnis der Deutschen. Er verbindet das Private

---

288 Vgl. Zhang (1997): S.61

und das Politische, das Vergangene und das Heute: Das durch das jüdische Paar auf eigenartige Weise erörterte Nazi-Thema und Veronikas aussichtlose Sehnsucht verallgemeinern diese Verbindung und machen sie für die heutige Zeit (bzw. für die Zeit der 70er Jahre) wahrnehmbar. Besonders leistet Fassbinder krasse Kritik an der Adenauer-Ära sowie an der Zeit des Wirtschaftswunders, als die Ausbeutungsmechanismen mit der Nazi-Herrschaft der Vergangenheit assoziiert werden und der Einzelne die Freiheit verliert. Die Tragik der Frau ruft trotzdem keinen Widerstand gegen das genau determinierte System hervor. Veronikas Prozess der inneren Zerrissenheit verwirrt Krohn, der lediglich mit Aussichtlosigkeit zurückbleiben. Damit richtet Fassbinder seine Aufmerksamkeit auf das Leid und Selbstmitleid der Deutschen in jenen Jahren.

Schluss

Die primäre Zielsetzung der vorliegenden Arbeit definiert sich insbesondere über die vergleichende Analyse der Frauenfiguren-Gestaltungen und der ästhetischen Stile im Filmschaffen der beiden Regisseure. Dabei sind die theoretischen Grundlagen des Feminismus und des Kino-Realismus von Bedeutung. Ferner wurden die persönlichen Betrachtungen bzw. Beurteilungen der historischen Ereignisse sowie des Zeitgeistes bestimmter Perioden durch die beiden Regisseure in den Blick genommen.

Im Kontext des postkolonialen wirtschaftlichen sowie kulturellen Hintergrundes in China schafft Zhang Yimou als der Vertreter der Fünften Generation eine innovative Ästhetik und eigene Filmsprache. Seine eigenartige Welt von Zeichen charakterisiert sich durch folgende drei Kriterien: 1. das Vorführen von Frauenfiguren. Die künstlerische Arbeit der Fünften Generation hat sich mithilfe der Finanzierung aus dem westlichen Kulturkreis weiterentwickelt, ohne dabei ihre kulturelle Eigenständigkeit zu verlieren. Trotzdem ist es für die Fünfte Generation unvermeidlich, ihre Werke nach dem westlichen Geschmack auszurichten, bzw. auf den der europäischen Filmfestivals auszurichten. Ihre Figuren der Narration müssen deshalb der westlichen Erwartung entsprechen, wobei ein China-Stereotyp entsteht. Ein imaginiertes China wird ins Zentrum des westlichen Augenmerks gestellt. In dieser Erwartungshaltung gegenüber dem »Fernen Osten« kehrt die chinesische Frauenfigur als visuelles Spektakel der Schönheit und des Objektes des männlichen Verlangens in die filmische Narration zurück. Zuvor werden die Gestaltung der Frauenfiguren in den Werken der Vierten Generation nach der chinesischen Kulturrevolution von 1966 bis 1976 als »*leerer Signifikant*«[289] dargestellt. Vor dem speziellen kulturgeschichtlichen Hintergrund entfernen sich die Frauengestalten im Film weit von der Lebenswirklichkeit durchschnittlicher Frauen der Gegenwart, die sich unter dem allgemeinen Thema damaliger Filme, »Kulturrevolution«, von der Imagination der Männer emanzipieren. Die Frau als Objekt des männlichen Blicks sowie des männlichen Verlangens tritt als ein Phänomen im chinesischen Film zuerst in Zhangs Regiedebüt »**Rotes Kornfeld**« wieder in Erscheinung. 2. Frauen als Träger der Kulturgeschichtsbeschreibung. Die europäischen Anthropologen und Völkerkundler betrachten Zhang Yimous Filme angesichts seiner Vorliebe für die Massenkultur und seiner besonderen Fokussierung auf Frauenfiguren als eine Art »Volkstext«. Die weiblichen Protagonisten leben unter dem Joch der patriarchalischen Gesellschaft und ihre Geschichten des Widerstands gegen die feudale Gewalt enden meistens in Niederlagen, vor allem in »**Rotes Kornfeld**«, »**Rote Laterne**« und »**Judou**«. Dennoch sollen sie nach der Absicht ihrer Schöpfer als Ausdruck des Zeitgeistes nicht pessimistisch verstanden werden. Das Streben nach Freiheit des Individuums und einer

289 Dai (2002): S.127

selbstbestimmten Lebensqualität der Frauen sind als Ausdruck der Lebensleidenschaft[290] (chinesische Variation: »Jingqishen 精气神«) anzusehen. Angesichts dessen ist das Vorführen von Frauenfiguren nicht einfach von voyeuristischer Bedeutung, sondern dient vielmehr der Kulturgeschichtsschreibung des Regisseurs. Die Emanzipation der Frauenfiguren gegen das repressive System bildet kontinuierlich das gemeinsame Thema und den wesentlichen Aspekt der konnotativen Zeichenwelt bei Zhang und ermöglicht ihm eine tiefgründige persönliche Reflektion der zeitlichen Abläufe. 3. Nicht zuletzt die traditionellen Elemente bzw. das »Ethos«. Sowohl bei der Szene der »Schwanken der Sänfte« im Hochzeitszug in »**Rotes Kornfeld**«, als auch bei der spezifischen Trauerfeier in »**Judou**«, wobei die beiden Protagonisten gefordert werden, ihren Körper sowie Geist völlig ausnutzen zu lassen, oder bei der Zeremonie der Laterne sowie der Peking Oper in »**Rote Laterne**«, inklusive des chinesischen Schattenspiels in »**Leben!**«, sei das im Film dargestellte Ethos, Zhang Yiwus Ansichts nach, für den westlichen Zuschauer vor allem exotisch, was eine Voraussetzung für das visuelle Spektakel bilde, und gerate als ein zeitloser räumlicher Code in der Weise der Zeremonie ins Blickfeld.[291] Die exotische Darstellung des Ethos in Zhangs Filmen wird von Chow Rey als »oriental's Orientalism«[292] und von Cui Shuqing als »cooperative Orientalism«[293] beschrieben. Die Einsetzung des Ethos in Zhangs Film liegt aus diesem Grund der »Doppel-Kultur-Erkennung.«[294] Der ironische Rhythmus der Peking-Oper und das erdichtete Ritual der Fußmassage mit den Stöckchen und die

290 Vgl. Zhang (2004): S.35.

291 Vgl. Zhang (1993): S.23.

292 Chow (1995): S.170.

293 Cui (2003): S.111.

294 Vgl: Dai (2000): S.252.

traurige wortlose weibliche Skandierung ohne instrumentale Begleitung im Fall von »**Rote Laterne**« signifizieren Dais Betrachtung zufolge den Totentanz und die sinnbefreite Zeremonie des alten China, welche die westlichen Zuschauer bewundern. Vom moralisch-ästhetischen Standpunkt sollten »**Die Rote Laterne**«, »**Rotes Kornfeld**« und »**Judou**« als Einheit angesehen werden, obwohl sie sich inhaltlich unterscheinden. Den gemeinsamen historischen Hintergrund der drei Filme bildet das alte feudale China und die repressive patriarchalische Struktur der Gesellschaft. Im eingeschlossenen Raum von Zhangs Film übernehme laut Zhang Yiwu das »Ethos« die notwendige Konnotationsfunktion; der Regisseur beschäftige sich, wie fast alle anderen Mitglieder der Fünften Generation, häufig mit dem fiktiven und verborgenen Ethos des Ostens.[295] Die Unterdrückung dieser Gesellschaft wird deshalb mithilfe der traditionellen Elemente bzw. des »Ethos« ausgedrückt. 4. Die rekonstruierte Darstellung der Geschichtsereignisse, die mehr als Parallele oder Kontrapunkt zur persönlichen Lebensgeschichte der Frauenfiguren dienen. Im Vergleich zu Fassbinder hat Zhang weniger Interesse an politischer Kritik, die im realistisch simulierten Hintergrund in den Film in Erscheinung tritt, sondern richtet seinen kritischen Blick nur indirekt sowie unterschwellig auf eine angedeutete Weise auf die politische Wirklichkeit, vor allem in »**Rotes Kornfeld**« und »**Rote Laterne**«. Im Ersten ist zum Beispiel der japanische Agressionskrieg von großer Bedeutung als Kontrapunkt der Lebensgeschichte der Frauenfigur Jiu'er und sinnbildlich für ihre private Emazipation auf der konnotativen Ebene. Und in dem Letzterem bezieht sich die geschichtliche Betrachtung in dem einschlossenen Raum-Zeit-Kontinuum des Films auf das ganze feudale China, dessen patriarchalisches Hierarchieprinzip die leidvolle Unterdrückung der Frauenfigur verursacht hat, statt ein konkretes ge-

295 Vgl. Zhang (1993): S.23f.

schichtliches Ereignis darzustellen.

Anhand der gennannten vier Kriterien zeichnen sich die Filme von Zhang Yimou durch intensive Visualität, machtvolle Emotionen und private Kulturgeschichtsschreibung aus, um sich zu exotisieren und erotisieren, sich auszustellen, sich zu konsumieren und letztendlich erfolgreich exportiert zu werden.

Thomas Elsaesser setzt sich in seiner Untersuchung mit dem Exhibitionismus in Fassbinders und Zhangs Filmen auseinander, dabei behauptet er, dass der Einfluss des Exhibitionismus bei den beiden Regisseuren viel bedeutender als der des Voyeurismus sei.[296]

> »*The exhibitionism in Fassbinder's films with specific historical happenings, such as the German security state during and after the Second World War. Elsaesser suggests, for instance, that the pleasure of fascism for the average German is perhaps 'less the sadism and brutality of SS officers than the pleasure of being seen, of placing oneself in view of the all-seeing eye if the state.'* "[297]

Unter dem Aspekt der Kommunikation zwischen Film und Zuschauer bestätigt Elsaesser, dass dieser Identifikationsprozess bei Fassbinders Filmen erfolgreich über die Lust des »being seen« beim Zuschauer ablaufe. Der Exhibitionismus von Fassbinders Figuren verfremdet sich durch filmische Gestaltungsmittel wie z.B. innere Montage mit inhaltlich sowie moralisch voneinander radikal unterschiedenen Abschnitten des Bildes, oder durch die in Vorspann sowie Nachspann eingefügten Kanz-

---

296 »[...] like Fassbinder's, Zhang's cinema is about the affect of exhibitionism rather than (as is often assumed) that of voyeurism." Vgl. Elsaesser, Thomas (1986): Primary Identification and the Historical Subject: Fassbinder and Germany. In: Rosen, Philip (hrg.) Narrative, Apparatus, Ideolody: A Film Theory Reader. New York: Columbia University Press. S.535-49. In: Chow (1995): S.169.

297 Elsaesser (1986): S. 545. In: Chow (1995): S.169.

ler-Porträts, die den Zuschauer aus dem fiktionalen Illusionskino wecken, ihn aus seiner Zeit herausführen und an die ersten zehn Jahre der Bundersrepublik Deutschland zurückdenken lassen, außerdem durch die die Kontinuität der Erzählung unterbrechende Handlungsorganisation oder Musik etc., die eine intellektuelle Beziehung des Zuschauers zum Bild fördert. Fassbinder erstrebt durch den Exhibitionismus mit jenem Verfremdungseffekt weder eine politische noch eine gesellschaftliche Lösung, vielmehr geht es ihm um die Emotion.[298] Im Unterschied zu Zhang Yimous visuell-kulturellem Spektakel mit chinesischen Schönheiten sind Fassbinders Werke unter folgenden vier Kriterien zu betrachten. 1. Frauenfiguren sind ins Showbusiness verstrickt. Sowohl Maria Braun, Lola, Veronika Voss als auch Lili Marleen werden als Opfer der Männerwelt und des Patriarchats unter männlichen voyeuristischen Blicken dargestellt und sind in die zur Ware degradierende Macht des Showbusiness verstrickt. Im deutlichen Unterschied zu Zhangs Frauen, die im patriarchalischen System ausnahmslos für ein freies und selbstbestimmtes Leben kämpfen, behalten die Frauen bei Fassbinder das Bewusstsein von der Kraft des Sich-zur-Schau-Stellens, weil der Voyeurismus nur »*die Schutztarnung eines anderen Kräfteverhältnisses ist.*«[299] Dieses Bewusstsein lässt offensichtlich Mulveys Dualsystem in gewissem Maße zum Einsturz bringen, in welchem das Subjekt sich auf den

---

298 Vgl. Fassbinder (1977): in《I let the Audience Feel and Think.》An Interview with Rainer Werner Fassbinder. Interviewed by Norbert Sparrow. Cineaste, VIII/2: 20. In: Bae (2005): S.127. »With Brecht you see the emotions and you reflect upon them as you witness them but you never feel them. That's my interpretation and I think I go further than he did in that. I let the audience feel and think.« Die Frage Sparrows lautet: »While your films are melodramatic, you have added the dimension of distanciating the emotions with respect to the spectator. Some critics have compared this to Brecht's verfremdungseffekt; you reject this analogy, don't you?".

299 Elsaesse (2012). S.183.

aktiven Mann und das Objekt sich auf die passive Frau bezieht. Die Frauenfiguren werden von Elsaesser dementsprechend als »starke Frauen« bezeichnet. 2. Frauen als Träger der politischen Kritik und der Geschichtsbetrachtung. Mit dem Leitmotiv, über die Kunstarbeit die Geschichte nicht vergessen zu lassen, untersucht Fassbinder inhaltlich und filmstilistisch die Lebensgeschichten seiner weiblichen Protagonisten innerhalb der deutschen Geschichte heraus, sodass die psychologischen, politischen und soziologischen Zusammenhänge sichtbar gemacht werden. Seine Frauenfiguren können im Film ihre analogische historische Herkunft finden, sodass der Regisseur seine schonungslose Kritik an der politischen Richtlinie der Regierung, besonders der Adenauer-Ära des Nachkriegsdeutschland, übt. Fassbinder lädt seine Frauenfiguren, auf deren private Schicksal sich die stilisierte Geschichtsschreibung sowie kritische Betrachtung der historischen Ereignisse konzentrieren, mit historischen Indizien auf. 3. Fokussierung auf die Nachkriegsgeschichte Deutschlands. In Fassbinders Filmen über Frauen bearbeitet er die direkte Nachkriegsgeschichte Deutschlands, in seinen Filmheldinnen sieht er Hoffnungen und Utopien für den neuen Staat. So thematisieren die Filme vor allem Unordnung, Verlust, Verbrechen, Unehrlichkeit, Tod, Verfallen, Entfremdung, hoffnungslose Liebe usw. Durch die Darstellung der Unterdrückung in seinen Frauengeschichten werden die gesellschaftlichen Mechanismen verdeutlicht. Diese allegorische Operation gegen die Geschichte hat Elsaesser zufolge die bundesdeutsche Vergangenheit aus Fassbinders Sicht *»überhöht«* und ins heutige Gefühl *»übersetzt«*[300], weshalb sie auch für seine Lebenszeit der Mitte 70er Jahre wahrnehmbar ist.

»Ich mache mir dadurch die Gegenwart klarer und sie gleichzei-

300 Vgl. Ebd. S.315.

tig dem Zuschauer greifbarer.«[301]

4. De- und Rekonstruktion der Medien-Realität. Es gibt diverse Medien und Genres in Fassbinders Filmen – Zeitungsartikel, Popmusik und Assoziierung mit anderen Filmen, die de- bzw. rekonstruiert werden. In den Medien als eine eigentümliche Materialität gelingt es ihm, Medien-Realität und die soziale Realität zu verbinden, was sowohl eine unheimliche Sensibilität für die historische Materialität zeigt, als auch die politische, soziale Realität aus heutiger Sicht wahrnehmbar werden lässt. Durch visuelle klischeehafte Bilder der Historie und durch Mediendokumente werden seine Filme als ein scheinbar persönliches und dennoch als kollektives Medien-Gedächtnis erkennbar. Der Testfall in diesem Kontext sind selbstverständlich die BRD-Filme, über die sich Bae folgendermaßen äußert:

> *»Es [BRD-Trilogie] beginnt mit einem durch die Bombardierung von der Wand fallenden Hitler-Poträt in Die Ehe der Maria Braun und endet mit der Fotografie des in Gedanken versunkenen, der utopischen Sehnsucht nach dem Fernweh lauschenden Adenauer in Lola.«*[302]

Zhangs Fokussierung auf Frauengeschichten ist ein erfolgreiches Mittel der Sich-Ausstellung im Kontxt des postkolonialistischen Kontext, dabei sind seine Protagonistinnen vor allem schön, doch zugleich entwertet, verkauft, passiv, austauschbar, aber immer noch mystisch, da sie sich im Ablauf ihrer Lebensgeschichte von Anfang an ihrer untergeordneten Positionen bewusst sind und häuftig eine schonungslose Selbstironie und heftige Kritik an den Machthabern sowie dem System äußern, bzw. stetig ein emanzipatorisches Bewusstsein wachhalten. Nach Mulveys Theorie

---

301 Michael Töteberg (Hg.) (1986): RWF – Die Anarchie der Phantasie – Gespräche und Interviews. In: Pott (2001): S.5f.

302 Bae (2005): S.187.

der zwei Möglichkeiten der Überwindung instinktiver männlicher Kastrationsangst bietet Zhang in der erotischen Darstellung seiner Heldinnen zahlreiche reine Beispiele von fetischistischer Skopophilie an, bei denen die eigenen Bedeutung der Frauen in der kulturelle Kategorie von männlicher Fantasie und Angst entleert sind. Im umschlossenen Bildrahmen werden die Gesichter oder bestimmte Körperteile wie Beine und Füße der Frauen intensiv durch die subjektive Kamera in Nahaufnahme unterstrichen, um die weibliche Schönheit dem Zuschauer unmittelbar vor Augen zu führen. Für die westlichen Zuschauer sind die chinesischen Schönheiten in Zhangs betont ästhetisierter Visualität selbstverständlich ein Spektakel aus dem Osten. Die andere Möglichkeit der Überwindung der Kastrationsangst der Männer, so lautet Mulveys Zusammenfassung: *»dass etwas passiert, dass eine Person sich ändert, dass ein Kampf über Willen und Stärke stattfindet, mit Sieg und Niederlage, in einer linearen Zeit, die Anfang und Ende hat«.*[303] Diese Möglichkeit zeichnet sich in diesem Kontext dadurch aus, dass die Kämpfe von Zhangs Frauenfiguren vor dem Hintergrund der Absage an die repressive patriarchalische Gesellschaftsordnung um Selbstbestimmung oder um Freiheit (entweder die persönliche Freiheit oder die Freiheit eines Landes) in Niederlagen enden – die rebellierenden Frauen werden schlussendlich zusammen mit der patriarchalischen Gesellschaft begraben. So werden die weiblichen Schönheiten einerseits bildlich betont als orientalische Mythen dargestellt, andererseits als die schuldigen Objekte abgewertet, bestraft und am Ende entmystifiziert. Diese Kämpfe und Niederlagen der Frauen konstituieren sich als wesentlicher Aspekt der konnotativen Ebene von Zhangs Filmen. Dai Jinhuas Ansicht nach sei es eine Selbst-Verbannung und -Abwertung, zugleich auch eine erfolgreiche Einfügung, wenn in dem Dialog zwischen Westen und Osten Zhang Yimou sich mit dem

303 Mulvey (1973): S.401.

Platz der Frau in der Geschichtsordnung identifiziere.[304] Über die Niederlage der weiblichen Rebellion schreibt sie weitergehend: »*[...] Sie stürzt auf den Altar der Geschichte, sodass sie eine schöne Opfergabe für eine Initiation der Männer wird.*«[305] Als verlorene Herrschaft der Sprache betrachtet Dai nach feministischem Ansatz den gescheiterten Widerstandskampf der Frauen, die Frauen würden deshalb ausschließlich als der Signifikant für das männliche andere von einer symbolischen Ordnung des Patriarchates gefesselt werden. Laut Chow Reys Untersuchung, deren Schwerpunkt auf dem kulturgeschichtlichen Ansatz von Zhangs Filmen liegt, sind dessen Frauenfiguren vor allem Prototypen des »Primitiven«, deren Misshandlung und Leiden ein Zeichen der Rückständigkeit Chinas sind und durch deren Perspektive die fundamentalen Schrecken jener Kultur ausgedrückt werden.[306] Über die gewöhnliche Diskurskritik der Filme Zhangs hinaus, die seinen Arbeiten Orientalismus mit fehlender Tiefe und Abwertung der Frauen zum Vorwurf macht, reflektiert Chow, dass Zhangs Behandlung seiner Protagonistinnen kein simpler voyeuristischer Porno, sondern ein verstärktes Selbstbewusstsein sei. Nach Mulveys Konzept der aktiven/passiven heterosexuellen Arbeitsteilung in der Narration hat Ju Dous mutige, nackte Umwendung als Sich-zur-Schau-stellen gegen männliche Spähung in großem Maße die traditionelle narrative Kontrolle des männlichen Charakters zerbrochen. Seine Filme erweisen sich deshalb nicht nur als simple Orientalismen, sondern als *»Exhibitionistische Selbstentblößung«* – eine neue Form von Orientalismus.[307]

Fassbinders Frauenfiguren, sowohl die Karrierefrau Maria, die Prostitu-

---

304 Vgl. Dai (2000): S.252. Eigene Übersetzung der Autorin.

305 Ebd. : S.61. Eigene Übersetzung der Autorin.

306 Vgl. Chow (2001): In: Sierek; Kirsten: S.175.

307 Chow (1995): S.167.

ierte Lola, die Nazi-Sängerin Lili Marleen, als auch der alte Ufa-Star Veronika, verstricken sich im Showbusiness, bieten jedoch insofern keine reine Schönheit für männlichen Voyeurismus, als sie zuerst offensichtlich die Macht der Selbstinszenierung begreifen und zugunsten ihrer eigenen Wünsche nutzen, flexibel zwischen verschiedenen Instanzen des Gesetzes und der Gesellschaft lavieren und nicht zuletzt die Grenzen von Emanzipation und Unterdrückung in beide Richtungen übertreten.[308] Sie besetzen offensichtlich die aktive Seite in Mulveys dualistischem System des aktiven Mannes und der passiven Frau. Als auffälligstes Beispiel ist diesbezüglich Lola zu nennen, die als Energiezentrum der Machtspiele zwischen den Eliten in der kleinen Stadt gilt und am Bewusstsein des Sich-zur-Schau-stellens festhält. Durch ihre aktive Verführung von Bohms kann einerseits das Geschäft weitergeführt werden, andererseits sie ihren sowohl wirtschaflichen als auch gesellschaftlichen Aufstieg verwirklichen. Nach Elsaesser verdienen die Frauen aufgrund einer besonders paradoxen Mischung aus Opportunismus und Kompromisslosigkeit, aus fremdbestimmtem Selbstbild und selbstbestimmtem Egoismus unsere Aufmerksamkeit.[309] Dieser innerlich zerrissene Charakter bei der Gestaltung der Frauen unterscheidet sich selbstverständlich von dem häufig benutzten Motiv bei Frauenfilmen aus Hollywood. Wie bei Zhang Yimou bieten sich die Frauen auch bei Fassbinder auch zuerst als Opfer des schlechten Gewissens der patriarchalischen Gesellschaft dar, deren Leben sowie Liebe ständig von Unterdrückung begleitet werden. Obwohl sie sich infolge ihres unbefriedigten Anspruchs auf Liebe auflehnen, sind sie von den Normen schon von Anfang an stark geprägt. Die Absicht des Regisseurs besteht darin, im Gang der Auflehnung seiner Frauenfiguren die gesellschaftlichen Mechanismen immer deutlicher

308 Vgl. Elsaesser (2012): S.12.

309 Ebd. S.192.

aufzuzeigen. Die Auflehnungen der Frauen sind ausschließlich zum Scheitern verurteilt; ihre Tragik fungiert deshalb als Linse, die unterdrückende gesellschaftliche Mechanismen fokussiert und sie in ihrer Komplexität besser erkennen lässt. Es werden weibliche Figuren, deren Geschichte eng mit Politik verbunden ist, untersucht und schlussendlich für die Geschichtsschreibung des Regisseurs entmystifiziert.

Es ist klar, dass Fassbinder weder zu den Regisseuren des europäischen künstlerischen Films noch zu den Regisseuren Hollywoods gehört. Bei ihm gibt es keine charakteristische Stabilität, die es bei den meisten Regisseuren gibt. Er stellt einen unbeständigen Charakter dar, sowohl bezüglich der Filmideologie als auch bei den Ausdrucksformen des Films. Er ist eine umherwandernde Schachfigur, die auf dem Brett des weltweiten Filmschaffens wandert, sodass er schwerfällt, ihn eindeutig einzuordnen.

> »*Tatsächlich gibt es viele Fassbinder: der Homosexuelle Fassbinder, der Literat Fassbinder, der Realist Fassbinder, der Fassbinder, der das Sozialbewusstsein hat. ...*«[310]

So verändert Fassbinder stetig seine Erzählweise – wie in den hier untersuchten Filmen: der in hollywoodischer Erzählweise dargestellten Geschichte Maria Brauns, der durch Farbharmonie aus Rot und Blau geprägten Geschichte von Lola und der in Film-noir-Schwarzweißbilder inszenierten Geschichte Veronikas etc. Der Regisseur pendelt frei im offenen Raum zwischen Hochkunst und gewöhnlicher Kunst, zwischen der zeitgenössischen Realität und der Geschichte, zwischen der Vernunft und dem Gefühl hin und her, deshalb kann sein künstlerisches Werk unter den vielfältigsten Aspekten untersucht und betrachtet werden. Im Gegensatz dazu lassen die drei in der vorliegenden Arbeit untersuchten

---

310 Yu (2004): S.125. Eigene Übersetzung der Autorin.

Filme von Zhang Yimou eine Kontinuität des ausgezeichneten visuellen Effektes erkennen: der in rot überfärbte Schluss in »**Rotes Kornfeld**«, die intensive Verwendung der roten Farbe\Beleuchtung bei den Innenraumaufnahmen und die aus dunkler Umgebung herausleuchtenden roten Laternen in »**Rote Laterne**«, und nicht zuletzt das betonte Blutrot bei der turbulenten Aufführungsszene sowie bei der Mordszene in »**Shanghai Serenade**«, dabei bedient die rote Farbe selbstverständlich jeweils übereinstimmt auf der sinnbildlichen Ebene der Filme. In Zhangs Martial-Arts-Filmen entwickelt er seine bezeichnenden Farbkonzepte durch die methodische Verwendung der technisch aufwendigen Special-Effects weiter, vor allem in »**Hero**« (2002), »**Le Secret des poignards volants**« (2004) und »**The Flowers of War**« (2011). Angesichts dessen konstruiert sich Zhangs Kulturgeschichtsschreibung in seiner visuellen Welt mit eigener Handschrift, speziell durch seine Frauenfiguren und ethnografischen Elemente.

Fassbinder fokussiert seinen Blick auf sein Land, die Bundesrepublik Deutschland, die er in seinen Filmen auf eine kritische und desillusionierende Weise beobachtet und betrachtet. Mithilfe verschiedener Gestaltungsmittel (sowohl die Licht-Schatten-Wirkung, oder die absichtsvolle Mise-en-Scène bzw. Bildposition, die verwirrende Kameraposition sowie -führung, die Bild-Ton-Montage, die künstlerische Behandlung von Raum und Zeit, inklusive des Mitspielens des Regisseurs selbst) zeigt er eine teilweise bestürzende Realität, die den Zuschauer zum kritischen Nachdenken anregen will. Dieses Zusammenwirken verschiedener Gestaltungsmittel fordert den Zuschauer auf, sich nicht einfach mit den Figuren im Film zu identifizieren, sondern sich Fragen zu stellen. Wenn wir sagen, dass Fassbinder durch die filmische Technik einen entfremdeten Raum aufbaut, um zum Nachdenken und zur Assoziation mit abgeschwächtem Realitätseindruck aufzufordern, dann führt das Melodram von Zhang Yimou seinen Zuschauer in die Welt eines prächtigen Mythos, der vom Kampf der Frau für die Freiheit in der patriarchalischen

Gesellschaft sowie von der Wiederbelebung des nationalen Geistes erzählt. Durch die übertriebene Verwendung des Farbtons, besonders des roten, und die subtil bearbeiteten Naturaufnahmen, die einerseits für Rückständigkeit und Primitivität stehen, andererseits die leidenschaftliche Liebe und das Bestreben nach Freiheit symbolisieren, werden ein überzeitlich mythologisches China-Image sowie das chinesische Spektakel der Frauen inszeniert, das schlussendlich allegorisch ist. Wegen des determinierenden Abhängigkeitsverhältnisses zwischen der kulturellen Tradition des Mainstream-Cinemas und der Ideologie bzw. dem Willen der Regierung ergibt sich sogar in der Gegenwart eine Ummöglichkeit der Separation von Kunst, Kultur und Politik.[311] Zhangs Blick auf die politische und soziale Wirklichkeit erweist sich deshalb als indirekt, zurückhaltend, unterschwellig und angedeutet.

Sowohl Fassbinder als auch Zhang Yimou beschäftigen sich mit exponierten Frauenfiguren, um ihre persönlichen Geschichtsbetrachtungen auszudrücken. Die Frauen befinden sich im Spannungsfeld zwischen Gefühl und Vernunft, Sehnsucht und Enttäuschung, Leidenschaft und Hoffnungslosigkeit. Es scheint bei allem um ihre Liebe zu gehen, tatsächlich geht es um Kultur-Geschichtsscheibung. Die Darstellungen der Frauen ist in diesem Kontext zweifellos durch fetischistische Skopophilie oder männlichen Sadismus gekennzeichnet, bezieht sich, anders gesagt, also nicht auf sexuelle Befreiung im engeren Sinne, sondern im Wesentlichen auf die Realismuskonzepte bzw. Kultur-/Geschichtsschreibungen der beiden Regisseure, die sich aufgrund der verschiedenen Gesellschaftsumgebung, ethnografischen Ansätze und physiologischen sowie psychologischen Voraussetzungen in Gemeinsamkeiten und Differenzen darbieten.

---

311 Vgl. Rauscher (2009): S.159.

Literaturverzeichnis:

- Albersmeier, Fanz Josef (Hg.) (1979): Texte zur Theorie des Films. Stuttgart: Reclam, Ditzingen Auflage.

- Bae, Sang-Joon (Hrg. Koebner, Thomas) (2005): Raiber Werner Fassbinder und seine filmästhetische Stilisierung. Remscheid: Gardez! Verlag.

- Baer, Harry (Aufgeschrieben)(1982): Schlafen kann ich, wenn ich tot bin. Das atemlose Leben des Reiner Werner Fassbinder. Köln: Kiepenheuer &Witsch Verlag.

- Balázs, Béla (Hrg. von H.H. Diederichs, W. Gersch) (1930): Der Geist des Films. In: Schriften zum Film; Bd. 2; Müchen: DDR-Berlin 1984.

- Barthes, Roland (1964): Mythen des Alltags. Deutsche Übersetzung von Barthes (1957): Mythologies. Frankfurt am Main: Suhrkamp.

- Barthes, Roland (1977): Introduction to the structual analysis of narratives. In: Image-music-text. London: Fontana.

- Bazin, André (1958): Die Entwicklung der kinematographischen Sprache. In: Hrg: Albersmeier, Franz-Josef (2003): Texte zur Theorie des Films. Stuttgart: Philipp Reclam jun. GmbH & Co. .

- Bazin, André (2004): Was ist Film? Berlin: Alexander-Verl. .

- Beil, Benjamin/Kühnel, Jürgen/Neuhaus, Christian (2012): Studienhandbuch Filmanalyse. Ästhetik und Dramaturgie des Spielfilms. München: Wilhelm Fink.

- Berger, Maxi (2012):Arbeit, Selbstbewusstsein und Selbstbestimmung bei Hegel. Zum Wechselverhältnis von Theorie und Praxis. Berlin: Akademie Verlag GmbH.

- Berling, Peter (1992): Die 13 Jahre des Rainer Werner Fassbinder-seine Filme, seine Freunde, seine Feinde. Bergisch Gladbach: Gustav Lübbe Verlag.

- Bodei, Remo (2008): An den Wurzeln des Verhältnisses von Herrschaft und Knechtschaft. In: Vieweg, Klaus und Welsch, Wolfgang (Hrg.): Hegels Phänomenologie des Geistes. Frankfurt am Main: Suhrkamp.

- Cardullo, Bert (2008): Out of Asia. The Films of Akira Kurosawa, Satyajit Ray, Abbas Kiraostami, and Zhang Yimou. Essays and Interviews by Bert Cardullo. 12 Back Chapman Street, Newcastle upon tyne: Cambridge Scholars Publishing.

- Chow, Rey (2001): Die Macht der Oberflächen. Zur Widerständigkeit in Zhang Yimous Filmen. In: Sierek, Karl; Kirsten,Guido (Hrg.): Das Chinesische Kino nach der Kulturrevolution. Theorien und Analysen. Marburg: Schüren Verlag GmbH. S.175.

- Chow, Rey (1995): Primitive Passions - Visuality, Sexuality, Ethnography, and Contemporary Chinese Cinema. New York: Columbia University Press.

- Cornelius, Sheila (2001): New Chinese cinema: challenging representations. London: Wallflower Press.

- Cortade, Ludovic (2012): The «microscope of time": Slow-motion in

Jean Epstein's writings. In: Keller, Sarah; Paul, Jason N. (Hrs.): Jean Epstein: critical essays and new translations. Amsterdam: Amsterdam University Press. S.161-176.

- Cui, Shuqin (2003): Women through the Lens. Gender and Nation in a Centry of Chinese Cinema. Honolulu: University of Hawai'I Press.

- Dai, Jinhua (2002): Cinema and desire: feminist Marxism and cultural politics in the work of Dai Jinhua. London: Verso.

- de Beauvoir, Simone (1988): The Second Sex. London: Pan Books.

- Dunz, Christoph (1995): Erzähltechnik und Verfremdung: die Montagetechnik und Perspektivierung in Alfred Döblin, »Berlin Alexanderplatz« und Franz Kafka, »Der Verschollene«. Bern: Peter Lang AG, Europäischer Verlag der Wissenschaften.

- Eckhardt, Bernd (1982): Rainer Werner Fassbinder. In 17 Jahren 42 Filme – Stationen eines Lebens für den deutschen Film. München: Wilhelm Heyne Verlag GmbH & Co. KG. .

- Elsaesser, Thomas (2012): Rainer Werner Fassbinder. Berlin: Bertz + Fischer GbR.

- Fassbinder, Rainer Werner (Hrg. Töteberg, Michael) (1984): Film befreien den Kopf, Essays und Arbeitsnotizen. Frankfurt am Main: Fischer Taschenbuch Verlag GmbH.

- Fassbinder, Rainer Werner (1985): Anarchie in Bayern und andere Stücke. Frankfurt am Main : Verlag der Autoren.

- Fassbinder, Rainer Werner (Hrg. Töteberg, Michael) (1986): Die Anarchie der Phantasie, Gespräche und Interviews. Frankfurt am Main: Fischer Taschenbuch Verlag.

- Fischer, Robert (2004): Fassbinder über Fassbinder: die ungekürzten Interviews. Frankfurt am Main: Verlag der Autoren.

- Friedan, Betty (1965): The feminine mystique. London: Penguin.

- Hayman, Ronald (1984): Fassbinder Film Maker. London: Butler & Tanner Ltd.

- Jansen, Peter W. / Schütte, Wolfram (Hr.) (1985): Rainer Werner Fassbinder. 5., ergänzt u. Erweiterte Auflage. München ; Wien : Carl Hanser Verlag.

- Johnston, Claire (1975): Feminist politics and film history. London: Society for Education in Film and Television. S.115-125.

- Kirsten, Guido (2013): Fimischer Realismus. Marburg: Schüren Verlag GmbH.

- Knaller, Susanne (Hg.) (2008): Realitätskonstruktionen in der zeitgenössischen Kultur. Beiträge zu Literatur, Kunst, Fotografie, Film und zum Alltagsleben. Wien · Köln · Weimar: Böhlau Verlag Ges.m.b.H. und Co.KG. .

- Kracauer, Siegfried (1960): Die Errettung der physischen Realität. In: Hrg: Albersmeier, Franz-Josef (2003): Texte zur Theorie des Films. Stuttgart: Philipp Reclam jun. GmbH & Co. .

- Kracuaer, Siegfried (1996): Theorie des Films. Die Errettung der äußeren Wirklichkeit. Frankfurt am Main: Suhrkamp.

- Kracauer, Siegfried (2000): Von Caligari zu Hitler – Eine psychologische Geschichte des deutschen Films. Frankfurt: Suhrkamp.

- Kremski, Peter (1989): RWF und Die Ehe der Maria Braun; TV-Dokumentation.

- Märthesheimer, Peter/Fröhlich, Pea (1997): Lola. Ein Drehbuch für Rainer Werner Fassbinder. München: Belleville.

- Mikos, Lothar (2003): Film- und Fernsehanalyse. Konstanz: UVK Verlagsgesellschaft mbH. S.181-211.

- Mulvey, Laura (1973): Visuelle Lust und narratives Kino. In: Albersmeier, Franz-Josef (hrg.) (2003): Texte zum Theorie des Films. Stuttgart: Philipp Reclam jun. GmbH & Co. .

- Ni, Zhen (2002): Memoirs from the Bejing Film Academy. The Genesis of China's Fifth Generation. United States of America: Duke University Press.

- Pflaum, Hans-Günther: »Frauen haben in dieser Gesellschaft mehr Freiheiten« – Hans-Günter Pflaum sprach mit Rainer Werner Fassbinder über *Veronika Voss*; in: Film-Korrespondenz; Nr.6/16.März 1982. S.6.

- Pott, Sabine (2001): Film als Geschichtsschreibung bei Rainer Werner Fassbinder. Frankfurt am Main: Peter Lang GmbH.

- Rauscher, Stefanie (2009): Kino gegen das Vergessen. Die filmischen

Metamorphosen des Zhang Yimou. Bochum/Freiburg: projekt verlag.

- Roberts, Ian(2008): German Expressionist Cinema. The World of Light and Shadow. London: Wallflower Press.

- Schanze, Helmut (Hg.) (2001): Handbuch der Mediengeschichte. Stuttgart: Kröner.

- Schneider, Norbert Jürgen (1968): Handbuch Filmmusik. Musikdramaturgie im Neuen Deutschen Film. München: Ölschläger-Verlag.

- Schröder, Nicolaus (2003): 50 Klassiker Filmregisseure. Von Georges Méliès bis Zhang Yimou. Hildesheim : Gerstenberg.

- Sirk, Douglas (1997): Imitation of Life. Ein Gespräch mit Jon Halliday. Frankfurt am Main: Verlag der Autoren.

- Spoto, Donald (1999): Alfred Hitchcock und seine Filme. München: Wilhelm Heyne Verlag.

- Spaich, Herbert (1992): Rainer Werner Fassbinder: Leben und Werk. Weinheim: Beltz.

- Thomsen, Braad Christian (2004): Fassbinder. The Life and Work of a provocative Genius. Minneapolis: University of Minnesota Press.

- Thornham Sue (1997): Passionate Detachments. An Introduction to Feminist Film Theory. New York: St Martin's Press Inc. .

- Töteberg, Michael (Hr.) (1968): Rainer Werner Fassbinder. Die Anarchie der Phantasie. Gespräche und Interviews. Frankfurt am Main: Michael Töteberg Fischer Taschenbuch Verlag.

- Töteberg, Michaell (1986): Die Anarchie der Phantasie: Gespräche und Interviews. Frankfurt am Main: Fischer Taschenbuch Verlag.

- Töteberg, Michael (Hg.) (1995): Metzler Film Lexikon. Stuttgart · Weimar: Verlag J.B. Metzler.

- Töteberg, Michael (2002): Rainer Werner Fassbinder. Reinbek bei Hamburg: Rowohlt Taschenbuch Verlag.

- Wilhelm, Richard (übersetzt und erläutert) (2010): Laotse Tao te King. Das Buch vom Sinn und Leben. Köln: Anaconda Verlag.

- Zhang Yingjin (1997): Reviewing Essay: Screening China: Recent Studies of Chinese Cinema in English. Bulletin of Concerned Asian Scholars 29, No.2. S.61.

Chinesische Literatur:

- Chen, Jide; Lang, Xiaoling (1999): Die geschlossene Welt – Der visuelle Raum der Filme Zhang Yimous. (You Bi De Shi Jie. Lun Zhang Yimou Dian Ying De Ying Xiang Kong Jian). Shenyang: »Art Panorama« 4.
陈吉德，郎晓玲 （1999）：幽闭的世界——论张艺谋电影的影响空间. 《艺术广角》1999 年第 4 期。

- Chen, Lin (2012): Einige Kritikfelder der Zhang Yimous Filme – Geschichte, Theorie, Kultur und Sprache. »Contemporary Cinema« (Dangdai Diangying) 8. Beijing.
陈琳 (2012) ：张艺谋电影批评的几种场域——历史、理论、文化、语言. 《当代电影》2012 年 08 期。

- Cui, Ying (2008): Die Farbe und Bedeutung in Zhang Yimous Film. (Lun Zhang Yimou Dianying de Huamian Secai yu Neihan). »Playwright« (Ju Zuo Jia) Haerbin:Heilongjiang Play Studio. S.148-150.
崔茵（2008）：论张艺谋电影的画面色彩与内涵。剧作家。2008 年 02 期。148-150。

- Dai, Jinhua (1994): Die unsichtbaren Frauen: Die Frauen in den neuen chinesischen Filmen und die Frauenfilmen. (Bu Ke Jian De Nv Ren: Dang Dai Zhong Guo Zhong De Nv Xing Yu Nv Xing Dian Ying.) In der Zeitschrift »Neuer Film« Band 6 1994. S.41.
戴锦华（1994）:不可见的女性：当代中国电影中的女性与女性的电影。当代电影 1994 年第 6 期。

- Dai, Jinhua (2000): Die Landschaft im Nebel. China Films 1978-1998. (Wu Zhong Feng Jing. Zhongguo Dianying 1978-1998): Beijing: Beijing Universität Verlag.
戴锦华（2000）:《雾中风景--中国电影文化 1978-1998 年》，北京大学出版社。

- Huang, Lin / Yang, Shanghong (2005): »Die Ehe der Maria Braun«. In: Prächtig und Prosaisch – Anleitung der Filmanalyse. Chongqing: Chongqing Universitätsverlag. S.40-44.
黄琳\杨尚鸿（2005）：《玛利亚布劳恩的婚姻》。绚烂与平淡-影片分析教程。重庆人学出版社。40-44。

- Hayman, Ronald (1993): Die Fassbinders Welt. Übersetzt von Qianwen Peng u.a. . Guilin: Guangxi Pädagogischer Verlag.
罗纳德·海曼（1993）：法斯宾德的世界。彭倩文等译。广西师范大学出版社。

- Pan, Hua (1999): Lesen und Analyse der klassischen Filmen auf der Welt. Beijing: Verlag für Sendung und Fersehen China. S.74-89.
潘桦(1999):世界经典影片分析与读解。中国广播电视出版社。74-89。

- Töteberg, Michael (Hr.) (2004): Die Anarchie der Phantasie & Filme befreien den Kopf. Übersetzt von Fangru Lin. Beijing: Volks Literatur Verlag.
莱纳·维尔纳·法斯宾德著；米夏尔·忒特贝尔格（Michael Toteberg）编；林芳如译（2004）：法斯宾德电影：幻想的无政府主义 电影解放心智。人民文学出版社。

- Wang Taili (2012): Aufführung der Farbe Rot in Zhang Yimous Filmkunst. »Mang Zhong Literature«. 12. S.189f.
王太利（2012）：张艺谋电影美术的红色演绎。芒种影视文学。总第423 期 2012 年第 12 期。189-190。

- Wang Yanling (2014): Über die Anwendung der Farbe in Zhang Yimous Filme. »Short story«. S.77f. Jilin: Jilin Federation of Literary and Art Circles.
王艳玲（2014）：论张艺谋电影中的色彩运用。短篇小说。77-78。吉林省文联。

- Yang Yuanying (Hr.) (2012): Lesebuch der Filmtheorie. Beijing: World Book Inc.
杨远婴（2011）：电影理论读本。后浪出版咨询有限责任公司。

- Yu, Ji / Duan, Yundong / Ye, Yu / Gu, Qian (2004): Die klassischen Filmen Deutschlands. Beijing: Verlag für Außenhandel. S.120-125.
虞吉 段运冬 叶宇 顾倩 (2004)：德国电影经典。北京：对外经济贸易出版社。 120-125.

- Zhang, Ming (2004): Dialoge mit Zhang Yimou (Dui Hua Zhang Yimou). Beijing: China Film Press.
张明（2004）：与张艺谋对话。北京：中国电影出版社。

- Zhang, Yiwu (1993): Zhang Yimou im globalen postkolonialistischen Kontext. (Quanqiu Hou Zhiming Yujing Zhong De Zhang Yimou.) »Contemporary Cinema« (Dangdai Diangying) 3. Beijing.
张颐武 （1993）：全球性后殖民语境中的张艺谋。《当代电影》第 3 期

- Zhou Wen (2009): Einleitung der Filmästhetik in der Welt. Beijing: Verlag für Sendung und Fersehen China
周文（2009）：世界电影美学名著导读。中国广播电视出版社。

- Zhu, Hua (2006): Traditionelle Kultur, Orientalismus, China Film – Wieder über den Film »Rotes Kornfeld«. (Chuantong Wenhua, Dongfang ZhuYi, Zhongguo Dianying – Zai Tan Dianying Hong Gaoliang) In: Lan Zhou: »Sozialer Aspekt« 21. 10. von 2006. Okt. S.108-114.
朱骅（2006）：传统文化 东方主义 中国电影 - 再谈电影《红高粱》《社科纵横》2006 年 10 月总第 21 卷第 10 期 S。108-114。

Internet:

- China hat die Unschuld verloren. Interview mit Zhang Yimou. http://www.hossli.com/articles/1995/12/21/%C2%ABchina-hat-die-unschuld-verloren%C2%BB-interview-mit-zhang-yimou/ Zugriff: 30.07.2014

- Zimmermann, Oliver (2002): In einem Interview mit Zhang Yimou. http://www.zetbo.de/apro_yimou3.htm Zugriff: 18.07.2015